신화에서 도교로

동아시아 상상력과 민족 서사

* 이 저서는 2009년 정부(교육부)의 재원으로 한국연구재단의 지원을 받아 수행된 연구임
  (NRF-2009-812-A00123)

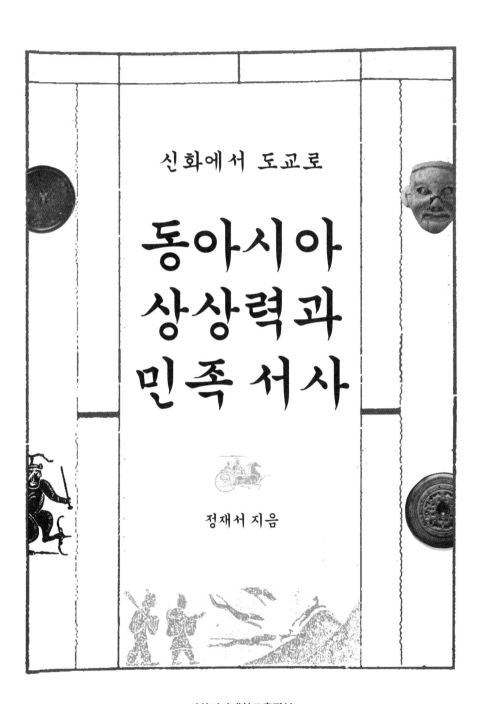

신화에서 도교로

동아시아 상상력과 민족 서사

정재서 지음

이화여자대학교출판부

머리말

중국 신화와 그 적통(嫡統)을 이은 도교는 동아시아 상상력의 중요한 기반이다. 마치 그리스 로마 신화와 기독교 혹은 연금술이 서양 상상력의 모태이듯이. 동아시아 여러 나라는 그들 문화의 상당 부분에서 중국 신화와 도교의 상상력을 공유하고 있다. 이것은 중국 대륙이 시초부터 개방적으로 주변의 많은 문명을 받아들이고 융합하여 새로운 것을 창조해내고 다시 그것을 주변에 확산해왔기 때문이다. 특히 중국 신화는 상호텍스트적으로 형성되었고 도교는 발생 초기부터 주변 문화의 성격을 많이 지니고 있어서 인접 국가에 적극적으로 수용될 소지를 다분히 가지고 있었다.

이 책에서는 중국 신화와 도교의 상상력을 문명론과 관련하여 그 기원에서부터 살펴보고 그것이 역사적으로 중국과 한국에서 어떻게 변주되었는지 개별 작품들에 대한 케이스 스터디(Case Study)를 통해 탐색해보았다. 특히 상상력이 국가의 정체성과 관련될 때 어떻게 전유(專有)되어 민족 서사로 나아가게 되는지 유의해서 논구했다.

문화 표준(Cultural Standard) 선점의 문제가 첨예하게 대두되는 이즈음 중국 문명, 중국 신화, 도교 등의 기원 및 실체에 대한 논의 그리고 신화, 도교적 상상력을 넘어 양국 간의 상고 문화 인식을 다루는 작업은 민감할 뿐만 아니라 자칫 양측 모두에게 불만을 안겨줄 작업이 될 수도 있다. 그러나 동아시아 상상력의 본질 및 수용에 대한 냉엄한 해부 및 비교학적 작업은 오히려 종족주의를 벗어나 타자의 문화적 실상을 온전히 이해하고 호혜적 관계로 나아가는 밑거름이 될 것이며 추후 잊혀진 동아시아 문화 공동체 의식을 회복하는 유력한 자산이 될 것으로 기대한다.

이제 이 책이 이루어지기까지 많은 도움을 주신 분들께 마땅한 감사를 드리고자 한다. 먼저 졸저를 쓰기 위해 마음 놓고 필요한 자료도 사보고 수시로 국외 답사할 수 있도록 저술 지원을 해준 한국연구재단에 사의(謝意)를 표한다. 학인에게 고무적인 이러한 제도가 더욱 활성화되기를 희망한다. 다음으로 연구와 저술에 전념할 수 있도록 번다한 행정 업무의 노역을 면제해준 중문과 동료 교수님들과 학교 당국에 대해서도 감사의 마음을 전한다. 저술 기간 중에 연구년을 얻었던 것은 특별한 행운이라고 생각한다. 그리고 필자의 저술 작업을 위해 동분서주 자료를 수집하고 정리하는 궂은 일을 마다하지 않았던 소설 팀의 이영경, 강현지, 임원경 양과 박사과정의 김지영, 최민경 선생, 아울러 불시에 수고를 감당했던 중문과 조교 팀에게도 고맙다는 말을 전하고 싶다. 끝으로 졸저의 출판을 쾌히 수락해준 이화여자대학교출판부에 감사를 드리고 무엇보다 어렵고 복잡한 원고를 희생에 가까운 노력으로 이토록 기품 있게 제작해준 편집부 여러 선생님들께 무한한 미안함과 고마움을 느낀다.

애상(哀傷)의 봄이 어느새 우리를 버리고 갔다. 다시 솟아오른 초하(初夏)의 태양처럼 건강한 삶의 기운이 모든 분들과 함께 하기를 기원하며 두서없이 머리말에 대신한다.

2014년 6월
삼각산 진관동 서향실(書香室)에서
저자 정재서 삼가 씀

차례

● ● ●

서론

●●●

이 책에서는 동아시아 상상력의 중요한 조성 부분인 중국 신화와 도교의 본질, 수용 및 그 문화사적 위상을 살핌에 있어 먼저 다원론의 입장에서 중국 문명의 형성 문제를 고찰한 후 도교로의 전변(轉變) 과정에 대해 큰 역할을 한 샤머니즘과 동이계(東夷系) 신화 요소를 분석하고자 한다. 그리고 이러한 문화기제(文化機制)가 한국의 도교 설화, 재야 역사 설화, 문화론 등에서 어떻게 작동되고 있는지를 비교, 검토하여, 향후의 동양학을 위한 탈중심의 문화론을 구축하고 주변 문화의 정체성을 확보하는 시좌(視座)를 마련하고자 한다.

목전의 글로컬(Glocal)한 상황에서 문화의 혼종(混種)과 다양성은 움직일 수 없는 현실이며 이에 따라 호혜적 견지에서 상대방의 문화 정체성을 존중하고 배려해야 하는 것은 바람직한 전지구화를 위한 필수적 요건이라 할 것이다. 사이드(E. Said)는 일찍이 유럽 중심주의가 동방 문화에 미친 억압과 지배의 방식, 양상, 구조 등을 파헤치고 이를 '오리엔탈리즘(Orientalism)'이라 명명한 바 있다. 그러나 사이드의 오리엔탈리즘이라는 개념은 이제 하나의 사유 패러다임이 되어야 할 것이다. 그것은 서양의 동양에 대한 억압과 지배라는 고전적 의미를 넘어 동양 사회 내지 비 백인사회 내부에서의 문화 정체성 문제마저 심각히 사유하는 프랙탈(fractal)한 사유 방식으로 외연을 확대할 수 있을 것이다.

유감스럽게도 이러한 관점은 기존의 동양학계에서 중요한 이슈가 되지 않았다. 대륙이나 일본 학계는 물론 구미의 동양학계도 동아시아 문화에 대해 연구할 때, 대체로 고대 문화는 중국 중심으로, 근대 문화는 일본 중심으로 설명하는 것이 통례였다. 가령 하버드 대학의 라이샤워(E. Leishauer), 페어뱅크(J. Fairbank) 두 교수가 공동 집필한 『동양문화사(A History of East Asian Civilization)』(1965)는 구미 동양학의 고전으로 정평이 나 있는데 이 책에서 동아시아 전 근대 문화는 중국이 요람이고 한국, 월남 등 주변 문화는 중국의 패러디이거나 복사판으로 묘사된 바 있으며 근대 문화는 일본의 성공 사례를 표준으로 여타 동아시아 각국의 근대 문화가 평가, 서술된 바 있다. 우리는 이 책의 결정적인 적용 케이스를 같은 하버드 대학의 헌팅턴(S. Huntington) 교수가 쓴 『문명의 충돌(The Clash of Civilizations and the Remaking of World Order)』(1996)에서 찾아볼 수 있다. 헌팅턴은 전 세계 문명을 8개의 권역으로 분류했는데 이중 동아시아 문명을 중국 문명권과 일본 문명권으로 대별하고 일본을 제외한 전 동아시아 지역의 문명을 중국 문명에 귀속시키고 있다. 결국 기존의 어떤 동양학계에서도 동아시아 전통 문화를 설명하려 할 때 중국 중심주의(Sinocentrism)를 벗어나지 못하고 있으며 중국과 주변 문화와의 관계성, 주변 문화의 정체성 등 동아시아 내부에서의 문화적 변별성 문제에 대해서는 주의를 결여하고 있는 것이 현실이다.

현실이 이러할진대 중국 문화를 탈중심의 관점, 주변 문화의 입장에서 바라볼 수 있는 제3의 시각 확보는 금후의 동양학계가 감당해야 할 중요한 과제가 아닐 수 없다. 본 연구의 필요성은 바로 현행 한국의 동양학에서 이러한 변별적 시각의 확보가 절실하다는 인식에서 비롯된 것이다. 상술한 문제의식의 해결을 위해 이 책에서는 다음과 같은 시도가 이루어질 것이다.

첫째, 본 연구에서는 중국 문명의 형성에 관한 다원적 인식 하에 홍산(紅山) 문화 등 과거 동북아 각국 문화의 경합 지역에서 발굴된 최근의 고고 자료들을 활용하여 중국과 한국 고대 문화의 기원적 실체를 확인하고 그것이 양국의 후대 문화로 어떻게 연속되는지 탐색하고자 한다.

둘째, 본 연구에서는 동아시아 상상력의 원천 중 하나인 도교의 형성을 원시종교인 샤머니즘과 주변 문화인 동이계 신화와의 관련성 속에서 파악, 고찰함으로써 본래 중국 '토생토장(土生土長)'의 종교로 인식되었던 도교를 개방적인 관점에서 한국 고대 문화와 관련하여 논의할 수 있는 길을 열어놓고자 한다.

셋째, 본 연구에서는 앞서의 논의를 바탕으로 한국의 도교 설화와 재야 역사 설화, 문화론 등에 중국 신화와 도교의 상상력이 어떻게 수용되었는지를 살펴 한국 도교의 고유성, 재야 역사 설화의 중국 상고 문화에 대한 인식 등을 드러낸 후 주변 문화의 정체성과 중국 문화에 대한 다양한 독해의 가능성을 사유해보고자 한다.

이 책에서는 이와 같은 세 가지 시도를 달성하기 위하여 다음과 같이 구체적인 논구를 진행하게 될 것이다.

〈서론〉에 이어 제1부 〈단원론에서 다원론으로〉의 경우, 우선 제1장에서 중국 문명 기원론의 양상과 현실을 살핌에 있어 외래설과 자생설로 나누어 고찰하고 다시 최근의 중국 문명 기원론에 대해 비판적 검토를 시행한 후 중국 문명의 기원과 고대 한국 문화와의 상관성에 대해 논의하고자 한다. 제2장에서는 케이스 스터디(Case Study)의 차원에서, 앞서 얻어진 결과인 다원적 중국 문명론을 「자허부(子虛賦)」, 「상림부(上林賦)」 등 한부(漢賦)에 담긴 한대(漢代) 문화에 대한 분석을 통해 확인할 것이다. 분석에서는 제왕의 전렵(田獵)이 행해지던 원유(苑囿) 공간의 제국 표상을 살핌으로써 중심주의가 확립되어가던 한대 문화 내부에 존재하는 다양한 주변 문화적 요소들을 탐색하고자 한다.

제2부 〈샤머니즘, 동이계(東夷系) 신화, 도교〉의 경우, 과거 필자가 여러 논저에서 다루어왔던 이 낯익은 주제를 여기에서는 일층 심화된 인식과 자료를 더하여 통합적, 체계적으로 논의하게 될 것이다. 먼저 제3장에서는 샤머니즘과 도교와의 발생론적 관계를 고찰할 것인데 그것은 무속(巫俗) 원리와 도교, 무술(巫術)과 도술의 두 가지 차원에서 진행될 것이다. 이 논구는 기존의 도교 발생론을 보다 구체적으로 입증하는 데에 의미를 둘 것이다. 제4장에서는 동이계 신화와 도교의 기원적 상관성을 발생론적 층위와 보상기제(補償機制)적 층위의 두 가지 차원에서 검토할 것이다. 분석의 결과는 『진령위업도(眞靈位業圖)』, 『삼교원류수신대전(三敎源流搜神大全)』 등 도교 전적(典籍)의 동이계 신화 요소에 대한 탐색을 통해 확인하게 될 것이다. 이어서 제5장에서는 케이스 스터디의 차원에서 샤머니즘의 성향이 강한 상청파(上淸派) 도교의 전적 『주씨명통기(周氏冥通記)』의 소설 원형과 그 문화 인식 구조를 살펴볼 것이다. 이를 통해 샤머니즘이 어떻게 도교 작품 속에서 다른 문화 요소들을 통합하면서 문학화를 달성하는지 고찰하고자 한다.

제3부 〈한국 도교 설화에 대한 비교학적 검토〉의 경우 제6장에서 한국 신선 설화의 도교적 수용을 『해동이적(海東異蹟)』의 초월적 존재자들을 중심으로 분석하고자 한다. 내단수련가(內丹修鍊家), 술사(術士)와 이인(異人), 신인(神人) 등의 관점에서 행해질 이 분석에서 주로 『열선전(列仙傳)』, 『신선전(神仙傳)』 등과의 대비 하에 한국 신선 설화의 고유한 특성을 포착하고자 한다. 제7장에서는 도교 설화의 정치적 전유(專有) 과정에서 드러난 민족 정체성을 탐색할 것인데 중국의 황제(黃帝) 설화와 「규염객전(虯髥客傳)」, 한국의 선도성모(仙桃聖母) 설화와 『해동이적』, 일본의 천황제와 신도(神道)를 바탕으로 대조, 분석하여 3국의 각기 다

른 정체성을 변별해내고자 한다.

제4부 〈한국 재야 역사 설화에 대한 비교하적 검토〉의 경우, 제8장에서 『환단고기(桓檀古記)』, 그리고 제9장에서는 『부도지(符都誌)』와 『규원사화(揆園史話)』 등에 담긴 중국 신화, 도교적 상상력을 각기 분석할 것이다. 즉 이들 상상력이 재야 사학에 의해 어떻게 변용되어 주변부의 독자적 역사 인식 체계를 성립시키게 되는지 그 방식과 과정을 탐색하게 될 것이다. 다음으로 제10장에서는 육당(六堂) 최남선(崔南善)의 「불함문화론(不咸文化論)」에 수용된 중국 신화의 분석을 통하여 중국 문명 형성에 대한 다원적 인식, 화이론(華夷論)적 문화사관을 극복한 자생적 동양학 등의 선구적 의미를 발견하고자 한다.

마지막으로 〈결론〉에서는 전체 논구 결과에 대해 종술(綜述)하고 중국과 한국을 비롯한 주변국이 문화생태적 견지에서 어떻게 각자의 문화적 정체성을 확보하고 호혜적인 관계 맺기를 통해 공존해나갈 수 있을 것인가에 대한 방안을 제언(提言)하게 될 것이다.

끝으로 제목, 주제어 등 이 책에서 주로 사용하고 있는 어휘들의 용례에 대해 부언(附言)하고자 한다. '동아시아 상상력'은 대체로 한·중·일의 동북아 지역을 중심으로 형성된 비교적 자생적, 토착적인 문화의 뉘앙스를 염두에 두고 쓴 용어이다. '민족 서사'에서 '민족'은 근대 이후의 민족이 아니라 보다 넓은 '종족'에 가까운 개념으로 쓴 것이며 따라서 이 책에서 '민족 서사'는 우리 민족의 서사에 한정하지 않고 한·중·일 각 민족 입장에서의 서사라는 의미로 사용되었다. '신화', 혹은 '신화적'은 단독으로 쓰일 때 이 책의 제한된 문맥에서 거의 '중국 신화'를 지칭한다. 그러므로 이 책의 연구 범위가 지역적으로는 광범위한 동아시아 전역을, 문화적으로는 불교, 이슬람교, 기독교, 기타 동남아의 토착종교 등을, 신화적으로는 중국 대륙 이외 지역의 내용을 포함하지 않음을 밝혀둔다.

제1부

단원론에서 다원론으로

제1장 중국 문명 기원론의 양상과 현실

　문명 기원론은 사실과 이념, 존재와 당위가 교차하는 미묘한 논의이다. 모든 기원론 자체가 우열의 판정을 포함하고 있어 그것이 지니는 정치적 의의는 사실 여부를 떠나 있기 때문이다. 우리는 나치가 게르만 민족의 기원론을 통하여 종족의 우수성과 순혈성에 대한 맹신을 바탕으로 타 문화와 타 종족을 얼마나 억압했던가를 기억한다. 그렇기 때문에 문명 기원론의 이면에 담긴 정치적 함의(含意)를 벗겨내고 실상을 파악하는 일은 긴요한 학문적 작업이 된다.

　중국 문명은 게르만 문명보다도 훨씬 복잡하며 미묘한 정치적 의미를 지닌 실체이다. 왜냐하면 중국이라는 국가 영역, 문화 영역이 포괄하는 범주는 일개 국가, 일개 문화 영역의 범주를 훨씬 초과하기 때문이다. 중국 문명의 기원에 대한 논의는 결국 중국 문명의 정체성에 대한 논의와 상관되는데 이것은 또한 주변 민족의 문화 정체성과 긴밀하게 연결되어 있어서 정교한 고찰이 필요하다.

　이 글에서의 중국 문명 기원론에 대한 검토는 중국 신화, 도교를 바탕으로 한 동아시아 기층적 상상력의 실체를 탐구함에 있어서 이들 상상력이 어떠한 문명적 계기에 의해 배태되고 형성되었는지, 아울러 그 과정에서 중국과 한국의 문화 정체성이 어떻게 공유되고 전변되었는지, 나아가 한국의 기층문화 형성의 소인(素因)을 밝혀내기 위해 기초가 되는 작업이라 할 것이다.

이 글에서는 중국 문명의 기원에 대한 기존의 논의를 크게 외래설과 자생설의 두 가지 범주로 나누고 다시 자생설을 단원론과 다원론으로 구분하여 논한 다음 이들 가설에 대해 비판적으로 검토한 후 한국 문화와의 기원적 관련성에 대해 탐색하게 될 것이다.

1. 외래설

외래설은 사실상 서방 기원설로 보아도 좋다. 서구에서는 계몽주의 시대 이후 동방에 대한 관심이 일어나면서 중국 문명의 기원에 대해 탐구를 개시했다. 서구 학자들은 자신들의 문명 기원과 관련하여 거론되었던 이집트, 바빌론 등의 고대 문명을 중국 문명의 기원과 연결시키려는 시도를 했다. 예컨대 1670년에 키르허(A. Kircher)는 중국 문명이 이집트에서 기원했을 것이라고 추측했는데 그는 한자와 이집트 상형문자의 유사성에 대해 논증을 시도했을 뿐만 아니라 심지어 『성경(聖經)』을 원용하여 중국은 함의 자손이 건립한 식민지라고 주장했다. 이와 달리 코르디에(H. Cordier)는 한자가 바빌론 문자와 비슷하다고 생각했으며 중국인은 노아의 자손이라고 추측했다. 이들 주장의 이면에는 17-18세기에도 학술 전반에 대해 여전히 권위를 누리고 있던 『성경』의 영향이 감지된다.[1]

19세기에 이르면 민속학, 비교언어학, 비교신화학 등이 발전하고 근동

1　列·謝·瓦西里耶夫, 『中國文明的起源問題』(北京:文物出版社, 1989), p.44. 이하 근대 이전 서방 기원설의 정황에 대해서는 주로 이 책 중의 「西方漢學論中國文明的起源」(pp.43-49) 부분을 요약, 정리했다. 이후 출처가 명시되지 않은 인용은 이 책에서의 재인용임을 밝혀둔다.

문명에 대한 연구 업적이 축적되면서 중국 문명의 기원에 대한 가설도 전술한 황당한 수준을 넘어 어느 정도 학문적인 논증을 갖추게 된다. 이 방면의 가장 유명한 학자로는 라쿠프리(T. de. Lacouperie)가 있다. 중국 문명의 바빌론 기원설을 주장하는 그는 중국어와 바빌론어를 비교하여 공통점을 찾고자 했고 중국의 신들과 바빌론의 신들을 동일시하기도 했다. 라쿠프리 이후 근동에서 가장 오래된 슈메르 문명이 발견되면서 볼(C. J. Ball) 등은 설형문자와 한자를 비교 분석한 후 중국 문명이 슈메르에서 기원했다는 가설을 제시했다. 이밖에 영국의 저명한 중국 고전 번역가 레게(J. Legge)에 의한 중앙아시아 기원설도 있었다.

한편 문헌학, 언어학, 민속학 등을 통해 주로 제기된 중국 문명의 서방 기원설은 중국 현지에서의 고고학에서도 주장되었다. 중국 대륙에서 최초로 고고 발굴 작업을 시도하여 주구점(周口店)의 북경원인(北京猿人)을 발견하고 앙소 문화(仰韶文化)와 용산 문화(龍山文化) 등 중국 고대 문명의 중요한 실체들을 확인하는 데에 큰 업적을 이룬 앤더슨(J. G. Andersson)은 특히 앙소 문화의 핵심인 채도(彩陶)의 모티프와 기법이 서방에서 유래했다고 언급했다. 이후 한때 중국과 관련된 대부분의 저작에서 중국 신석기 문명의 서방 기원설은 정론(定論)으로 다루어졌다.

서구 학자들에 의해 꾸준히 제기된 중국 문명의 서방 기원설은 근대 초기의 일부 중국 지식인들에게까지 영향을 미쳤다. 청말(淸末)의 국학(國學) 대사(大師) 장학성(章學誠)과 선구적인 개혁가인 양계초(梁啓超)를 비롯, 위취현(衛聚賢), 소설림(蘇雪林) 등 유수한 학자들이 중국 문명이 인도, 바빌론, 중앙아시아 등에서 기원했다는 등의 서방 기원설에 동조했다. 가령 역사학자 정겸(丁謙)의 경우 황제를 위시한 중국인 집단이 중앙아시아로부터 중국 대륙으로 이주했다고 주장했는데 이는 신화, 전설을 근거로 중국인의 조상이 중국의 서북방과 모종의 관련이 있다고 추측해온 서방 학자들의 견해를 수용한 결과였다.

20세기 초반을 지나면서 중국 문명의 서방 기원설은 중국에서의 고고 발굴이 확대되어 그 성과가 축적되고 또한 서구 중국학의 수준이 제고되어 서구의 일부 중국학자들이 서방 기원설에 대해 회의를 표시했을 뿐만 아니라 대다수 중국의 학자들이 격렬히 반대함으로써 학문적인 관심이 급격히 쇠락된다. 고고학 분야에서 세석기(細石器) 문명, 청동기 문명 등과 관련하여 시베리아 혹은 북방 유목민 문명으로부터의 영향설, 중앙아시아로부터 말과 전차, 그리고 이와 함께 밀, 보리 등 맥류(麥類)의 유입설 등이 제기된 바 있으나[2] 문명 교류의 차원에서 대체로 긍정되고 있을 뿐 종래의 서방 기원설만큼 중국 문명의 실체를 뒤흔들 정도는 아니었다.

최근까지 서방 기원설을 지속적으로 주장해온 학자는 미국의 중국학자 메어(V. Mair)이다. 메어는 비교언어학의 방식을 통하여 중국인의 기원이 서방에 있고 중국 문명의 상당 부분이 서방에서 전래된 것이라는 주장을 굽히지 않았는데 예컨대 그는 중국 문학에서의 허구(fiction)의 개념이 인도로부터 전입되었다든가,[3] 중국 창조 신화에서의 중요한 모티프인 호로(葫蘆)가 서남아시아에서 유입된 것이라는 등의 가설을 제기하여[4] 중국학계에서 쟁론을 야기하기도 했다. 그러나 이러한 입장은 소수에 불과할 뿐 현재 중국 문명의 서방 기원설은 학계의 관심에서 크게

---

2 Karl Jettmar, "The Origins of Chinese Civilization: Soviet View," *The Origins of Chinese Civilization*, Berkeley and Los Angeles: Univ. of California Press, Edited by David N. Keightley, 1983, pp.230-232.

3 Victor H. Mair, "The Narrative Revolution in Chinese Literature: Ontological Presuppositions" *Chinese Literature*, 1983, Vol.5, No.1-2

4 Victor H. Mair, 「Southern Bottle-Gourd(hu-lu 葫蘆) Myths in China and Their Appropriation by Taoism」『中國神話與傳說學術研討會論文集(上)』. 臺北: 漢學研究中心. 1996.

멀어진 것으로 보아도 틀림이 없을 것이다.

2. 자생설

일찍이 곽말약(郭沫若)은 중국 고대 사회에 대해 논하기에 앞서 다음과 같이 개탄한 바 있었다.

> 세계문화사에서 중국 방면에 대한 기록은 여전히 백지 상태이다. 엥겔스의 『가정, 사유제와 국가의 기원』에서도 중국 사회에 대해서는 한마디도 말한 바가 없다…… 이 시점에서 중국인은 마땅히 세계문화사에서의 공백을 스스로 써서 채워 넣어야 한다.[5]

곽말약의 언급은 서구 학계에서의 중국 문명에 대한 무지와 무시를 개탄한 것이긴 하지만 사실상 보편적으로 인정받지 못하고 있는 중국 문명의 정체성에 대한 불만과 반성이라 할 것인데 궁극적으로 이러한 문제의식의 이면에는 중국 문명의 고유성, 토착성에 대한 자의식이 깔려 있다 할 것이다.

앞 절에서 살펴본 바와 같이 서구에서 중국 문명의 서방 기원설이 풍미함에도 불구하고 일부 학자들은 중국 문명이 고유성을 지니고 있다고 간주하여 토착성을 옹호했다. 계몽주의자를 대표했던 볼테르(F. M. A. de Voltaire)는 아마 이 방면에서 최초의 중국 문명 지지자일 것이다. 중국의 유교 통치를 계몽 전제 군주 정치의 이상으로 열렬히 찬양했던 그는 서방 기원설을 혹평하고 중국의 언어, 문자와 풍속이 이집트와 다르

---

5   郭沫若, 「自序」『中國古代社會』(香港: 三聯書店, 1978).

다는 점을 분명히 지적했다. 그러나 이후 200여 년간 이는 예외에 속한 견해였고 20세기 초에 이르러서야 서구의 중국학이 심화되면서 중국 문명의 실체에 대한 이견이 나오기 시작한다. 예컨대 로스(J. Ross)는 상형문자 비교론 등 기존의 구태의연한 이론과 가설을 논박한 후 중국 문명은 토착적이고 자생적이라고 선언했다. 심지어 그는 중국 문명과 여타 문명의 유사성은 중국 문명의 영향에 기인하는 것이라고까지 중국 문명의 정체성을 옹호했다. 그의 이러한 견해는 당시의 명망 높은 중국학자 자일즈(H. A. Giles)에 의해 승인되었다. 그러나 얼마 후 앤더슨에 의해 이루어진 앙소 문화의 고고 발굴은 간헐적으로 제기되어온 자생설에 철퇴를 가했다. 서방 기원설이 공론(公論)으로 굳어질 즈음 그럼에도 불구하고 이에 대해 회의적인 태도를 보인 학자는 고고학 방면이 아니라 문헌학, 사회학 등을 바탕으로 중국 문명에 대한 깊은 조예를 보여준 마스페로(H. Maspero)와 에버하르트(W. Everhard)였다. 마스페로는 발굴 결과만으로 중국 문명의 기원 문제를 해결하기에는 부족하다는 신중한 입장을 취했으며 에버하르트는 후술(後述)할 바이지만 중국 문명은 중국 각 '지방 문화(Local Culture)'의 상호 작용과 영향의 구성체이며 앙소 문화는 결코 서방에서 직접 기원하지 않았다고 단언했다. 중국의 학자들도 좌시하지 않았다. 곽빈가(郭斌佳)는 서구 학자들의 서방 기원설에 대해 일일이 비판한 후 중국 신화, 전설상의 문명신들을 중국 문명 창조의 상징으로 간주하여 중국 문명은 독립적으로 발생한 것이라고 주장했다. 이후 중국의 고고 발굴이 내지 학자들에 의해 이루어지고 속속 여러 지역에서 고대 문명의 존재가 드러나면서 자생설은 통설로 자리를 잡았다. 특히 사회주의 중국에서 한때 외래설은 중국 문명의 정체성을 훼손하는 것으로 불경시(不敬視)되었으며 고대 문명에 대한 논의는 묵시적으로 자생설을 전제하고 모든 외래설의 가능성을 차단한 가운데에서 이루어질 정도였다. 이러한 강력한 자생설의 분위기는 최근 엄문명(嚴文明), 소망평(邵望平), 장광직(張光直) 등 굴지의 고고학자들이 함께 펴낸 중국 문명 기원 관련 저작에서도 여전히 이어지고 있다. 다음의 언명이 그것이다.

> 중국 문명은 토생토장(土生土長)의 독립적인 원생문명(原生文明)이다. …… 만일 세계의 사회과학자들이 그들의 이론이 중국사의 검증을 필요로 한다는 것을 인정한다면 극히 풍부한 사료를 지닌 중국사의 사회과학에 대한 공헌의 잠재력은 값을 매기기 어려울 것이다. 아마도 21세기의 사회과학은 중국의 세기가 될 것이다.[6]

앞서의 곽말약의 비분강개한 토로는 한 세기가 채 못 되어 이처럼 자부심과 확신에 찬 언명으로 바뀌었다.

단원론(單元論)

단원론의 역사는 유구하다. 중원이 중국 문명의 중심이자 유일한 기원이라는 말인데 알고 보면 이러한 취지는 중원의 한족(漢族)과 주변의 이민족을 준별(峻別)하는 화이론(華夷論) 곧 중화주의(中華主義)와 상관되고 다시 중화주의의 시발점으로 거슬러 올라가 보면 최소한 유교가 국교로 정립되는 한대(漢代), 여기서 더 소급한다면 화하계(華夏系) 종족이 중국을 지배하게 된 주대(周代)까지도 생각해볼 수 있기 때문이다. 중화주의의 지역적 기반이 중원, 사상적 기반이 유교, 종족적 기반이 한족이라고 인정할 때 중화주의는 분명 중심주의이며 단원론적 문명사관

---

6   徐苹芳·嚴文明·張光直 等, 『中國文明的形成』(北京: 新世界出版社, 2004), p.345.

과 상관될 것이다. 이러한 문명사관은 중국인에게 내면화되어 있었고 근대 이후 고고 발굴 성과를 이론화하는 데에 잠재적으로 큰 영향을 미쳤다. 아니 어떤 면에서는 후대의 고고 발굴이 전통적인 중화주의의 타당성을 입증시켜주었다고도 말할 수 있을 것이니 양자는 상호 인증 관계에 있었다 할 것이다.

근대 초기 서방 기원설이 중국 문명의 정체성을 위협했을 때 이것에 맞설 수 있는 가장 큰 힘은 전통적으로 중국인의 자부심을 표명해온 중화주의적 문명사관이었다. 이 관념은 비록 서세동점(西勢東漸)의 대세와 근대화의 열망에 의해 타격을 입긴 했지만 앙소 문화, 용산 문화, 은(殷) 문명 등 황하 유역에서 화려한 선사, 고대 문명의 유적이 발굴되면서 자생설의 대두와 함께 다시 부활하기 시작했다. 즉 고고 발굴의 성과인 이른바 황하 문명 중심론과 전통적인 중화주의의 결합은 필연적인 귀결이었다. 안지민(安志敏)은 다음과 같이 말했다.

역사적으로 볼 때 하(夏), 상(商), 주(周)는 일찍이 이 지역[중원]에서 계급국가를 건립하여 장기간의 통치를 위한 기초를 마련했다. 고고 발견으로 상, 주 시대의 유적이 이 지역에 집중되어 있다는 것이 입증되었는데 특히 상 문명이 사전(史前) 문화의 맥락을 계승했다는 사실은 거울같이 명백하다. 따라서 황하 유역의 중원 지역은 의심할 나위 없이 중국 문명의 발상지이며 (이 문명은) 장강 하류 및 더 광활한 지대로 신속하게 확대되었다. 다만 주변의 어떤 지역들은 비교적 늦은 시기에 이르러서야 씨족 제도를 종결했는데 이러한 발전상의 불평형은 객관적으로 존재했던 사실이었다. 우리는 상 문명의 출현이 초기 국가의 탄생을 시사하는 것에 그치지 않고 강역과 영향이 계속 확대되어 통일의 작용을 일으켜서 후일의 역대 왕조들이 기본적으로 이러한 역사 전통을 계승한 것

임을 알 수 있다.[7]

안지민의 이러한 언급은 고고 발굴의 성과가 전통적인 중화주의의 입장과 한 치의 오차도 없이 상응함을 말해주고 있다. 일찍이 경학(經學), 제자학(諸子學) 등 고학(古學) 제 분야를 중화주의가 지배했던 것처럼 단원론은 고고학 분야에서뿐만 아니라 문학, 사학, 철학 등 근대 인문학 제 분야에서도 통설로 군림했다. 신화학자 인순법사(印順法師)의 언명을 들어보자.

> 황하 유역은 중화민족의 문화가 성장한 온상(溫床)이다. 중화 민족은 여기에서 우수한 문화를 창조하여 주변의 민족들을 월등히 뛰어넘어 문화의 중심을 형성했는데, 그것을 화(華) 혹은 화하(華夏)라고 부른다. 화하 문화의 구역은 곧 황하의 중, 하류 지역이다.[8]

핀란드 학파에 속하는 설화학자 정내통(丁乃通)도 중국 설화의 전파에 대해 이러한 입장을 취한다.

> 설화는 일반적으로 높은 문화 수준을 지닌 사람들로부터 낮은 문화 수준을 지닌 사람들에게로 확산된다. …… 허다한 설화 유형은 분명히 한족으로부터 시작되었다. 중국의 소수민족은 다만 설화의 전달자일 뿐이다.[9]

---

7 安志敏,「試論文明的起源」『考古』(1987), 제5기, pp.455-456.
8 印順法師,『中國古代民族神話與文化之研究』(臺北: 華岡出版公司, 1975), p.10.
9 Ding Nai-Tong, *A Type Index of Chinese Folktales*(Helsinki ; Folklore Fellows Communications, No. 223, 1978), p.8.

단원론이 이처럼 통설이 된 데에는 한 가지 중요한 현실적 이유가 있었다. 그것은 1970년대 이전 서방 기원설의 비판, 극복에 열중했던 시기의 고고 발굴이 황하 유역에 집중되어 있었다는 사실이다. 결국 황하 유역의 발굴 성과만으로 중국 고대 문명의 전모를 평가하다 보니 자생설이 곧 중원 기원설로 귀결되는 것은 당연한 현상이었다. 물론 이러한 현상의 이면에서 전통적인 중화주의가 선입견으로 작용하여 중원보다 선진적인 주변 문명이 발굴될 가능성조차 배제했을 것임은 충분히 짐작할 수 있는 일이다. 여기에서 우리는 바슐라르(G. Bachelard)나 하이젠베르크(W. Heisenberg) 등에 의해 제기된 바 있는, 객관적인 학문 세계에서도 존재하는 이른바 '본체인지 조작'의 혐의를 발견할 수 있다.[10]

1970년대 이후 중국 각지의 변경 지대에서 중원 지역보다 앞서고 발달한 문명의 존재가 발굴로 인해 속속 알려지면서 황하 문명 중심의 단원론 곧 중원 기원설은 폐기될 운명에 처해진다. 그러나 다원론이 일반화된 이즈음에도 여전히 중원 기원설을 주장하는 사람이 없는 것은 아니다. 이소련(李紹連)은 이렇게 강변한다.

> 역사전설, 문헌과 고고 자료에 근거해보면 황하 중, 하류에 처한 중원 지역 즉 하남(河南)과 진(晋), 기(冀), 노(魯) 등의 지역, 멀리는 감(甘), 청(靑)과 섬(陝) 인근의 지역은 전설적인 염제(炎帝)와 황제(黃帝) 두 씨족 부락이 핵심이 되어 구성된 화하족(華夏族)의 주요 활동 지역으로 중국 최초의 국가를 화하족이 이 지역에 건립했던 것이다. 따라서 고대 중국을 화하라고 불렀다. …… 우리들이 지금 중국 문명의 기원을 탐구하는

---

10 '본체인지조작'은 바슐라르의 용어로 대상은 그 자체로서 객관적으로 존재하는 것이 아니라 객관화하려는 의식에 의해서만 객관화된다는 것. 진형준, 『상상적인 것의 인간학』 (서울: 문학과 지성사, 1992), p.37.

일은 실상 화하 문명의 기원을 탐구하는 일이다. 중국 경내 최초의 그리고 가장 중요한 문명 발상지가 중원이라면 중국 경내의 기타 지역 예컨대 장강(長江) 유역, 주강(珠江) 유역과 북방(동북과 내몽고를 포괄한) 및 기타 지역 또한 문명 발상지 중의 하나이지만 시기가 좀 늦으며 많던 적던 중원 문명의 영향을 받았다. 우리들은 중원 화하 문명의 기원을 연구하는 일이 전체 중국 문명의 기원을 연구하는 관건임을 알 수 있다.[11]

중원 기원설에 대한 신념을 버리지 않은 이러한 언급은 중화주의가 뿌리 깊게 중국인의 의식에 자리 잡고 있으며 그것이 여전히 학술 전반에 대해 얼마나 깊은 영향을 미치고 있는지를 웅변한다.

다원론(多元論)

근대 이후 외래설 즉 서방 기원설과 이에 대항한 자생설 즉 중원 기원설이 각축을 벌이고 있을 즈음 에버하르트는 양자를 모두 배격하면서 다원론을 주장하여 이채(異彩)를 발했다. 그는 앙소 문화는 다양한 문화 요소가 결합되어 이루어진 것이며 서방적 요소는 그중의 일부일 뿐이라고 서방 기원설을 대체로 부정하는 한편 중국인의 전통적인 중화주의적 문명사관에 대해서도 다음과 같이 신랄하게 비판했다.

모든 시대의 중국의 지배 엘리트들은 중국 문화와 사회의 단일성을 주장해왔고 외국의 학자들도 이 견해를 받아들이는 경향이 있었다. 그들은 중국을 4천여 년에 걸쳐 동일성을 유지해온 세계의 유일한 문명으로 보고 싶어 한다. …… 따라서 중국 사회의 기원과 발전에 대한 가장 일

---

11 李紹連, 『華夏文明之源』(鄭州: 河南人民出版社, 1992), p.4.

반적인 이론은 여전히 다음과 같은 낡은 이론이다. "황하 유역 어딘가에 중국이라고 불리는 발달된 ㅣ라가 있었나. 그 나라는 중국인이라고 불리는 어느 민족에 의해 발달되었고 중국적이라는 사회와 문화를 지니고 있었다." …… 우리는 이러한 이론 안에서 전통적인 나라들과 좀 근대화된 나라들에서조차 전형적인 국수주의의 강한 요소와 어떤 경우 인종차별주의의 요소까지 인식할 수 있다.[12]

에버하르트는 이러한 비판의 토대 위에서 중국 상고 문명의 자기동일성을 인정하지 않고 그것을 중국의 '지방 문화(Local Culture)' 간 상호작용이라는 복잡한 과정의 결과로 인식했는데 변경 지역에 대한 고고 발굴이 아직 이루어지지 않은 시기에 신화, 민속 자료 등을 분석하여 도출한 그의 다원적 중국 문명론은 가히 선각적이라 할 것이다.

한편 중국 내부에서도 기존의 화하계 종족 중심의 단원론적 문명사관을 탈피하려는 움직임이 일어났다. 왕국유(王國維)는 이미 「은주제도론(殷周制度論)」에서 은(殷)과 주(周)의 문화적 기원과 성격이 상이함을 설명함으로써 중국 문명이 통일적이지 않음을 시사했으며[13] 부사년(傅斯年)은 「이하동서설(夷夏東西說)」에서 중국의 상고사가 서방의 하족(夏族)과 동방의 이족(夷族)과의 대등한 투쟁에 의해 이루어져 있다고 논증하고 주대 이후 사마천(司馬遷)에 이르기까지 이족을 배제하고 하족 중심으로 역사를 재구성해왔다고 비판함으로써[14] 보다 철저히 단원론에 반대했다. 이들의 뒤를 이어 서병창(徐炳昶, 일명 旭生)은 중국 상고 시대

---

12 Wolfram Eberhard, *The Local Cultures of South and East China*, trans. by Alide Eberhard(Leiden: E. J. Brill 1968), pp.9-10.

13 王國維, 『觀堂集林』, 卷10, 「殷周制度論」: "中國政治與文化之變革, 莫劇於殷周之際."

14 傅斯年, 『夷夏東西說』(서울: 우리역사연구재단, 2011), 정재서 역주, pp.155-156, 182.

에 활동했던 민족을 화하집단(華夏集團), 동이집단(東夷集團), 묘만집단(苗蠻集團)의 3대 집단으로 분류함으로써 다원론에로 한 걸음 더 나아갔다.[15]

다원론을 향한 이러한 가설들과 아울러 점차 고고 발굴이 앙소, 용산, 은허(殷墟) 등 황하 유역의 중원 지역은 물론 이를 훨씬 벗어난 장강, 요녕(遼寧), 사천(四川) 등 남방, 북방, 서방의 변경 지역으로 확대되고 이에 따라 중원보다 시기적으로 이르거나 발전된 단계의 신석기 혹은 청동기 문명의 존재가 속속 밝혀지게 된다. 예컨대 정교한 옥기(玉器)와 신전(神殿)이 발굴된 장강 유역의 양저(良渚) 문화, 적석총(積石塚)과

여신묘(女神廟) 유지(遺址). 홍산 문화(紅山文化).

청동인면상(靑銅人面像). 삼성퇴 문화(三星堆文化).

여신묘(女神廟)가 발굴된 요하(遼河) 유역의 홍산 문화(紅山文化), 청동

---

15 徐旭生, 『中國古史的傳說時代』(北京: 科學出版社, 1960), pp.37-66.

인면상(靑銅人面像)과 제기(祭器)가 발굴된 사천 지역의 삼성퇴(三星堆) 문화 등은 모두 중국 사전사(史前史) 빛 상고사(上古史)를 다시 쓰게 한 20세기 후반의 고고학적 성과들이었다.

변경 지역의 새로운 발굴에 힘입어 마침내 고고학자들은 단원론을 폐기하고 다원론의 목소리를 높이게 된다. 이 방면에서 주도적 역할을 한 소병기(蘇秉琦), 은위장(殷瑋璋) 등의 발언을 들어보자.

과거에 한 가지 견해가 있었다. 황하 유역이 중화 민족의 요람이며 우리나라의 민족 문화는 먼저 이곳에서 발전한 후 사방으로 확대되었다는. 그리고 기타 지역의 문화는 낙후되어 황하 유역 문화의 영향 하에서만 발전할 수 있었다는. 이러한 견해는 온전히 옳은 것이 아니다. 역사상 황하 유역은 확실히 중요한 작용을 일으켰다. 특히 문명 시기에 그것은 항상 주도적 위치에 있었다. 그러나 동일한 시기에 기타 지역의 고대 문화 또한 각자의 특징과 방식이 발전하고 있었다. 각 지역에서 발견된 고고 자료는 갈수록 많아져 이러한 사실을 증명해주고 있다. 아울러 영향은 언제나 상호적이어서 중원이 각 지역에 영향을 주었고 각 지역 또한 중원에 영향을 주었다.[16]

소병기, 은위장 등의 발언은 그보다 수십 년 전에 제기되었던 에버하르트의 이른바 '지방 문화(Local Culture)'의 개념을 상기시킨다. 에버하르트는 중원 문화 중심을 부인하고 중국 문명을 다양한 지방 문화의 상호구성체로 파악한 바 있었다. 소병기 역시 이른바 '구계유형론(區系類型論)'을 제창하고 중국의 고고 문명을 6대 구계(區系)로 분류한다. 그것

---

16 蘇秉琦·殷瑋璋, 「關于考古學文化的區系類型問題」『文物』(1981), 제5기, p.11.

은 다음과 같다.[17]

1. 연산(燕山) 남북, 장성(長城) 지대를 중심으로 한 북방
2. 산동(山東)을 중심으로 한 동방
3. 관중(關中), 섬서(陝西), 진남(晋南), 예서(豫西)를 중심으로 한 중원
4. 태호(太湖) 주위를 중심으로 한 동남부
5. 동정호(洞庭湖) 주위와 사천(四川) 분지를 중심으로 한 서남부
6. 파양호(鄱陽湖)-주강(珠江) 삼각주 라인을 중축으로 한 남방

소병기의 이러한 분류는 동주신(佟柱臣)의 다음과 같은 언급에 의해
서도 지지될 것이다.

중국의 신석기 시대 단계의 경우 어느 한 지점에서 기원했느냐의 문제
는 결코 존재하지 않는다. 구석기 시대 만기로부터 중석기 시대를 거쳐
신석기 시대를 향하여 계속 발전했던 것인데 계속 발전해나간 신석기 시
대 문화는 또 여러 개의 중심을 형성했고 그리하여 다중심(多中心)을 이
루어 발전했다.[18]

소병기, 동주신 이외에도 능순성(凌純聲), 소망평(邵望平), 장광직(張光
直), 이학근(李學勤), 소병(蕭兵), 엽서헌(葉舒憲) 등 대다수 학자들이 다
원론을 지지함으로써 전통적인 중화주의와 표리를 이루었던 단원론은
사실상 폐기되고 이제 다원론이 중국 문명 기원론의 정론이 되었다.

17　蘇秉琦, 『中國文明起源新探』(香港: 商務印書館, 1997), pp.29-30
18　佟柱臣, 「中國新石器時代文化的多中心發展論和發展不平衡論」 『文物』(1986), 제2기, p.16.

3. 비판적 검토

계몽주의 시대 이후 근대에 이르기까지 서구 학자들에 의해 주장되었던 외래설, 즉 서방 기원설은 실제 학문적인 검토를 거쳐 그 타당성이 입증된 것도 없지 않으나 이들 주장의 이면에는 당시 서구 학풍의 입김이 거세게 작용했고 보다 근원적으로는 서구의 동양에 대한 명백한 편견, 이른바 오리엔탈리즘이 존재했다.

중국의 학자들은 이에 대응하여 서구의 중심주의를 반대하고 자생설을 주장했는데 이것은 초기에 주로 단원론으로 나타났고 단원론의 이면에는 주변 문화에 대한 편견을 전제로 하는, 전통적인 중화주의가 깔려 있음을 부인할 수 없다. 아이러니한 것은 중국의 학자들이 외래설 곧 서방 기원설에 대응할 때에는 세계 문명의 다원 발생론을 지지하면서도 정작 중국 대륙 혹은 동아시아 문명의 기원을 논할 때에는 단원론 즉 중원 기원설을 고수하는 모순적인 모습을 보여주었다는 사실이다. 우리는 여기에서 기원론 자체가 함장(含藏)하고 있는 정치적, 이데올로기적 동기를 간취(看取)할 수 있고 이러한 동기가 이후에도 쟁론의 행로에서 어떻게 표출되고 있는지 주시하지 않을 수 없다.

중국의 문명 기원 논의가 에버하르트 등 일부 선각적인 학자들의 문제 제기와 이후 지역적으로 다양한 고고 발굴 성과에 힘입어 단원론을 극복하고 다원론으로 향해 나아간 것은 자연스럽고도 바람직한 현상이라 할 것이다. 그러나 최근 중국은 변경의 여러 지역 중 특별히 요하(遼河) 일대에 주목하고 있다. 이곳에서는 중국 대륙에서 기원이 가장 오래된 신석기 문명으로 편년되는 소하서(小河西) 문화가 발견되고 홍산(紅山) 문화 등에서 여신상(女神像), 여신묘(女神廟), 옥룡(玉龍) 등 다양하고 의미 깊은 발굴 자료들이 쏟아져 나왔기 때문이다. 중국은 이러한 자료들을 근거로 2003년부터 시작된 이른바 '중국 고대 문명 근원 탐색 프로젝트(中國古代文明探原工程)'의 일환으로 '요하문명론(遼河文明論)'을 구성하고 있는데 이를 통하여 1) 요하 일대를 세계 4대 문명보다 앞서는 새로운 문명권으로 부각시키고 2) 중국 문명의 기원이 기존의 황하 유역이나 장강 유역이 아니라 바로 요하 유

여신두상(女神頭像), 홍산 문화(紅山文化).

역이라는 새로운 관점을 제시하고 있으며 3) 중국 문명의 기원지인 요하 일대에서 기원한 고대 민족은 황제(黃帝)의 후예라는 논리를 고안하고 있다.[19] 이러한 기획은 근대의 의고사학(疑古史學)을 비판하는 이학근(李學勤), 곽대순(郭大順) 등에 의해 주도되고 있는데 신화, 전설과 고고학의 결합이라는 점에서 학문적으로는 유히메리즘(Euhemerism, 神話史實說)과 역사환원주의에 빠질 위험을 안고 있다.

그러나 무엇보다도 유의해야 할 것은 요하문명론 구성이라는 이 시도가 기존의 중화주의-중원 기원설의 거점인 황하를 요하로 바꾼 것에 불과한 '신판 단원론'이라는 사실이다. 바로 이 중화주의-중원 기원설-신판 단원론의 일관된 논리 체계와 관련하여 필연적으로 등장하는 신화적 존재가 황제(黃帝)이다. 황제는 중국 민족의 시조로 추앙되는 인물로 동방 동이계(東夷系) 혹은 남방 묘만계(苗蠻系) 종족의 대신(大神)인 염제(炎帝), 치우(蚩尤) 등과 대립적인 견지에서 서방 화하계(華夏系)

19 우실하, 『동북공정너머 요하문명론』(서울: 소나무, 2007), pp.41-42.

황제릉(黃帝陵)의 사당. 섬서(陝西) 황릉현(黃陵縣).

종족을 대표하는 신화적 존재였다. 이에 따라 그의 근거지도 섬서, 하남 등 과거의 중원인 황하 유역으로 상정되고 있는 것이 전통적인 견해였다. 요하문명론이 제기되기 전 이학근의 논증에서도 황제의 근거지는 하남성(河南省)의 신정(新鄭)으로 비정(比定)되고 있었다.[20] 그런데 요하 유역에서 황하 유역보다도 오랜 문명의 유적이 발견되면서 황제의 근거지는 돌연 황하 유역에서 요하 유역으로 이동하게 된 것이다. 그뿐만이 아니다. 황제는 원래 인면용신(人面龍身)의 신으로 용과 깊은 관련이 있어서 중국인은 스스로를 '용의 자손(龍的傳人)'이라 할 정도로 황제를 용과 동일시해왔다. 그런데 요하 유역에서 발굴된 옥룡 등의 실체가 웅룡(熊龍) 곧 곰으로 추정되면서 황제는 갑자기 용에서 곰의 화신으로 변모했다. 황제의 실제 근거지가 요하 유역이냐 아니냐, 그의 신체(神體)가

---

20   李學勤, 『走出疑古時代』(瀋陽: 遼寧大學出版社, 1997), pp.42-43.

정말로 곰이냐 아니냐를 떠나서 중
국 학계의 이와 같은 신화, 전설과
고고학의 결합 시도는 신판 단원
론을 위한 정치성을 띤 작업이라는
혐의를 지우기 어렵다. 결국 중국
문명 기원론의 이면에는 외래설—
서방 기원설이든 자생설—중원 기
원설이든 오리엔탈리즘 혹은 시노
센트리즘(Sinocentrism)이라는 종
족주의적, 국가주의적 욕망이 끊임
없이 작동하고 있음을 볼 수 있다.

옥웅룡(玉熊龍), 홍산 문화(紅山文化).

　　그러나 이학근, 곽대순 등의 상술한 구심적, 내향적 문명사관과는 다
른 차원에서 장광직은 중국 문명의 고유한 발생과 발전의 논리를 제시
한 바 있다. 그는 서구 문명 및 여타 문명과의 비교 하에 얻은 결론에
입각하여 새로운 문명의 패러다임을 지향하는 외향적, 원심적 문명사관
을 취하고 있어 신판 단원론과는 궤도를 달리한다. 그는 우선 중국 문명
과 서구 문명의 발전 과정상의 차이성에 주목한다.

　　　중국 역사의 초기에 원시 사회에서 문명 사회로의 발전 과정에는 자신
　　만의 특성들이 있다. 이러한 특성들과 근동 및 유럽 등 서방 문명의 이
　　단계에서의 사회 발전상 특성들과의 차이를 어떻게 해석하느냐와 이러
　　한 견해에 입각한 중국 역사 연구의 사회과학 일반 법칙에 대한 공헌은
　　우리들의 적극적인 연구를 기다리는 과제이다.[21]

21　張光直, 『中國靑銅時代(2)』(香港: 三聯書店, 1990), p.14.

장광직은 중국 문명이 천인합일(天人合一)의 우주관을 바탕으로 도시, 종교 제도, 문자 등에 있어서 연속성을 시녀왔으며 이것은 신과 인간의 단절에서 비롯한 돌파성을 특성으로 하는 서구 문명의 발달 과정과는 큰 차이가 있다고 주장한다. 아울러 중국 문명은 서방 문명을 제외한 마야 문명 등 비서방 지역의 문명들과 이러한 특성을 공유하고 있으며 이 때문에 서구 사회과학의 문명 기원 및 발전 모식(模式)을 중국에 무차별적으로 적용하는 것은 문제가 있다고 비판한다. 나아가 그는 중국 문명의 기원과 발전 모식이 그동안 통용되어온 서구 사회과학 일반 법칙의 편파성을 극복, 보완하는 역할을 할 수 있으며 새로운 문명의 패러다임을 창출하는 데에 중요한 공헌을 할 수 있을 것으로 기대한다.[22] 장광직의 견해는 종래 표준으로 군림해온 서방 문명 중심의 기원 및 발전 이론에 대해 다원주의적 입장에서 시정을 촉구하고 중국 및 비서방 문명의 정체성을 강조한 것으로 학문상의 이러한 '정치적 정당성(political correctness)'의 심문은 상당히 긍정적인 의미를 지닌다 하겠다.

　　다만 우리는 대 서방 문명 관계가 아닌 중국 혹은 동아시아 문명을 다루는 내부 논의에서도 중국과 주변 민족, 문명과의 관계에 있어서 장광직의 다원주의적, 개방적 입장이 준수되어야 한다고 생각한다. 주변 민족과 그들의 문명을 중원으로, 또는 새로이 설정된 중원으로 환원시키려는 시도는 결국 장광직을 위시한 중국의 대부분 학자들이 그토록 비판한 서방 문명 중심론 혹은 오리엔탈리즘의, 무대를 달리한 재연으로 보이기 때문이다.

22　徐苹芳·嚴文明·張光直 等,『中國文明的形成』(北京: 新世界出版社, 2004), p.345.

4. 중국 문명의 기원과 고대 한국

중국 문명의 기원 문제는 단순히 중국 자체의 학술적 사안에 그치지 않는다. 우리가 중국 민족과 문명의 기원을 다원주의적, 개방적으로 생각할 때 특히 변경 지역의 문명은 근대 이후의 배타적 국민국가 개념 특히 속지주의적인 관점에서 논단할 수 있는 것이 아니다. 왜냐하면 변경 지역은 과거에 여러 민족과 문명이 각축을 했던 경합적인 지역이고 더구나 사전(史前) 시대로 거슬러 올라가면 오늘날의 국경으로 당시의 문명을 구획하기란 사실상 무의미한 일이기 때문이다. 따라서 중국 문명의 기원 문제는 장구한 시간 국경을 접하며 종족적, 문화적 교류를 지속해온 한국 문명의 기원 문제와도 불가분의 긴밀한 연관성을 지닌다.

아닌 게 아니라 한중(韓中) 양국 고대 문명의 연관성에 대해서는 일찍부터 이와 관련된 논의들이 있어왔다. 그중 잘 알려진 것으로는 동이(東夷) 문명, 상(商) 문명 등과의 연관성에 대한 것들이 있다. 역사적으로 가장 많이 거론되어온 동이 문명이 포괄하는 지역에 대해서는 두 가지 견해가 있다. 한 가지는 중국의 산동, 요녕, 동부 해안 지역에 거주하는 동이계 종족들이 건설한 문명으로 보는 견해이고 다른 한 가지는 이를 산동 지역에만 국한시키는 견해이다. 부사년은 이러한 입장을 취한다.[23] 역사, 고고학적으로는 산동과 요녕이 묘제(墓制), 청동검(靑銅劍) 등에 있어서 동일한 유형이 아니기 때문에 요녕은 동이 지역에 속하지 않는다고 보기도 한다.[24] 그러나 동이 문명의 중요한 표지인 조류 숭배 모티

---

23 傅斯年, 『夷夏東西說』(서울: 우리역사연구재단, 2011), 정재서 역주, p.43.
24 李成珪, 「先秦文獻에 보이는 '東夷'의 성격」 『한국고대사논총』(한국고대사회연구소, 1991), 제1집 및 奇修延, 「東夷의 개념과 실체의 변천에 관한 연구」 『白山學報』(1993), 제42호 참조.

프가 홍산 문화로부터 장강 유역의 하모도(河姆渡) 문화에 이르기까지 옥기(玉器) 자료에서 연속성을 유시하고 있는 것으로 보아 산동과 요녕 등을 동일한 동이 문명권으로 보기도 한다.[25]

동이 문명 다음으로 한국 고대 문명과의 관련성이 많이 거론되는 것으로는 상 문명이 있다. 부사년은 상 문명의 고향이 요녕임을 분명히 하고 심지어 기자(箕子)의 고조선으로의 망명을 "선왕이 살던 곳을 좇은 것(從先王居)"이라고까지 표현했다.[26] 그의 제자 장광직 역시 상과 고대 한국과의 밀접한 관련성을 긍정했다. 그렇다면 상과 동이의 관계는 어떻게 되는가? 여기에도 역시 두 가지 입장이 있다. 대부분의 학자들은 상을 동이와 같은 계통의 종족으로 보지만 부사년 등 일부 학자들은 구분하기도 한다. 그러나 설사 상과 동이가 상이한 종족이고 산동과 요녕이 문화적으로 별개의 지역이라고 간주한다 할지라도 동이와 고대 한국과의 문화적 상관성은 부인하기 어려운 것이 지질학적으로 간빙기(間氷期) 이전 발해만 및 황해의 상태는 바다가 아닌 평원 지대로 산동과 요녕, 한반도 등지와의 교류는 훨씬 오래전부터 있어왔다고 볼 수 있기 때문이다.

동이와 상 종족 그리고 그들의 무대인 요녕, 산동, 하남, 동부 해안 등지와 관련된 고고 발굴 성과로는 용산 문화, 은허 지역의 문화와 산동의 대문구(大汶口) 문화를 비롯해 남쪽으로는 양저 문화, 하모도 문화 등이 있고 동북쪽으로는 요하 유역의 홍산 문화 등이 있다. 우리는 일단 이들 문화와 고대 한국 문명과의 기원적 상관성을 고려해볼 수 있는데 부사년, 장광직 등이 고대 한국 문명 특히 고조선과 관련하여 거론한 상 문명의 발상지를 요녕 지역으로 추정할 때 현재까지 중국 대륙에서 발굴된 성과로서 편년(編年)이 가장 오래된 요하 유역의 신석기, 청동기 문

---

25 Wu Hung, "Bird Motifs in Eastern Yi Art" *Orientations*(1985), Vol. 16, No. 10 참조.

26 傅斯年, 『夷夏東西說』(서울: 우리역사연구재단, 2011), 정재서 역주, p.89.

적석총(赤石塚), 홍산 문화(紅山文化).

화에 주목하지 않을 수 없다.

　이 지역의 문화로는 신석기 시대로서 소하서(小河西) 문화(기원전 7000년－기원전 6500년), 흥륭와(興隆洼) 문화(기원전 6200년－기원전 5200년), 사해(查海) 문화(기원전 5600년경), 부하(富河) 문화(기원전 5200년－기원전 5000년), 조보구(趙寶溝) 문화(기원전 5000년－기원전 4400년) 등이 있고 동석병용(銅石倂用) 시대로서 홍산(紅山) 문화(기원전 4500년－기원전 3000년), 소하연(小河沿) 문화(기원전 3000년－기원전 2000년), 초기 청동기 시대로서 하가점(夏家店) 하층 문화(기원전 2000년－기원전 1500년) 등이 있는데[27] 이들 지역에서는 가장 오래된 집단 주거지, 옥 귀걸이, 석소룡(石小龍), 빗살무늬 토기, 복골(卜骨) 등이 발굴되었다. 특히 홍산 문화의 우하량(牛河梁) 유적지에서는 1986년에 대형 제

27　우실하, 『동북공정너머 요하문명론』(서울: 소나무, 2007), p.103에서의 정리를 따른다.

단, 여신묘, 여신상, 옥웅룡(玉熊龍), 적석총군(積石塚群) 등이 발견되어 전 세계의 이목이 집중된 비 있었다.

이형구, 우실하 등 한국의 일부 학자들은 적석총, 석관묘(石棺墓), 빗살무늬 토기, 복골(卜骨), 옥제품 등 이 지역 특유의 발굴물들이 과거의 고구려, 부여 지역 및 한반도에서 공유되는 것으로 미루어 요하 유역 문명이 고대 한국 문명의 기원과 깊은 상관이 있는 것으로 논정하고 있다.[28] 한영우는 이 지역에서 출토된 곰 조각품 및 여신상을 근거로 단군 신화와의 관련성을 제기하고 고조선의 첫 도읍지 평양이 홍산 문화의 근거지인 적봉(赤峰) 일대일 것으로 추정하기도 했다.[29]

물질 문명 자료와 더불어 양자의 동질성을 입증할 수 있는 또 하나의 근거는 종교, 신앙 자료가 될 것이다. 고대 한국-상-요하 유역 문명의 바탕을 일관하는 중요한 원시 종교는 무엇일까? 그것은 지금까지도 한국문화의 근저에서 영향을 미치고 있는 무속 곧 샤머니즘이라 할 것이다. 상이 샤머니즘을 바탕으로 성립된 신정국가(神政國家)임은 진몽가(陳夢家), 장광직 등의 연구에서 이미 밝혀진 바 있지만 요하 유역에서 발굴된 여신상을 여무(女巫), 동경(銅鏡)을 무구(巫具), 복골을 점복 행위 등의 관점에서 볼 때 샤머니즘의 농후한 요소를 감지할 수 있다. 아울러 우실하는 샤머니즘의 세계관을 셋이 하나가 되고 하나가 셋이 되는 '삼수분화(三数分化)'의 도식으로 파악하여 이러한 도식이 홍산 문화 지역에서 발굴된 도소삼인상(陶塑三人像), 삼공기(三孔器), 3층 계단식 적석총 등에서 구현되고 있다고 주장했다.[30] 이렇게 다각도의 측면에서 고

---

28 이형구, 『발해 연안에서 찾은 한국 고대문화의 비밀』(서울: 김영사, 2004). 우실하, 『동북공정너머 요하문명론』(서울: 소나무, 2007), pp.294-334.
29 한영우, 『다시 찾는 우리 역사』(서울: 경세원, 2012), p.77.
30 우실하, 『3수 분화의 세계관』(서울: 소나무, 2012), pp.201-241.

쌍수수삼공기
(雙獸首三孔器).
홍산 문화(紅山
文化).

찰해본 결과 요하 유역 문명은 중원 문명뿐만 아니라 고대 한국 문명과
도 깊은 기원적 상관성을 지니고 있음을 알 수 있다. 물론 요하 유역 문
명의 성립 주체나 타 문명과의 상관성 등이 아직 충분히 밝혀지지 않은
상태에서 고대 한국 문명과 요하 유역 문명의 기원을 동일시하는 것은
성급한 논단일 것이다. 그러나 양 문명 사이의 친연성은 부인할 수 없
는 사실이라 하겠다. 한 걸음 더 나아가 생각해보면 이 지역의 문명 또
한 고립적으로 형성된 것만은 아니고 타 문명과의 교류가 있었을 것으
로 추정되며 주민은 인면상(人面像) 등으로 미루어 몽골 인종 계통으로
만 밝혀졌을 뿐 사전(史前) 시대의 종족적 상황을 확정짓기란 지난한 일
이다. 따라서 이 지역 문명의 형성, 성립 주체에 대해서는 오늘날의 중
국은 물론 인접한 한국, 몽골 등 주변의 여러 민족 및 고대 문명과의 상
관성에 대해 가능성을 열어두고 탐구해야 할 것이다. 바로 이러한 점 때
문에 요하 유역 문명을 오로지 중국 문명 기원의 입장에서 신판 단원론
적, 중원 중심적으로 설명하려는 시도는 불합리한 일임을 깨달아야 할
것이다. 우리는 고대 동아시아 문명의 시원(始原)으로서 요하 유역 문명
이라는 이 열려진 가능성을 바탕으로 중국 신화, 도교 등 상상력의 발생
과 변천을 다원주의적 관점에서 논의하게 될 것이다.

제2장 원유(苑囿), 제국 서사의 공간
―한부(漢賦)에서의 정체성과 다성성(多聲性)

> 시인의 마음은 세계를 포괄하고 인간과
> 사물을 두루 살핀다.
> (賦家之心, 苞括宇宙, 總覽人物)
> ― 사마상여(司馬相如)

중국은 각 왕조 시대마다 대표하는 문학 양식이 있다. 익히 알고 있듯이 한부(漢賦), 당시(唐詩), 송사(宋詞), 원곡(元曲) 등은 각 시대의 물질 기초와 의식 형태의 문학적 총화(總和)로서 중국 문학사 서술의 골간(骨幹)이 되어왔다. 특히 한부는 중국 문학사상 최초로 구현된 제도 문학인 셈인데 그 배경에는 강력한 유교 가부장적 권위와 대일통(大一統)의 이념을 표방한 한(漢) 제국의 출현이 있었다. 후술(後述)할 바이지만, 중국사 전체를 종관(縱觀)할 때 한 제국의 성립은 '중국적'이라는 정체성 확립의 차원에서 정치, 문화적으로 획기적인 의의를 지닌다. 따라서 바로 이 시점에 출현한 한부가 내포하는 의미에 우리는 주목해야 할 필요가 있다. 그러나 그간 문학 연구 방면에서의 한부에 대한 접근은 나름의 성취가 있었음에도 불구하고 아쉬운 측면이 있다. 우선 당시, 송사 등의 여타 장르에 비해 연구자들의 한부에 대한 관심이 상대적으로 적지 않았나 생각되는데 이는 제도권 문학으로서의 한부에 대해 갖는 우리의 이데올로기적 편견과 상관이 있다. 한부에 늘 따라 붙는 '어용문학', '궁정문학' 등의 수식어는 결국 그간의 문학 연구에서 한부가 어떤 대접을 받아왔는지를 말해준다. 한부는 근대 이후를 풍미(風靡)한 사실주의적, 계급주의적 관점에 의해 지배 계층의 향락 욕구에 부응하는, 내용상 현실 의의가 없고, 형식에 치중한 문학으로 흔히 규정되었는데 이는 중국 문학사에서의 통상적인 기술이었다. 따라서 종래의 한부에 대한 연구가 한부에 내재된 다층적 의미를 드러내는 것보다 문학 형식, 기교 등을 탐구하는 방면에 기울어져 있었던 것은 사실이었다.[31]

이 글에서는 한부를 단순한 문학 텍스트로서보다 한 제국의 물질 기초와 의식 형태를 담지한 고도의 상징적 복합체라는 관점에서 읽고자 한다. 전통적으로 중국에서 문학은 몇몇 특정한 경우를 제외하고 결코 여타 학문과 분리되어 논해지지 않았으며 한대(漢代)의 경우 특히 정교(政敎)와의 관계가 밀접했기 때문에 한부를 한대 문화의 총체적 반영물로서 인식할 필요가 있다고 본다. 이러한 입장에 의거, 이 글에서는 한 제국의 정치, 문화적 정체성의 확립이라는 역사적 사안과 부작(賦作)이라는 글쓰기 행위와의 긴밀한 관련성에 주목하고자 한다.

한부는 문학 형식상으로는 운문의 체재를 취하고 있으나 의도상으로는 실상 제국의 서사이다. 라캉(J. Lacan)은 한 개인이 주객 미분(未分)의 상상계를 떠나 주체를 형성, 상징계에 안착하는 과정에서 결정적으로 요구되는 것이 언어임을 말한다. 이와 마찬가지로 한 국가의 정치, 문화적 정체성이 확립, 제도화되는 과정에서는 서사가 필수적이다. 가령

---

31 이러한 경향을 벗어난 주목할 만한 연구로 鄭毓瑜,「賦體中 '遊觀'的型態及其所展現的 時空意識—以天子遊獵賦 · 思玄賦 · 西征賦爲主的討論」『第三屆國際辭賦學學術硏討會 論文集(上)』(1996. 12), 林凌潮,「不朽與統一: 漢賦與大一統權力詩學(1, 2)」『文明探索』 (1997. 10, 1998. 1) 등의 논문을 들 수 있다.

앤더슨(Benedict Anderson)은 근대 민족국가의 성립이 소설, 신문 등 서사물에 의해 조성된 '동시성'의 개념과 깊은 관련이 있는 것으로 보고 있다.[32] 동시성은 자기동일성 곧 정체성을 낳는다. 이렇게 볼 때 한부는 분명 제국의 언어이자 서사이다.[33] 이러한 인식은 어떻게 보면 한부를 '어용문학'으로 간주했던 기존의 관점과 별로 다를 게 없어 보인다. 그러나 이 글에서는 한부를 어용 문인들의 제국에 대한 송가(頌歌)로 간주하는 소극적인 관점이 아니라 국가 정체성의 확립 과정에서 중요한 기능을 한 서사로 보는 적극적인 관점을 취하고 있다는 점에서 기존의 논구와 차이를 지닌다.

이 글에서는 상술(上述)한 관점에서 한부를 고찰함에 있어 특히 '원유(苑囿)'라는 황제의 유렵(遊獵) 공간을 바탕으로 제국의 서사를 전개하고 있는 사마상여(司馬相如, B.C. 179-B.C. 117)의 「자허부(子虛賦)」와 「상림부(上林賦)」를 분석 대상으로 삼았다. 작가로서 사마상여가 선택된 것은 그가 무제(武帝) 시기라는 제국의 정점기(頂點期)를 살면서 누구보다도 제국을 서사적으로 구현하고자 했던 인물이었기 때문이다. 황제의 유렵 장소라는 점에서 원유 공간이 지니는 정치, 문화적 의미는 다대하다. 그곳은 제국의 축소판으로서 정체성을 향한 제국의 온갖 욕망이 재현되는 장소이다. 이 글에서는 원유 공간에 펼쳐진 그러한 장려(壯麗)한 제국의 표상을 읽어내게 될 것이다. 그러나 한 제국은 표면상 유교 이념

---

32 Benedict Anderson, *Imagined Communities: Reflections on the Origin and Spread of Nationalism*(London: Verso, 1993), pp.22-36.

33 고대 중국에서의 글쓰기와 권력과의 관계성을 논의한 저작으로는 Mark Edward Lewis 의 *Writing and Authority in Early China*(Albany: State University of New York Press, 1999)를 들 수 있다. 루이스는 전국(戰國) 시대와 한대(漢代)를 중심으로 글쓰기가 정치, 종교, 학문 각 방면에서 어떻게 권력의 장치로 기능했는지를 탐구한다. 이 글의 문제의식과는 다소 차이가 있으나 고대 중국에서의 글쓰기의 문제를 새로운 각도에서 접근하려 한 의미 있는 노작(勞作)이라 할 수 있다.

을 중심으로 담론의 '상상적 공동체(imagined community)'를 이룩하고 있지만 이면에는 끊임없이 길항하는 여러 주변적 힘들의 존재가 있었다. 따라서 원유가 결코 제국의 단원신화(單元神話, mono myth)를 보증해주지 못하는, 상호텍스트성의 원리가 살아 움직이는 공간임을 드러내는 일, 이 일 역시 이 글의 소임이 아닐 수 없다.

1. 비극의 탄생, 그리고 '중국적'인 것으로의 길

문제(文帝) 12년(B.C.168) 양회왕(梁懷王)의 태부(太傅) 가의(賈誼), 일 년 전에 낙마(落馬) 사고로 죽은 주군(主君)에 대한 죄책감과 번민에 시달리다 결국 유명(幽明)을 달리하다. 그로부터 반세기 후인 무제(武帝) 원수(元狩) 원년(元年, B.C.122), 회남왕(淮南王) 유안(劉安)이 반역을 도모하다 실패하자 자살하다.

가의(賈誼, B.C. 201–B.C. 169)와 유안(劉安, B.C. ?–B.C. 122) 이 두 사람의 죽음이 우리에게 각기 묘한 울림을 주는 것은 무엇 때문일까? 두 사람의 죽음은 모두 평범치 않은 죽음 곧 비극적인 죽음이라는 점에서는 닮아 있다. 그러나 비극이 탄생하게 된 배후 사정에 있어서 양자는 사뭇 다르다. 이제 우리는 이 두 개의 비극의 원인을 캐기 위한 탐색의 여정에 오르기로 하자.

상고 시대 중국의 사회, 문화적 상황에 대해 일찍이 에버하르트(Wolfram Eberhard)는 다음과 같이 말한 적이 있다.

상고 중국의 사회와 문화는 어느 특정한 종족의 산물이 아니라 내가 '원시 사회(primitive societies)'라고 부르는 형태의 다양한 사회들의 혼합의 결과이다. 이러한 가정은 고대의 어느 한 시기에 '중국 사회(Chinese society)'라든가 '중국 문화(Chinese culture)'라는 것은 없었으며 오로지 '원시적인(primitive)'사회들만이 존재했다는 사실을 함축한다. 어느 한 시점에 우리가 잠정적으로 '고급의 중국 문화(high-Chinese culture)'라고 부르는 것이 나타났는데 그것은 지배 계층이 스스로를 특별한 문화를 지닌 특별한 사회의 구성원이라고 느꼈던 사회, 즉 우리가 '중국적(Chinese)'이라고 부르는 사회 형태였다.[34]

에버하르트의 이러한 가설은 중국 문명이 상고 시대부터 지금에 이르기까지 자기동일성을 지니고 발전해왔다는 종래의 통설 '황하문명론(黃河文明論)'을 부정한 것으로서 그는 상고 시대의 중국이 수많은 '지방문화(Local Culture)'의 상호 구성체라고 가정했다. 발표 당시에는 충격적이었던 이러한 내용은 이후 대륙 각처에서 고고학적 발굴이 진행되면서 거의 사실로 드러났고 이제 초기의 중국 문명이 황하 유역을 중심으로 흥기(興起)했던 것이 아니라 그것과 요녕(遼寧), 장강(長江) 유역 등 다수의 변경 지역에서 일어난 문화가 공존 상태에 있었다는 다원문명론(多元文明論)은 정론(定論)이 되었다.[35]

이러한 다원적인 문명의 형국(形局)은 이후 상당히 오랜 기간 지속된다. 그러나 상이한 지역 문화 간의 이합집산은 점차 한 가지 중심적인 정치, 문화 형태, 즉 '중국적'인 것을 지향하게 되는데 이러한 형태의 고

---

34 Wolfram Eberhard, *The Local Cultures of South and East China*(Leiden: E. J. Brill, 1968), p.13.
35 능순성(凌純聲)의 중국문화다원론(中國文化多元論), 소병기(蘇秉琦)의 구계유형론(區系類型論), 장광직(張光直)의 탈중국사중심론(脫中國史中心論) 등이 고고학적, 인류학적 연구 성과를 토대로 이러한 입장을 지지하는 견해들이다. 이에 대한 개략적인 논의는 張光直, 「中國古代史的世界舞臺」 『歷史』(1988), 제10기 참조.

대 국가로서의 구현은 상(商)과 주(周)였다. 그러나 상은 지역적으로 국한성을 띠고 있었고 모권제(母權制)와 무속(巫俗) 등 원시 사회의 유풍(遺風)이 강하여 오늘날 우리가 생각하는 '중국적'인 것으로의 비교적 확실한 정향(定向)은 종법제도(宗法制度)가 확립된 주대(周代)부터였다고 보는 것이 옳을 것이다. 그런데 주 역시 지역 문화의 연합이라 할 봉건제의 느슨한 정치 형태였으므로 강력한 문화적 구심력을 발휘하기는 어려웠다. 결국 주대부터 시작된 '중국적'인 것으로의 이행, 이 역사적 움직임은 한대에 이르러서야 일단 종지부를 찍게 되는데 한대의 문화가 갖는 특별한 지위에 대해 김한규(金翰奎)는 다음과 같이 언명한다.

중국적 세계 질서의 본질을 보다 정확하게 이해하기 위해서는 그 발생론적 검토가 선행되지 않을 수 없음은 누구든 부인하기 어려운 일이다. 필자는 특히 한대의 세계 질서를 이해하는 일이 중국적 세계 질서의 본질을 이해하는 데 빠뜨릴 수 없는 과정이 될 것으로 믿는다. 왜냐하면 중국적 문화의 제 양식이 한대에 이르러 그 기본적 형태를 갖추었듯이, 중국적 세계 질서의 기본적 모형 역시 한대에서 형성되었던 것으로 사료되기 때문이다. 완성된 형태의 중국적 세계 질서 가운데서 발견되는 주요한 여러 요소들이 이미 한대의 그것에도 포함되어 있었을 뿐만 아니라, 그 구조적 윤곽 역시 대체로 한대에서 갖추어졌던 것이다. 따라서 중국적 세계 질서의 원형을 한대의 세계 질서 가운데서 확인하여 그 구조적 성격을 정확하게 파악하는 일은 중국적 세계 질서의 본질을 이해하는 데 생략될 수 없는 과정의 하나라고 하겠다.[36]

---

36 金翰奎, 『古代中國的世界秩序硏究』(서울: 一潮閣, 1982), p. 1. 에버하르트에게도 역시 비슷한 취지의 언급이 있다. Wolfram Eberhard, 앞의 책, p. 17: "We assume that each culture consists of a 'hard-core' of traits which are somehow essential—

중국의 문화적 정체성, 즉 오늘날 우리가 가장 핵심적인 중국 문화로 간주하는 그 내용이 정형화(定型化)된 것은 한대에서였던 것이다. 그렇다면 문화적 정체성과 표리를 이루는 정치적 정체성은 어떻게 확립되었던 것인가?

춘추(春秋), 전국(戰國) 시대에는 철기 등 생산 도구와 기술의 발달로 인해 농업 생산력이 증대되면서 사회, 경제사적으로 큰 변혁이 일어나기 시작했다. 우선 집단 노동에서 개인 노동으로 생산 체제가 바뀌게 되고 이에 따라 사회 단위도 주대의 대규모 혈연 중심의 종족(宗族)으로부터 부부 중심의 가족(家族)으로 변모하게 된다. 이러한 변모는 전국말 상앙(商鞅)의 변법(變法) 시행 이후 더욱 가속화되어 주대의 왕실, 귀족 계층에 기반을 둔 봉건제가 와해되고 군주가 관료를 통해 직접 통치하는 군현제(郡縣制)가 강화되는 결과를 낳는다.[37] 군현제라는 중앙집권화의 추세와 동시에 발생한 주목할 만한 현상 중의 하나가 가(家)와 국(國)의 유비(類比)에 의한 엄격한 가부장제의 확립이다. 즉 가는 국의 기본 단위로서 가부(家父)에 대한 효(孝)의 연장은 국군(國君)에 대한 충(忠)으로 귀결된다. 궁극적으로 군주에게 모든 권력이 귀속되는 위계적, 구심적인 가부장 논리는 결국 한대에 이르러 국교로 채택된 유교에 의해 완전히 정당화되고 확충된다. 이후 2천여 년간 중국인의 의식 세계를 지

---

and resist change—and other traits which are not essential and can easily change. Considering the 'hard-core' traits, we can identify the 'Chinese' culture of the Han time, for example, as a culture that has continued up to the present."

[37] 尹乃鉉, 『中國史(1)』 (서울: 민음사, 1991), pp.126-127. 루이스는 주대(周代)의 귀족 가문이 제의(祭儀)적으로 독점했던 군사 행위가 전국 시대에 이르러 일반 농민들에게까지 군역(軍役)으로 확대됨으로써 모든 사람이 합법적인 폭력에 참가하게 되었다고 한다. 국가 권력은 이를 조직하고 지배하는 데에 관여했으며 이에 따라 귀족 가문은 몰락하고 전세(田稅)와 군역을 제공하는 소농(小農) 가정이 보편화 되었다고 주장한다. Mark Edward Lewis, *Sanctioned Violence in Early China*(Albany: State University of New York Press, 1990), p.53.

배하여 이른바 초안정 구조의 실체로 지목되기도 한 유교 문화의 정립은 바로 상술한 역사적 조건하에서 한대에 이루어진 일이었다. 요약컨대, 각기 독립적인 지역 문화가 이룩한 상고 대륙의 다원적인 정치, 문화적 상황은 주대부터 중심화의 길을 걷기 시작하여 한대에 이르러 마침내 '중국적'이라는 정체성을 확보하게 된다. 이 정체성은 유교 이념에 의해 내적 논리를 갖추고 국내적으로는 강력한 가부장적 군권(君權)과 대외적으로는 화이론(華夷論)적 세계 의식을 과시하게 되는 것이다.

지금까지의 논의의 과정을 통해 이제 우리는 가의와 유안 이 두 인물의 비극이 어디에서 기인한 것인지 짐작할 수 있게 되었을 것이다. 한초(漢初)에서 무제에 이르는 기간은 정체성에로의 마지막 길목으로서 중심주의를 지향하는 황제 측근의 문학지사(文學之士)와 이에 저항하는 제후, 세족(世族) 간의 갈등과 투쟁이 치열하게 전개된 시기였다. 그런데 한초에는 주대 이래 봉건제의 여풍(餘風)으로 아직 분권 의식이 강력했다. 유신(儒臣)으로서 중앙 집권을 옹호하는 가의는 지역 제후들의 세력을 약화시키고자 '분봉책(分封策)' 등의 개혁 시책을 건의하게 되고 이로 인해 훈구(勳舊) 세력의 미움을 사 장사왕(長沙王)의 태부(太傅)로 좌천되어 우울한 삶을 보낸다. 이후 다시 양회왕(梁懷王)의 태부로 전임(轉任)되어 재직하던 중 불행한 최후를 맞게 되는 것이다. 그가 주군인 양회왕의 죽음에 대한 책임감으로 괴로워하다가 뒤따라 죽게 된다는 대목에 이르러 우리는 그가 얼마나 제도와 이념에 충실한 존재이었던가를 실감하게 된다. 실로 그는 제국의 질서에 순사(殉死)한 인물이었던 것이다.[38] 가의와는 달리 회남왕 유안이 활동했던 무제 치세(治世)는 제후, 세족들의 권력이 현저히 약화되고 정치, 문화의 집중화가 이루어지면서

---

[38] 가의(賈誼)의 이러한 정치적 성향에 대해서는 金學主, 『漢代詩研究』(서울: 光文出版社, 1974), pp.53-55 참조.

한 제국의 정체성이 확립되는 시점이었다. 이러한 시점에서 제후이자 지역 문화의 중심 인물인 유안은 대일통을 추구하는 제국의 핵심 세력의 입장에서 볼 때 걸림돌이 아닐 수 없었다. 그는 무제의 백월(百越) 정토(征討)를 반대하는 등 중앙 정권과의 불화 끝에 결국 반역죄로 기소되고 궁지에 몰려 자결하고 말았다.

두 사람의 죽음을 간추려본다면 한 제국이 정체성을 확립해가는 도상에서 두 사람 모두 때를 얻지 못해 비극적인 삶을 마쳤다는 점에서 공통점을 지닌다. 그러나 그 '때'의 사정은 기묘하게도 상반되었으니 유신인 가의는 도가가 지배하고 주변의 힘이 강성했던 한초에 너무나 일찍 중심주의를 표방했던 것이, 도가이자 제후인 유안은 유가가 지배하고 중앙 집권이 이루어졌던 무제 시기에 너무나 늦게까지 지역주의를 고수했던 것이 비극을 탄생케 한 동기가 되었던 것이다.

이상 우리는 한 제국이 '중국적'이라는 정치, 문화적 정체성을 획득하기까지의 긴 역사적 과정을 개략적으로 살펴보았다. 이와 아울러 우리는 한대 문학을 대표하는 부라는 양식 또한 앞서의 역사적 과정과 어떻게 맞물려 변천해 한대에 이르러 제국의 서사로서 기능하게 되었을까 생각해볼 필요가 있다. 주지하듯이 한부는 전국 시대의 초사(楚辭)로부터 유래했으며 다시 초사는 초(楚)의 토착 무가(巫歌)에 그 연원을 두고 있다. 그러니까 한부의 뿌리는 주변부인 초 지역의 무속 문화였던 것이다. 초지(楚地) 민간의 무가는 굴원(屈原) 등 지식 계층에게 채용되어 초사라는 세련된 문학 형식으로 성립되고 이는 다시 송옥(宋玉), 순경(荀卿) 등에 의한 과도 형태를 거쳐 한초의 부형(賦型)으로 진입하게 된다. 이 과정에서 순경은 처음으로 '부(賦)'라는 명칭을 사용했는데 문학과 권력, 이데올로기와의 긴밀한 결합을 강조한 순경에 의해 부의 명명이 이루어졌다는 것은 부의 이후의 행로를 예시하는 듯하다.

한초의 부에는 여전히 무속 문화의 흔적이 남아 있었다. 매승(枚乘)의 「칠발(七發)」에 담겨 있는 치병의례(治病儀禮)적 성분이 그것이다.[39] 특히 형식적인 측면에서는 문답식, 나열식 등 무가의 서사 방식이 후대의 정형화된 한부에까지 온존(溫存)해 있다. 그러나 이와 같이 주변부 무계(巫系) 혈통의 문학임에도 불구하고 한부는 무제 시기에 이르면 사마상여 등 대작가들의 창작에 힘입어 제국의 정체성을 유감없이 표현하는 완정(完整)한 미학적 구조물로 거듭나게 된다. 이 변신을 어떻게 설명해야 할까? 여기에는 심미화(審美化)에 의해 타자성을 삭약(削弱), 순치(馴致)시키는 제국 문화의 작용 기제가 숨어 있다. 마치 카리브 해 원주민들의 고단한 삶을 대변했던 애상적인 정조의 레게(Reggae) 음악이 제1세계 음악가들에 의해 가다듬어진 후 명랑하고 쾌활한 가락으로 탈바꿈하여 유행하듯이 무가, 초사는 부가(賦家)들에 의해 미적 가공을 거친 후 지역 문화로서의 정체성을 완연히 상실하고 제국의 송가가 되었다.

이 과정에서 주도적인 역할을 한 사마상여는 과연 어떠한 인물인가? 그는 한 제국의 패권주의를 적극적으로 실천했던 인물로서 주변 민족인 서남이(西南夷)를 복속(服屬)시키는 데에 큰 기여를 했다.[40] 「유파촉

---

39 「칠발(七發)」의 서두(序頭)는 병에 걸린 초(楚)의 태자를 오객(吳客)이 방문하는 것으로 시작하여, 본론에서 오객이 여러 가지 도리를 미사여구로 들려줌으로써 결국 태자가 땀을 쏟아내고 병이 낫는 것으로 작품이 종결된다. 『六臣註文選』, 卷34, 「七發」: "楚太子有疾, 而吳客往問之曰, 伏聞太子玉體不安, 亦少間乎?……, 客曰, 今太子之病, 可無藥石針刺灸療而已. 可以要言妙道說而去也. ……於是太子據几而起曰, 渙乎若一, 聽聖人辯士之言, 涊然汗出, 霍然病已."

40 우리는 다음의 글에서 그의 농후한 제국 의식을 엿볼 수 있다. 『史記』, 卷117, 「司馬相如傳」: "且詩不云乎, 普天之下, 莫非王土, 率土之濱, 莫非王臣. 是以六合之內, 八方之外, 浸潯衍溢, 懷生之物有不浸潤於澤者, 賢君恥之. 今封彊之內, 冠帶之倫, 咸獲嘉祉, 靡有闕遺矣, 而夷狄殊俗之國, 遼絕異黨之地, 舟輿不通, 人跡罕至, 政教未加, 流風猶微. ……(四夷)內嚮而怨曰, 蓋聞中國有至仁焉, 德洋而恩普, 物靡不得其所, 今獨曷爲遺己, 擧踵思慕, 若枯旱之望雨, ……故北出師以討彊胡, 南馳使以誚勁越, ……遐邇一體, 中外提福, 不亦康乎."

격(喩巴蜀檄)」, 「난촉중부로(難蜀中父老)」 등은 이 일과 관련된 글들로서 모두 그의 농후한 제국 의식을 표현하고 있다. 그는 「봉선문(封禪文)」을 유서로 남길 정도로 철저한 황권(皇權)의 숭배자이기도 했다. "시인의 마음은 세계를 포괄하고 인간과 사물을 두루 살핀다(賦家之心, 苞括宇宙, 總覽人物.)" [41]는 그의 유명한 언명은 문학적인 심령의 측면에서 읽을 수도 있지만 지배의 서사로서 부를 파악하는 그의 인식의 일단을 보여주기도 한다. 따라서 이 글에서 분석 대상으로 삼은 그의 「자허부」 및 「상림부」가 제국의 서사물로서 표준의 의미를 지니는 것으로 보아도 좋을 것이다. 「자허부」는 제후의 유렵을 묘사하고 있다. 그러나 「상림부」와 내용적으로 연결되며 비슷한 서술 구조를 지니고 있고 이른바 '천자유렵부(天子遊獵賦)'라는 명목하에 한 작품으로 간주되기도 한다.[42] 다시 말해 「자허부」는 비록 제후의 견지에서 쓰여졌다고 하나 어디까지나 제국 작가인 사마상여의 의도적 산물이기 때문에 당시 지방 정권의 입장을 표명한 작품으로 읽을 수 없다. 그것은 제국의 욕망에 대한 축소 복사판일 뿐이다. 이 때문에 사마상여의 제국 의식과 관련하여 『상림부』와 함께 논하여도 무방하리라 판단되어 분석 대상에 포함시켰음을 부언(附言)해둔다.

---

41 『西京雜記』.

42 공극창(龔克昌)은 본래 한 작품이었던 『천자유렵부(天子遊獵賦)』가 소통(蕭統)이 『문선(文選)』을 편집하는 과정에서 「자허부(子虛賦)」와 「상림부(上林賦)」로 임의(任意) 분할되었다고 주장한다. 龔克昌, 『漢賦研究』(濟南: 山東文藝出版社, 1990), pp.86-91 참조.

2. 원유의 제국 표상

원유의 본질 의미 및 그 변천

제국의 서사인 한부의 여러 묘사 대상 중 원유는 황제가 친림(親臨)하는 유럽 공간이라는 점에서 각별히 중요한 의미를 지닌다. 우리는 원유에서 전개되고 있는 제국의 표상을 살피기에 앞서 원유라는 공간 자체가 함유하고 있는 본질적인 의미에 대해 탐색해볼 필요가 있다.

우선 『설문해자(說文解字)』에서의 '원(苑)'과 '유(囿)'에 대한 뜻 풀이를 보면 "원(苑)은 날짐승과 길짐승을 기르는 곳(苑, 所以養禽獸也)"이고 "유(囿)는 원(苑)에 담이 있는 곳(囿, 苑有垣也)"이어서 결국 원유는 짐승을 기르기 위한 구역을 의미한다. 원유에 대한 가장 오랜 기록은 『산해경(山海經)』에 보인다. 곤륜구(崑崙丘)의 육오(陸吾)라는 신이 천제(天帝)의 원유의 계절을 관리한다는 내용이 그것인데[43] 신화 시대의 원유는 토템과 같은 신성한 동물이 뛰노는 제의적, 종교적 공간이었을 것이다. 원유에 대한 이러한 초기 관념은 주대에까지 이어진다. 『시경(詩經)』에는 상서로운 짐승들이 넘쳐나는 주문왕(周文王)의 영유(靈囿)에 대해 가송(歌頌)하는 대목이 있다.[44] 신성한 장소인 상고 시대의 원유는 그 종교적 성격으로 인해 우주의 축소된 모습으로 조성되었을 것이다.[45] 즉 제단을 비롯 산과 호수와 동식물 등이 하나의 세계를 이루었을 것이다. 그리하여 진(秦), 한대(漢代)의 상림원(上林苑)에 이르러서도 그 형상은 유지되어 남산(南山)과 곤명지(昆明池), 궁실 그리고 진기한 동식물들이 조

---

43 『山海經』「西山經」: "昆侖之丘, 是實惟帝之下都, 神陸吾司之, …… 是神也, 司天之九部及帝之囿時."

44 『詩經·大雅』「靈臺」: "王在靈囿, 麀鹿攸伏. 麀鹿濯濯, 白鳥翯翯."

45 王毅, 『園林與中國文化』(上海: 上海人民出版社, 1995), p.29.

상림원(上林苑)의 전렵 광경. 명(明) 구영(仇英)의 「상림도권(上林圖卷)」 추정.

화롭게 배치되었던 것이다. 그러나 한대의 원유가 표상하는 우주는 상고 시대처럼 신의 섭리하에 있는 종교적 영역이 아니라 황제의 통치하에 놓인 제국의 영토였다. 과거 원유 안에서 신성시되었던 동물들은 이제 황제의 주기적인 폭력의 행사라 할 전렵의 대상이 되었다. 원유의 이러한 기능은 한대 이후 청대(淸代)까지 지속된다.

황제의 유렵장(遊獵場)으로서의 원유의 존재와는 별도로 위진(魏晉) 이후 원림(園林)이라는 명칭의 사적 공간이 조성되기 시작한다. 원림은 원유보다 규모가 작은, 불사(佛寺)나 도관(道觀), 서원(書院) 등에 딸린 숲 혹은 사대부, 문인, 상인 등의 개인 택원(宅園), 별업(別業) 등을 말하는데[46] 이들 역시 산수 및 건물의 기본 배치는 우주적 모형에 의거했다. 특히 개인 원림의 경우는 인격의 도야, 완성을 추구하는 공간으로 인식

46 李珠魯,「中國園林과 中國文化」『中國文學』(2000), 제33집, p.27.

되었다. 이로써 우리는 원유 공간의 이미지가 멀리 천신(天神)의 거소, 낙원으로부터 제국의 축소판을 거쳐 우주론적 사색의 터전에 이르기까지 역사적으로 변모해왔음을 알 수 있다.[47]

전렵: 포획과 지배

원유 공간에서 전개되는 제국의 행사 중 가장 중요한 것은 두말할 나위 없이 황제의 유렵이다. 그것은 『문선(文選)』에서 행해진 부의 제재별 분류에서 '전렵(畋獵)'이 독립되어 있는 것으로도 알 수 있다. 「자허부」, 「상림부」에서도 가장 역동적으로 묘사되어 있는 것은 전렵의 장면이며 전체 서사는 전렵을 중심으로 그 전후와 중간에 원유의 지세, 경관, 동식물 및 광물상, 궁실, 황제의 행락(行樂) 등에 대한 묘사를 짜넣음으로써 이루어져 있다. 다시 말해서 전렵이야말로 양부(兩賦)의 서사의 골간인 것이다. 따라서 우리는 원유의 제국 표상을 분석함에 있어 1차적으로 전렵이란 황제의 특권적 행위에 주목하지 않을 수 없다. 그러나 지금까지의 한부 연구에 있어서 전렵이 갖는 정치적 의의를 과소평가하고 유렵의 차원에서 이를 황제의 사치, 오락의 행위로 간주하여 그다지 의미 부여를 하지 않은 것이 사실이었다. 우선 전렵에 대한 새로운 인식과 관련하여 염두에 두어야 할 점은 그것이 갖는 제의적 성격이다. 갑골문(甲骨文)에서는 일찍부터 상왕(商王)의 전렵과 관련한 점복(占卜) 행위를 기록하고 있는데 전렵은 당시의 제의 및 군사활동과 밀접한 관계가 있었다.[48] 『문선』에서는 「자허부」에 들어가기에 앞서 전렵에 대해 이렇게

---

47 원유(苑囿)가 지닌 내재적 의미의 역사적 추이에 대해서는 Andrew H. Plaks, "The Chinese Literary Garden" *Archetype and Allegory in the Dream of the Red Chamber*(Princeton: Princeton University Press, 1976), pp. 146-178 참조.

48 陳煒湛, 『甲骨文田獵刻辭硏究』(南寧: 廣西敎育出版社, 1995), p. 1.

설명하고 있다.

> 정현(鄭玄)의 『예기(禮記)』주(注)에서 말하길, "전렵이란 제사와 요리
> 에 필요한 것을 공급하는 일이다."라고 했고 「왕제(王制)」편에서는 이르
> 기를, "천자와 제후는 별 일이 없으면 한 해에 세 번 전렵을 행한다."고
> 했다. 마융(馬融)은 말하길, "전렵이란 짐승을 잡는 일이고 '전(田)'은 곧
> '전(畋)'이다."라고 했다.
>
> (鄭玄禮記注曰, 田者所以供祭祀庖廚之用. 王制云, 天子諸侯無事則歲三
> 田. 馬融曰, 取獸, 田畋.)

윗 글은 전렵이 단순한 사냥놀음이 아니라 제의와 상관된 행사였으며
그것이 매년 3회씩 주기적으로 치러졌다는 사실을 알려준다. 다시 「자
허부」의 "잘라 놓은 생고기가 수레바퀴를 물들이네(割鮮染輪)"구(句)에
대한 주(注)에서 여향(呂向)은 '선(鮮)'을 제사용 짐승으로 보아 그것을
자른 피가 수레바퀴를 물들인 것으로 풀이했다.[49] 즉 앞의 구절은 제사
용 사냥물이 수레에 가득 실린 모습을 형용한 것이다. 여기에서 우리는
제의적 성격을 띠는 전렵 행사의 근원적 의미가 무엇인지에 대해 탐구
해볼 필요가 있다.

제의는 신화와 표리 관계에 있으며 신화적 순간을 상징적으로 재현
하는 규범화된 의식이다. 그렇다면 전렵은 어떠한 신화 내용을 보증하
기 위한 행위였던가? 과연 그것의 신화적 기원은 무엇이었던가? 루이스
(Mark Edward Lewis)는 황제(黃帝), 치우(蚩尤) 간의 전쟁 신화가 후대
의 지배자들에게 '인가된 폭력(sanctioned violence)'의 모델을 제공했음

---

49 『六臣註文選』, 卷七, 「子虛賦」: "向曰, …… 鮮牲也. 謂割牲之血, 染於車輪."

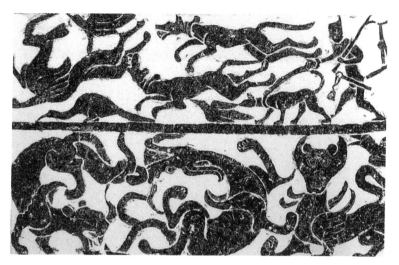

한대(漢代)의 수렵 장면(윗 부분). 산동(山東) 창산현(蒼山縣)의 화상석(畫像石).

을 논증한다.[50] 전렵을 '인가된 폭력'으로 간주할 때 우리는 루이스의 가설이 상당한 설득력이 있음을 발견하게 된다. 황제는 중원의 수호자로서 짐승의 몸을 한 변방의 도전자인 치우를 힘겨운 싸움 끝에 제압하고 문명과 평화를 가져온다. 후대의 지배자들은 이 싸움을 전렵이라는 제의적 행사를 통해 주기적으로 반복함으로써 다음과 같이 두 가지 방면에서 극적 효과를 거두게 된다. 첫째, 전렵의 주재자인 제왕은 황제와 동일시되어 권력의 정통성을 부여받는다. 둘째, 원유 공간의 동물은 치우로 간주되어 이를 쫓는 전렵 활동은 군사 훈련과 같은 의미를 지닌다. 「자허부」와 「상림부」에서 사냥 장면은 실제 전투 상황을 방불케 할 정도로 묘사가 생동적이다. 사냥감을 추격하고, 활로 쏘고, 맞붙어 격투하는 장면 그리고 열병 모습 등은 그대로 군사 훈련에 상응한다. 가령 다음과

---

50 Mark Edward Lewis, *Sanctioned Violence in Early China*(Albany: State University of New York Press, 1990), pp.165-212.

고구려의 수렵 장면.
무용총(舞踊塚) 벽화.

같은 묘사를 보자.

　화살은 그저 상처만 입히는 것이 아니라 목을 따고 뇌에 박히니, 활을
헛되이 쏘는 일이 없이 시윗소리와 동시에 쓰러뜨린다네. 마침내 천자의
수레가 천천히 돌아다니며 군대의 나아가고 물러나옴을 살펴보고 장수
와 병사들의 움직이는 모습을 두루 보네. 그런 후에 점차 빨리 달려 순
식간에 멀리 이르러 가벼운 날짐승들을 흩어지게 하고 날랜 길짐승들을
깔아뭉개네. 흰 사슴을 수레로 치고 잽싼 토끼를 사로잡네. 그 신속함이
번갯불을 지나쳐 수레 뒤로 빛이 번뜩이네. 기이한 짐승들을 쫓아 사방
으로 치닫네. 하후씨(夏后氏)의 번약(蕃弱)과 같은 좋은 활을 당길 새 흰
깃으로 장식한 살촉을 메워 효양(梟陽)을 쏘고 비거(飛遽)를 죽이네. 표
적을 택한 다음에 발사하느니, 맞추기에 앞서 쏠 곳을 지명하네. 화살이
날아가면 한 대에 쓰러진다네.

　(箭不苟害, 解脰陷腦. 弓不虛發, 應聲而倒. 於是乎, 乘輿弭節徘徊, 翶翔
往來. 覘部曲之進退, 覽將帥之變態. 然後侵淫促節, 儵敻遠去. 流離輕禽,
蹵履狡獸. 車惠 白鹿, 捷狡免. 軼赤電, 遺光耀. 追怪物, 出宇宙. 彎蕃弱,

滿白羽. 射遊梟, 櫟飛遽. 擇肉而後發, 先中而命處. 弦矢分, 藝殪仆.)[51]

　신속한 용병(用兵)의 강조, 정확한 사법(射法)의 설명 등은 전렵을 통해 달성하고자 하는 목적이 단순히 동물의 포획에만 그칠 것 같지 않은 느낌을 준다. 더 나아가 말하자면 여기서의 동물에는 제국의 패권을 저해하는 주변 만이(蠻夷)의 이미지가 겹쳐져 있다. 그것은 황제가 패배시킨 치우의 형상으로부터 이미 예시된 일이었다. 치우는 짐승이기도 하고 인간이기도 한 변방 종족이었던 것이다. 그렇다면 전렵이란 동물을 사냥하는 일과 제국의 패권을 확보하는 일이 중첩된 행위라 할 것이다. 제왕의 전렵은 황제의 신화적 위업(偉業)을 계승하여 화하 문화(華夏文化)의 최초의 담지자가 된 주대에 이미 제도화되었다. 그 전렵 행위의 이중적 의미가 극대화된 것은 다시 주의 정통 계승자로 자임한 나라, 즉 역사상 최초로 '중국적'인 것을 구현했던 한 제국에 이르러서였다. 이제 「자허부」의 말미 부분을 읽고 전렵의 숨은 뜻을 한 번 더 생각해보기로 하자.

　　가을에는 청구(青丘)에서 사냥을 하고, 바다 밖에서 노니네.
　　(秋田乎青丘, 彷徨乎海外)

　앞서 말했듯이 「자허부」는 비록 사마상여가 제후인 양효왕(梁孝王)을 위해 지은 것이라고 하나 한무제가 그 작자에 대해 "같은 시대에 태어나지 못한 것을 한탄하는(恨不同世)" 심경을 토로할 정도였으므로[52] 사

51　『六臣註文選』, 卷八, 「上林賦」.
52　위의 책, 「子虛賦」, 李善注: "漢書曰, 相如遊梁, 乃著子虛賦. 後蜀人楊得意爲狗監, 侍上. 上讀子虛賦曰, 朕獨不得與此人同時哉."

실상 사마상여의 제국 의식이 발휘된 작품으로 간주하여야 한다. 작자인 사마상여가 죽은 지 얼마 안 되어(B.C. 108), 과연 무제는 청구(靑丘)의 나라 고조선(古朝鮮)을 공벌(攻伐)하고 낙랑(樂浪), 진번(眞番), 임둔(臨屯), 현도(玄菟) 등의 사군(四郡)을 설치했다. 바야흐로 '청구(靑丘)'에서의 전렵(畋獵)과 '해외(海外)'에서의 방황(彷徨)이라는 「자허부」의 꿈이 실현된 것이다.[53]

박물관: 전시와 복속(服屬)

제국은 박물관을 애호한다. 영국의 대영박물관, 프랑스의 루브르 박물관 등 거대한 위용을 자랑하는 박물관들은 과거 제국주의의 흥성기(興盛期)에 오늘날과 같은 모습을 갖추게 된 것이다. 세계 각처의 유물들은 그들의 고향을 떠나 이곳 제국의 박물관 유리 관(棺) 속에 누워 잠자고 있다. 아도르노(Theodor W. Adorno)가 박물관(museum)과 무덤(mausoleum) 사이의 연관성을 지적한 것은 얼마나 탁월한 통찰이었던가?

「자허부」와 「상림부」에서는 한 제국이 지배하는 물질 세계의 범주를 과시하기 위해 '퇴체(堆砌)'의 방식으로 동식물과 광물 등 세계의 온갖 사물을 나열하고 있다. 이른바 '자산공간의 전시(資産空間的展示)'인 셈이다.[54] 예컨대 다음과 같은 문구를 보자.

---

53 청구(靑丘)는 예로부터 산동(山東)의 일부 지역 혹은 고대 한국을 지칭해왔다. 그러나 「상림부」에서 제왕(齊王)의 유렵 행위에 대해 "越海而田"으로 표현하고 있는 것으로 보아 "秋田乎靑丘"의 청구(靑丘)는 산동 경내(境內)가 아닌 해외의 지역으로 보아야 할 것이다. 호소영(胡紹煐), 고보영(高步瀛) 등도 요동(遼東) 일대, 고구려(高句麗) 지역으로 추정하고 있다.

54 鄭毓瑜, 「賦體中 '遊觀'的型態及其所展現的時空意識—以天子遊獵賦 · 思玄賦 · 西征賦 爲主的討論」『第三屆國際辭賦學學術硏討會論文集(上)』(1996. 12), pp.413-414. 루이스는 한(漢) 제국에게 복속(服屬)된 원방(遠方)으로부터의 공물(貢物)인 이들 사물과 '부(賦)'

그 남쪽에는 한겨울
에도 초목이 자라고,
샘물이 솟아 물결치며
흐른다네. 그곳의 짐승
들로는 혹 있는 소, 긴
털 소, 맥(貘), 얼룩소,
물소, 고라니, 순록, 적
수(赤首), 환제(圜題),
궁기(窮奇), 코끼리, 코
뿔소 등이 있는데…….

궁기(窮奇). 마창의(馬昌儀)의 「산해경도설(山海經圖說)」.

이 무렵 금귤은 여름 되어 무르익고, 노란 홍귤나무, 등자나무, 개암나무,
비파나무, 고무래나무, 종대추나무, 감나무, 오얏나무, 능금나무, 후박나
무, 고욤나무, 대추나무, 소귀나무, 앵두나무, 포도나무, 산앵두나무, 산배
나무, 산이스랏나무, 좀콩나무, 천궁나무 등이 있다네.

(其南則隆冬生長, 涌水躍波, 其獸則犛庸 旄貘犛, 沈牛麈麋, 赤首圜題,
窮奇象犀, ……於是乎, 盧橘夏熟, 黃甘橙榛, 枇杷燃柿, 樗柰厚朴, 樗棗楊
梅, 櫻桃葡萄, 隱夫薁棣, 荅遝離支.)[55]

먼저 상림원의 따뜻한 남쪽 지역에 사는 짐승들로 물소, 코끼리, 코뿔
소 등 남방 태생의 짐승들을 나열했는데 궁기(窮奇)는 『산해경(山海經)』
「해내북경(海內北經)」과 『신이경(神異經)』 「서북황경(西北荒經)」 등에 기

의 자의(字義)와의 암합(暗合)을 지적한다. '부(賦)'는 지세(地稅)를 뜻하기도 한다. Mark
Edward Lewis, *Writing and Authority in Early China*(Albany; State University of New
York Press, 1999), p.320 참조.

55 『六臣註文選』, 卷八, 「上林賦」.

록이 보이는 사실상 북방 이역의 괴수이다. 맥(貘)도 역시 그러하다. 다음에는 금귤, 비파, 능금, 앵두 등 중국 각처에서 산출되는 과일 종류를 나열했다. 이 중에는 당시 장건(張騫)의 비단길의 개척 이후 서역으로부터 수입되어온 포도도 끼어 있다. 사마상여의 이러한 나열품들은 마치 엘리엇(T. S. Eliot)의 시 속에 병치(竝置, juxtaposition)된 세계 도처의 사물과 지식들 — 이들은 엘리엇이 속해 있는 서구의 지배력에 의해 수집된 것들이다 — 처럼 제국 작가만이 특권적으로 향유할 수 있는 전방위적인 세계 인식의 소산이다.[56] 그러나 궁기, 맥 등과 포도는 남방 동물의 체계나 일반 과일의 체계에서 분명히 벗어난, 강한 이타성(異他性, alterity)을 지닌 사물임에도 불구하고 중국 동식물의 체계 내에 배치되어 있다. 이것은 제국 작가의 독특한 관점이 개입되었기 때문인데 그 관점이란 박물관학(博物館學)의 특성과도 같은 것이다. 즉 박물관 자체의 이종성(異種性)을 거부하려는, 그러한 이종성을 동일한 체계나 시리즈로 축소시키려는 특성이다.[57] 이에 따라 박물관은 조화로운 표상 세계를 형성한다는 가설에 의해 일련의 대상을 전시한다. 제국 작가의 입장은 바로 이러한 박물관학의 전시 가설과 닮아 있다. 그리하여 그는 중국권 밖의 기이한 사물도 일상적인 사물의 체계 속에 편입시켜 이타성을 제거함으로써 조화로운 제국의 세계상을 현시(顯示)하고자 한다. 「자허부」와 「상림부」라는 박물관에 전시된 중국 또는 중국권 밖의 수많은 사물과 지식들, 그것들은 전시되었기에 한 제국이라는 큰 타자에 이미 복속된 것이다. 수집하고 분류하고 나열하면서 「자허부」와 「상림부」는 진정 이타

---

56 엘리엇(T. S. Eliot) 작품 속의 이같은 경향에 대한 비판적 논의는 Paul Douglass, "Reading the Wreckage: De-Encrypting Eliot's Aesthetics of Empires", *Twentieth-Century Literature* (Spring 1997), No.43, pp.1-26 참조.

57 Douglas Crimp, "On the Museum's Ruins", *The Anti-Aesthetic*(Washington: Bay Press, 1983), Edited by Hal Foster, p.49.

적 존재들의 무덤이 되는 것이리라.

영토: 구획과 통제

제국의 정체성을 향한 욕망이 가장 배타적으로 발현되는 곳은 영토에서이다. 제국과 주변과의 갈등, 결국 그것은 영토 문제가 아니었던가? 제국의 영토 확장의 욕망에 대해 타일러(Stephen A. Tyler)는 서구의 경우 그것이 자아 탐색보다 공간의 지배에 의해 시간의 극복을 달성하려 한 데에서 비롯했다고 보았다.[58] 그러나 중국의 경우 두 가지 방향 모두로 추구되지 않았나 생각된다. 가령 진시황(秦始皇)이 불사약을 얻기 위해 방사(方士) 서복(徐福) 등을 삼신산(三神山)에 보낸 일은 후세에 유전(流傳)된 서복의 일본개국설(日本開國說) 등과 관련하여 판단할 때 역시 공간에 대한 지배욕을 배제할 수 없기 때문이다.

원유 공간을 제국의 영토로 의제(擬制)해 보았을 때 「자허부」 및 「상림부」에서 그 내적 공간은 대체로 다음의 3가지 기준에 의해 구획되고 서술된다. 첫째로 지형이다. 산, 강, 평야 등의 자연 지리적 형세로 일단 영역을 나누고 있다. 둘째로 방위이다. 지형을 다시 세부적으로 설명할 때 동, 서, 남, 북에 따라 분할한다. 사방 개념은 일찍이 갑골(甲骨) 복사(卜辭)에서 강하게 표현되었다가 무가, 초사 등에서의 공간 서술 방식을 거쳐 한부에까지 이른 것이다. 셋째로 생태이다. 사실상 서술의 핵심 단위로서 식물상(flora), 동물상(fauna), 광물상 등에 따라 공간을 분별하고 있다. 제국의 영토를 내적으로 구획하는 인식이 이와 같다 할 때 대외적인 영토 인식은 어떠한가? 다음과 같은 언급을 보자.

---

[58] Stephen A Tyler, *The Unspeakable: Discourse, Dialogue, and Rhetoric in the Postmodern World*(The University of Wisconsin Press, 1987), p.4.

무릇 제후로 하여금 조공을 드리게 하는 것은 재물 때문이 아니라 직분(職分)을 보고하게 하기 위함이고 영토와 경계를 정해준 것은 방어하기 위함이 아니라 함부로 나다니는 것을 막기 위해서이다. 지금 제(齊)나라는 동방의 제후국으로서 제멋대로 숙신(肅愼)과 사귈 뿐만 아니라 국경을 벗어나고 바다를 건너서 사냥을 즐기니 이는 명분상 실로 안 될 일이다.

(夫使諸侯納貢者, 非爲財幣, 所以述職也. 封疆畫界者, 非爲守禦, 所以禁淫也. 今齊列 爲東藩, 而外和肅愼, 捐國踰限, 越海而田, 其於義, 固未可也.)[59]

제후국인 제(齊)가 숙신(肅愼) 등의 주변국과 교류하거나 변경 밖으로 군사 활동을 하는 등의 독립적인 정치 행위를 용납하지 않으려는 강한 중앙 정권의 의지가 표명되어 있다. 여기에서 우리는 당시 정치적 정체성을 확립해나가던 한 제국의 배타적인 대외 의식을 읽을 수 있다.

3. 제국 서사의 해체와 재정의

지금까지 이 글에서는 사마상여의 「자허부」 및 「상림부」를 중심으로 원유 공간에 투영된 제국의 표상을 고찰해보았다. 그 결과 한 제국은 정치, 문화적 정체성을 확립해나가는 과정에서 전렵이라는 '인가된 폭력'을 통해 군권(君權)의 정통성을 강화하고 주변 종족에 대해 군사적 위력을 과시했음을 알 수 있었다. 다시 박물관적인 기술 방식을 살펴보았을 때 중국 및 주변의 사물과 지식이 제국 학문의 체계에 편입되어 이타성

---

59 『六臣註文選』, 卷八, 「上林賦」.

을 상실하고 대일통의 세계상을 현출(顯出)하고 있음을 엿볼 수 있었다. 끝으로 한 제국의 영토에 대한 내적 구획은 지형, 방위, 생태 등의 기준에 의해 이루어지고 있었는데 대외적 인식은 제후국의 독자적 활동에 대한 강력한 통제로 나타났다. 이는 제국의 권력을 집중시키려는 의도에서 나온 것이다.

결국 원유 공간을 통해 표출된 한 제국의 정치, 문화적 양상은 '중국적'인 것을 실현하려는 욕망의 구도하에 잘 짜여진 정합적인 모습인데 그 이면에는 유교 이데올로기가 지배하는 가국일체(家國一體)의 위계적 사회가 실존하고 있음이 인지된다. 그러나 우리는 즉각적으로 이러한 의견이 수정되어야 할 필요성을 느낀다. 그것은 우리가 원유의 제국 표상을 조화롭고 내적 일관성을 지닌 모습으로 간주하는 순간, 뇌리에 명멸하는 수많은 불일치와 균열의 이미지를 간과할 수 없기 때문이다. 우선 우리는 회남왕 유안의 죽음에는 두 개의 진실이 있다는 것을 알고 있다. 그 하나는 반역죄로 궁지에 몰리자 자살하고 말았다는 관방(官方) 사가(史家)의 담화이고 다른 하나는 그가 평소에 심취했던 연단술(煉丹術)이 성공하여 신선이 되었다는 민간의 전설이다.[60] 어느 것이 사실인가의 여부를 떠나 이로써 우리는 당시 관방의 유교 담론만이 한대 문화의 성격을 결정하는 최종 심급이 아니라는 점을 인식하게 된다. 「자허부」와 「상림부」의 행간에서도 정통적인 것과 이단적인 것, 규범적인 것

---

60 『列仙傳』, 卷下, 「劉安(補)」: "漢淮南王劉安, 言神仙黃白之事, 名爲鴻寶萬畢三卷, 論變化之道. 於是八公乃詣王授丹經及三十六水方. 俗傳安之臨仙去, 餘藥器在庭中, 雞犬舐之, 皆得飛升." 물론 유안(劉安)의 득선설화(得仙說話)는 상식적으로 허구이나 문제는 그것을 확신하거나 믿고 싶어하는 사람들이 중국의 전 시기를 통해 엄연히 존재해왔다는 사실이다. 우리는 이 양자를 구분해서 다루어야 한다. 과거의 중국학은 전자에 구애되어 후자의 실존을 무시해 왔다. 그 결과 우리는 중국 문화의 중요한 '현실' 하나를 놓치고 만 것이다.

과 방만한 것, 중심적인 것과 주변적인 것 사이의 자리 바뀜과 상호 침투 현상을 어렵지 않게 확인할 수 있다. 전렵의 주재자로서 '인가된 폭력'을 고무하던 군수가 돌연 염담과욕(恬澹寡慾)의 명적사(冥寂士)로 자처하는가 하면[61] 제국의 중심 공간인 상림원의 동식물상은 상당 부분 변경, 이역의 낯선 품종들로 채워져 있다. 아울러 곤륜(昆侖), 포도(葡萄), 발해(勃海), 비렴(蜚廉) 등 서방 및 동방 어계(語系)로부터의 외래어[62] 역시 양부(兩賦)에 담긴 문화를 다성화(多聲化)시키는 데에 한 몫을 하고 있다.

무엇보다도 흥미로운 것은 이러한 상호 침투 현상이 인간계와 자연계, 현실계와 상상계 사이에서도 자주 일어나고 있다는 점이다. 예컨대 선상(船上)의 가성(歌聲)에 호중(湖中)의 어족(魚族)과 수석(水石)이 함께 감응한다는 묘술(描述)[63]이라든가 용(龍), 봉(鳳), 기린(麒麟) 등의 서수(瑞獸)는 물론 신화상의 상상적 동물들이 현실의 동물 목록에 나란히 등재되어 있는 현상[64] 등이 그것이다. 이러한 현상들을 제국 이념의 차원에서 지배 권력의 이역 및 자연계, 상상계에까지의 침투와 간섭으로 해석할 여지가 없는 것은 아니다. 그러나 문제를 제국 일방의 파괴적 지배

---

61 『六臣註文選』, 卷七, 「子虛賦」: "于是楚王乃登雲陽之臺, 怕乎無爲, 憺乎自持. 勺藥之和具, 而後御之." 위의 책, 卷第八, 「上林賦」 "于是酒中樂酣, 天子芒然而思, 似若有失." 한부(漢賦) 속에 담긴 신선사상(神仙思想)에 대해서는 許東海, 「賦家與仙境—論漢賦與神仙結合的主要類型及其意涵」『漢學研究』(2000), 제18권 제2기 참조. 그는 「상림부」에 대해 묘술상(描述上)의 선취(仙趣)를 지적한다. 위의 논문, p.264.

62 곤륜(昆侖), 포도(葡萄)는 서역(西域) 언어에서, 발해(勃海), 비렴(飛廉)은 알타이어 계통에서 유래한 것으로 보는 견해가 지배적이다.

63 『六臣註文選』, 卷七, 「子虛賦」: "撞金鼓, 吹鳴籟, 榜人歌, 聲流喝. 水虫駭, 波鴻沸. 涌泉起, 奔物會. 礧石相擊, 硠硠石蓋 石蓋, 若雷霆之聲, 聞乎數百里之外." 위의 책, 卷八, 「上林賦」: "千人唱, 萬人和. 山陵爲震動, 川谷爲蕩波."

64 위의 책, 卷七, 「子虛賦」: "蹴蛩蛩, 轔距虛, 軼野馬, 車惠 陶駼, 乘遺風, 射遊騏." 위의 책, 卷八, 「上林賦」: "其北則盛夏含凍裂地, 涉冰揭河. 其獸則麒麟角端, 騊駼橐駝, 蛩蛩驒騱, 駃騠驢驘."

관계가 아니라, 상호보완적인 관계의 차원에서 사유할 때 우리는 한대의 제국 서사의 성격을 재고해야 할 필요성을 느낀다. 즉 기존의 지배-피지배 도식으로만 설명할 수 없는 무언가가 있다는 점이다. 당연한 이야기일 수 있겠으나 근대 이후 제국주의의 폭력적, 일방적 지배 관계와는 다른, 상호 교감하고 반응하는 문화 체계가 한 제국에 존재하지 않았나 하는 생각이다. 다시 말해서 그것은 유안의 죽음에 대한 두 개의 진실처럼, 단일한 총체성으로 존재하지 않으면서도 여러 텍스트들을 하나로 유지하고 있는 상호텍스트성[65]과 흡사한 문화 상황이라 할 것이다. 우리는 앞에서 한 제국의 문화에 대해 유교를 축으로 한 담론의 상상적 공동체라고 표현한 바 있었다. 그러나 상상적 공동체는 실상 허구인 만큼 우리는 그간 잠정적으로 합의해온 한 제국의 정체성 곧 '중국적'인 것의 실체에 대해 재정의할 필요가 있을 것이다.

---

65 Marc Eigeldinger, *Mythologie et Intertextualité*(Genève: Editions Siatkine, 1987), pp.9-12.

제 2 부

샤머니즘,
동이계(東夷系) 신화,
도교

제3장 샤머니즘과 도교

고대 한국 문명과 깊은 관련이 있는 은(殷) 및 동이계(東夷系) 종족의 유력한 원시 종교는 샤머니즘이며 이것은 이미 홍산 문화(紅山文化) 등 요하(遼河) 유역 문명의 유물에서부터 뚜렷한 흔적을 남기고 있다. 주목해야 할 것은 샤머니즘이 동아시아의 고유하고 유력한 문화 체계 중의 하나인 신선설(神仙說) 및 도교의 발생 기반이라는 사실이다.

도교의 샤머니즘 기원설에 대해서는 이미 여러 학자들의 가설이 있다. 중국의 대부분의 도교학자들은 도교가 무술(巫術)에서 기원했다는 데에 인식을 같이하는데 이 무술이라는 용어는 넓게 주술 일반을 지칭하지만 도교와 관련된 문맥에서는 샤머니즘의 의미에 가깝다. 일본의 미타라이 마사루(御手洗勝)는 곤륜산 신화의 중심 개념이 샤머니즘이며 이것이 고대인의 영겁회귀(永劫回歸) 신앙과 결합하여 신선설로 발전했다고 주장한 바 있다.[1] 그리고 이즈쓰 도시히코(井筒俊彦)는 샤머니즘의 신화창조(mythopoesis)적 본질이 도가 및 신선가의 철학적 바탕을 이루고 있다고 논증했다.[2] 서구 학자들도 이에 동조하는 경향인데 쉐이퍼(E. H. Schafer)는 신선이 샤먼의 세련된 한 분파이며 탈혼(脫魂)과 주술적

---

1   御手洗勝, 『古代中國の神々』(東京: 創文社, 1984), pp.681-719.
2   Izutsu Toshihiko(井筒俊彦), *Sufism and Taoism*(Tokyo: Iwanami Shoten Publishers, 1983), pp.300-308.

비상(飛翔)의 기능을 여전히 보유하고 있다고 언급했다.[3] 아울러 메이저(J. S. Major)는 동북아 샤머니즘을 바탕으로 한 연(燕), 제(齊), 초(楚)의 문화적 토양 위에서 신선설이 발생했으리라는 가설을 제시한 바 있다.[4]

이 글에서는 상술한 견해들을 유념하면서 샤머니즘과 도교의 발생론적 관계를 원리적인 측면과 방법적인 측면으로 나누어 보다 구체적으로 논의해보고자 한다.

1. 무속(巫俗) 원리와 도교

샤머니즘과 도교가 근원을 같이하고 있다는 사실을 자연스럽게 표시하는 몇 가지 사례들이 있다. 신화집인 『산해경(山海經)』에는 이미 이와 같은 내용의 신화가 있다.

> 개명(開明)의 동쪽에 무팽, 무저, 무양, 무리, 무범, 무상이 있는데 알유(窫窳)의 주검을 둘러싸고 모두 불사약을 가지고 (죽음의 기운을) 막고 있다. 알유는 뱀의 몸에 사람의 얼굴인데 이부(貳負)의 신하에게 죽임을 당했다.
>
> (開明東巫彭巫抵巫陽巫履巫凡巫相挾窫窳之尸, 皆操不死之藥以距之. 窫窳者, 蛇身人面, 貳負臣所殺也.)[5]

---

3 Edward H. Schafer, *The Divine Woman*(Berkeley: Univ. of California Press, 1973), p.11.

4 John S. Major, "Research Priorities in the Study of Ch'u Religion", *History of Religions* (1978), Vol. 17, pp.226-243. 이상의 논의에 대한 더 자세한 내용은 정재서, 『不死의 신화와 사상』(서울: 민음사, 1994), pp.65-66 참조.

5 『山海經』「海外西經」.

영산(靈山)이 있는데 무함, 무
즉, 무반, 무팽, 무고, 무진, 무례,
무저, 무사, 무라 등 열 명의 무
당이 여기로부터 오르내리며 온
갖 약이 이곳에 있다.

(有靈山, 巫咸, 巫卽, 巫朌, 巫
彭, 巫姑, 巫眞, 巫禮, 巫抵, 巫
謝, 巫羅十巫, 從此升降, 百藥爰
在.)[6]

무녀도(巫女圖), 전국(戰國) 장사(長沙) 초묘(楚墓)
의 백화(帛畫).

육신의 불사는 도교의 궁극적
경지로서 후세의 도교는 이를 불
사약 즉 단약이나 선약 등을 통해
달성하고자 했다. 무당이 불사약을 지니고 있다는 신화는 샤머니즘 자
체에 이미 도교의 중심 모티프가 깃들어 있다는 것을 보여준다.

호남성(湖南省) 장사(長沙) 마왕퇴(馬王堆)에서 발굴된 백화(帛畫)에는
무당으로 추정되는 여인이 두 손을 모으고 기도하는 자세로 서 있는 장
면이 있다. 무당의 머리 위로는 신성한 봉황새와 용이 날고 있다. 그런
데 같은 지역에서 발굴된 또 다른 백화는 제후의 부인이 죽어서 승천하
는 모습을 담고 있는데 여기에는 날개 달린 인간 곧 선인(仙人)이 등장
하여 마왕퇴 백화의 세계에서도 샤머니즘과 도교가 공존하고 있는 현상
을 엿볼 수 있다.

이러한 인식은 학자들에게도 보인다. 니담(J. Needham)은 진시황 때

---

6   『山海經』「大荒西經」.

승천도(昇天圖), 서한(西漢) 장사(長沙) 마왕퇴(馬王堆) 한묘(漢墓)의 백화(帛畵).

의 신선 선문(羨門)의 이름에 주목했다. 그는 선문이 샤먼(shaman)의 음역(音譯)일 것으로 추정했는데 샤머니즘과 도교를 동일시한 것이다.[7] 일찍이 최남선은 초기 도교의 사제인 방사(方士)의 어원을 한국어의 남자 무당을 의미하는 박수(paksu), 키르키즈어의 박사(baksa) 등의 고원어(古原語)에 두었으며[8] 왕요(王瑤) 역시 방사의 전신이 무당일 것으로 확신했다.[9] 우리는 샤머니즘에서 도교로의 변천을 곧 무당 → 방사 → 도사로의 변신을 의미하는 것으로 보아도 좋을 것이다.

그렇다면 샤머니즘과 도교를 동일시하는 인식의 근저에 있는 양자의 서로 닮은 원리는 무엇인가? 바꾸어 말하면 그것은 도교 속에 보존되어 있는 샤머니즘의 교의(敎義) 같은 것이라고도 할 수 있을 것이다. 우선 우리는 엘리아데(M. Eliade)가 샤머니즘을 정의할 때 그것을 '불의 통어(統御, mastery of fire)'와 '주술적 비상(飛翔, magical flight)' 등을 전문

---

7   조셉 니담, 『중국의 과학과 문명(2)』(서울: 을유문화사, 1986), 이석호·이철주·임정대 역, p.192.
8   최남선, 『불함문화론』(서울: 우리역사연구재단, 2008), 정재승·이주현 역주, p.85.
9   王瑤, 『中古文學史論』(臺北: 長安出版社, 1948), pp.153-155, 185-186.

으로 하는 '엑스터시(extacy)의 기술'이라고 언급한 점[10]에 주목할 필요가 있다. 불의 통어와 관련하여 엘리아데는 고대 야금술의 달인인 대장장이를 샤먼과 기원적으로 동일한 존재로 여기고 있는데 후대 도교에서 신선은 수행 과정에서 온갖 금속을 정련하여 단약을 제조하거나 호흡법을 통해 신체 내부의 불기운[火候]을 조절하여 결태(結胎)의 경지에 이르는 등 유사한 능력을 발휘해야만 한다. 이 때문에 그라네(M. Granet)는 대장장이 집단과 도교와의 기원적 상관성에 대해 언급한 바 있다.[11] 아닌 게 아니라 초기 신선들의 행적을 기록한 『열선전(列仙傳)』에는 대장장이 직업을 가진 신선이 등장한다.

도안공(陶安公)이라는 사람은 육안(六安)의 대장장이였다. 자주 불을 지폈는데 어느 날 아침 (불이) 흩어져 위로 올라가더니 자줏빛이 하늘에까지 뻗혔다. 안공은 대장간에 엎드려 용서를 빌었다. 조금 있다가 주작(朱雀)이 대장간 위에 날아와 앉아 말하기를, "안공이여, 안공이여, 대장간과 하늘이 통했다. 칠월칠석 날 너를 적룡(赤龍)으로 맞이해 가마."라고 했다. 그날이 되자 적룡이 오고 큰 비가 내렸으며 안공은 그것을 타고 동남쪽 하늘로 올라갔다. 온 성의 수많은 사람들이 그를 전송했고 (그는) 모든 사람들과 작별을 했다고 한다.

(陶安公者, 六安鑄冶師也. 數行火, 火一旦散上行, 紫色衝天, 安公伏冶下求哀. 須臾, 朱雀止冶上曰, 安公安公, 冶與天通, 七月七日, 迎汝以赤龍. 至期, 赤龍到, 大雨, 而安公騎之東南上. 一城邑數萬人, 衆共送視之, 皆與

---

10 Mircea Eliade, *Shamanism*(Princeton: Princeton Univ. Press, 1974), Trans. by Willard R. Trans, pp.4-5.

11 Marcel Granet, *Danses et Legendes de la Chine Ancienne*(Paris: Presses Universitaires de France, 1959), p.611.

辭決云.)[12]

도안공(陶安公)의 '도(陶)' 즉 도기(陶器) 제작도 불의 통어와 밀접한 관련이 있으며 대장간과 하늘이 통했다는 언급은 샤머니즘에서 샤먼의 천계 왕래를 시사한다. 결국 신선 도안은 샤먼의 장기(長技)를 지니고 있는 것이다. 『열선전』에는 도안 이외에도 적송자(赤松子), 영봉자(甯封子), 소보(嘯父) 등의 신선에 대해 이와 같은 불의 통어 능력이 부각되어 묘사되고 있다.

다음으로 주술적 비상은 샤머니즘에서 기어오르기 의례나 엑스타시 속에서 이루어지는 천계 왕래 등으로 표현되는데 도교에서는 그것이 앞서 도안공의 경우처럼 흔히 승선(昇仙)으로 나타난다. 이른바 "날개가 돋아 신선이 되어 승천했다(羽化而登仙)"라는 신선에 대한 묘사는 샤먼의 주술적 비상의 취지를 잘 함축하고 있다. 『신선전(神仙傳)』에 실린 유안(劉安) 설화에서는 이러한 취지가 강하게 표현되고 있다.

한(漢)의 회남왕(淮南王) 유안(劉安)이란 사람은 한고조(漢高祖)의 손자이다. …… 팔공(八公)이 유안으로 하여금 산에 올라 큰 제사를 드리고 금을 땅속에 묻게 하자 곧 한낮에 승천했다. 팔공과 유안이 디뎠던 산의 돌이 모두 쑥 들어가 자국이 되었는데 지금에도 사람과 말의 발자취가 아직 남아 있다. ……그때 사람들이 전하는 말에 의하면 팔공과 유안이 떠날 때에 먹다 남은 약 그릇이 뜨락에 있었는데 닭과 개가 그것을 핥거나 쪼아 먹고 모두 하늘에 올라가 하늘 위에서 닭이 울고 구름 속에서 개가 짖었다고 한다.

---

12   劉向, 『列仙傳』, 卷下, 「陶安公」.

(漢淮南王劉安者, 漢高帝之
孫也. …… 八公使安登山, 大
祭, 埋金地中, 卽白日昇天. 八
公與安所踏山上石, 皆陷成跡,
至今人馬跡猶存. …… 時人
傳八公安臨去時, 餘藥器置在
中庭, 鷄犬舐啄之, 盡得昇天,
故鷄鳴天上, 犬吠雲中也.)[13]

유안(劉安)의 승천.
명(明) 왕세정(王世貞)의 『열선전전(列仙全傳)』.

샤머니즘의 본질과 관련하여
또 한 가지 주목할 개념은 그
것이 갖고 있는 정신, 심리상의
정화(淨化) 작용, 속칭 한(恨)을
해소하는 '한풀이', 해원(解寃)
의 기능이다. 초기 도교에서는 특히 이러한 기능이 중시되었는데 우리
는 한대(漢代)의 민간 도교 경전『태평경(太平經)』에서 그 뚜렷한 실례
를 볼 수 있다. 이 책에 대한 사서(史書)에서의 평은 다음과 같다.

처음 순제(順帝) 때 낭야(瑯邪)의 궁숭(宮崇)이 궁궐에 가 스승 간길(干
吉)이 곡양(曲陽)의 샘물가에서 얻은 신서(神書) 170권을 바쳤다. ……
그 말은 음양오행설을 근본으로 하고 무당들의 잡소리가 많다. 담당 관
헌이 아뢰기를, 궁숭이 바친 책이 요망스럽고 도리에 어긋난다 하여 결
국 몰수, 처분했다.

---

13   葛洪,『神仙傳』, 卷4,「劉安」.

(初, 順帝時, 瑯邪宮崇詣闕, 上其師于吉于曲陽泉水上所得神書百七十卷, …… 其言以陰陽五行爲家, 而多巫覡雜語. 有司奏崇所上妖妄不經, 乃收藏 之.)¹⁴

『태평경』이 샤머니즘적 성향을 지닌 책이라는 사실은 "무당들의 잡소 리가 많다(多巫覡雜語)"라는 관방 사가의 논평에서도 드러난다. 아닌 게 아니라 이 책에서는 다음과 같이 한풀이의 무속원리가 제시되고 있다.

그러므로 하늘이 문서를 내사 멀리 만리에 이르도록 행하여 그 말씀을 깨달아 선인을 권장하고 악인을 파악하고 원한 맺힌 것을 풀도록 하게 했다.
(故天出文書, 令使可遙行萬萬里, 得通其言, 以暢善人, 以知惡人, 以解冤 結.)¹⁵

사람이란 언어를 내서 뜻을 전달하고 글을 써서 서로 소통한다. …… 따라서 한 마디가 통하지 않으면 원한이 맺히고 두 마디가 통하지 않으 면 꽉 막혀버리고, …… 열 마디가 통하지 않으면 변혁이 일어난다.
(人者, 以音言語相傳, 書記文相推移. …… 故一言不通, 卽有冤結, 二言 不通, 輒有杜塞, …… 十言不通, 更相變革.)¹⁶

언어와 문자의 소통이 인간 사회 문제의 근원인 '원한 맺힘' 곧 원결 (冤結)을 풀어주는 '해원결(解冤結)'의 작용을 한다는 사실을 말하고 있

---

14 『後漢書』, 卷60, 下, 「襄楷傳」.
15 王明, 『太平經合校』, pp.467-468.
16 위의 책, p.205.

는데 도교에서 이러한 작용을 중시하는 것은 샤머니즘과의 발생론적 관계에서 기인한다 할 것이다.

엘리아데가 말했듯이 샤머니즘은 엑스터시의 기술이고 이것은 탈혼(脫魂), 빙의(憑依) 등의 심령 현상을 수반한다. 샤먼의 주술적 비상, 즉 천계(天界) 왕래 혹은 천신(天神)과의 대화는 이러한 심령 현상을 통해 이루어진다. 위진남북조 시대에 형성되어 당대(唐代) 이후 도교에까지 큰 영향력을 발휘했던

도홍경(陶弘景),
명(明) 왕세정(王世貞)의 『열선전전(列仙全傳)』.

상청파(上淸派) 도교는 샤머니즘의 엑스타시 기술이 가장 농후하게 남아 있었던 교파라 할 것이다. 도홍경(陶弘景)의 『진고(眞誥)』에서는 상청파 도교의 핵심 경전인 『상청경(上淸經)』의 성립 과정에 대해 이렇게 진술한다.

『상청진경(上淸眞經)』이 세상에 나오게 된 근원을 삼가 살펴보니 처음 진(晋) 애제(哀帝) 흥녕(興寧) 2년 갑자년에 자허원군상진사명(紫虛元君上眞司命) 남악(南嶽) 위부인(魏夫人)이 하강하시어 제자 낭야왕사도공부사인(瑯邪王司徒公府舍人) 양모(楊某)에게 전수하시고 그로 하여금 예서(隷書)로 써내어 호군장사(護軍長史) 구용(句容) 허모 및 3남 상계(上計) 허연(許掾) 등에게 전하도록 했다. 두 허씨가 다시 써내고 수

련하여 득도했다. 세 사람 모두 손으로 직접 썼는데 지금 세상에 보이는 크고 작은 경(經)과 전(傳) 10여 편은 대부분 허연이 쓴 것이다.

(伏尋上淸眞經出世之源, 始於晉哀帝興寧二年, 太歲甲子, 紫虛元君上眞司命南嶽魏夫人下降, 授弟子瑯邪王司徒公府舍人楊某, 使作隷字寫出, 以傳護軍長史句容許某幷第三息上計掾某. 二許又更起寫, 修行得道. 凡三君手書, 今見在世者, 經傳大小十餘篇, 多掾寫.)[17]

이 글에 의하면 『상청경』은 남악(南嶽) 위부인(魏夫人)이 강림하여 양모(楊某) 곧 양희(楊羲)에게 계시한 것 즉 강계(降啓)한 내용을 양희가 받아 적어 허모(許某) 곧 허밀(許謐)과 그의 3남 허연(許掾)에게 다시 전함으로써 성립된다. 그렇다면 『상청경』을 전수하여 상청파의 개조(開祖)로 여겨지는 남악 위부인은 누구인가? 그녀는 본명이 위화존(魏華存)으로 본래는 정일파(正一派: 五斗米道의 後身) 도교의 여성 사제였는데 선거(仙去)한 지 30년 후에 다시 양희에게 강신(降神)의 방식으로 나타나 도를 전수했다고 한다.[18] 『진고』에 의하면 이때 위화존 이외에도 자미좌부인(紫微左夫人), 운림우영왕부인(雲林右英王夫人), 남극자원부인(南極紫元夫人), 자양진인(紫陽眞人), 모중군(茅中君), 모소군(茅小君) 등의 여선(女仙)과 신선들이 강림하였다고 한다. 우리는 위화존으로부터 여성 샤먼인 무녀(巫女)의 모습을 보게 되고 양희 역시 영매(靈媒)로서의 자질을 지녔음을 알 수 있다. 도홍경은 양희, 허밀 등의 강신담(降神談)을 정리한 『진고』 이외에도 제자 주자량(周子良)의 강신 체험에 대한 일기를 편집한 『주씨명통기(周氏冥通記)』를 남겼다. 주자량은 19세 때 꿈속에 강림한 모산(茅山) 일대의 신선들로부터 명계(冥界)의 직책을 부여

17　陶弘景, 『眞誥』, 卷19, 「翼眞檢」, 第1.
18　蕭登福, 『六朝道教上淸派硏究』(臺北: 文津出版社, 2005), pp. 1, 16.

받고 그후 지속적으로 그들과 대화를 나누다가 1년 후 세상을 떠나는데 이 역시 상청파 도교의 샤머니즘적 성향을 보여주는 중요한 자료라 할 것이다.[19]

끝으로 우리는 샤머니즘에서 유래한 삼수분화(三數分化)의 세계관을 도교에서 살펴봄으로써 양자의 원리적 유동(類同) 관계를 확인해보기로 하자.[20] 이러한 샤머니즘의 세계관은 이미 홍산 문화(紅山文化)에서 나타난 바 있는데 도교에서는 삼일(三一)의 이름으로『관윤자(關尹子)』의 심일(心一), 물일(物一), 도일(道一) 등의 개념에서 비롯하여 한대(漢代)의『오부경(五符經)』,『선경(仙經)』등의 도서(道書)에서 완성된 모습을 갖추게 된다.[21] 이후 최초의 도교 교단인 오두미도(五斗米道)에서 천관(天官), 지관(地官), 수관(水官) 등 삼관(三官)의 신령 체계로 표출되고『태평경(太平經)』에서 원기(元氣)의 분화(分化)를 태양(太陽), 태음(太陰), 중화(中和)의 3기(氣)로 파악하는 이른바 '삼합삼통설(三合三通說)'로 이론화되었다가[22] 마침내 송대(宋代)의『운급칠첨(雲笈七籤)』에 이르러 다음과 같이 정교하게 체계화된 언급이 나온다.

법사(法師)가 이르기를, "3·1이라는 것은 분명히 1이지만 (그 안에) 이미 3이 자리를 잡고 있어서 이름을 얻은 것이다. 그래서 3·1이라고 이름한다. 1을 이름하여 3·1이라고 하는 까닭은 1 이것이 3 그것이기

---

19 『주씨명통기(周氏冥通記)』에 대해서는 麥谷邦夫·吉川忠夫,『周氏冥通記研究(譯註篇)』(京都: 京都大學 人文科學硏究所, 2003) 참조.

20 이에 대한 논의로는 蕭登福,『六朝道敎上清派硏究』(臺北: 文津出版社, 2005), p.409-415, 우실하,『3수 분화의 세계관』(서울: 소나무, 2012), pp. 80-86 참조. 소동복은 주로『운급칠첨(雲笈七籤)』, 우실하는 샤머니즘과 관련하여 삼수분화를 논했다.

21 蕭登福,『六朝道敎上清派硏究』(臺北: 文津出版社, 2005), p.409.

22 삼합삼통설과 관련된 논의는 정재서,『도교와 문학 그리고 상상력』(서울: 푸른숲, 2000), pp.33-37 참조.

용호준(龍虎罇)의 도안. 안휘(安徽) 부남(阜南) 출토 은대(殷代) 청동기.

때문이다. 비록 3이긴 하지만 항상 1이기 때문에 3·1이라고 이름한다. 3·1이라는 것을 도의 입구에 있어서 참된 경계에 들어오지 못한다면 어찌 얻어볼 수 있겠는가? 1은 나누어지지만 3을 포기하지는 못한다. 온전한 1은 아직 3으로 갈라진 것이 아니다. 단지 3으로 갈라지지 않아야 1을 보는 것이 잠시 가능하다. 그래서 3·1이라고 이름한다. 나뉘면 3이라고 말하지만 1을 떠난 것이 아니다. 그래서 3·1이라고 이름한다."라고 했다.

(法師曰, 三一者, 正一而已. 三處授名, 故名三一. 所以一名三一者, 一此而三彼也. 雖三常一, 故名三一. 三一者, 向道初門, 未入眞境, 得見一分, 未能捨三全一, 是未離三. 雖未離三, 少能見一, 故名三一. 分言三不離一, 故名三一.)[23]

셋이면서 하나, 하나이면서 셋이기도 한 3·1의 도교적 실체를 『운급칠검(雲笈七籤)』에서는 다시 『석명(釋名)』을 인용하여 그것이 도교의 삼

---

23 張君房, 『雲笈七籤』, 卷49, 『秘要訣法』.

보(三寶)라 할 정(精), 기(氣), 신(神)임을 밝힌다.[24] 이러한 사실은 도교 존재론의 기본 원리가 샤머니즘의 그것과 유동(類同) 관계에 있음을 분명히 보여준다.

2. 무술(巫術)과 도술

샤머니즘은 개념 정의의 측면에서 다른 종교와 구분될 뿐만 아니라 실제 다양한 무술의 방식을 통하여 자신의 고유한 원리와 이념을 구현한다. 이러한 무술은 앞서 살펴본 바와 같이 샤머니즘과 발생론적 관계에 있는 도교에서 방술(方術), 법술(法術), 도술(道術) 등의 방식으로 계승되거나 변용된다. 우리는 이러한 현상을 승교(昇蹻), 동경(銅鏡), 부적(符籍) 등의 사례에서 살펴보고자 한다.

장광직(張光直)은 은대(殷代)의 청동기 상에 새겨진 동물 문양의 의미에 대해 고찰한 결과 이들 동물은 제사의 희생물이며 이러한 희생제의는 무당이 동물의 힘을 빌려 인간과 신, 하늘과 땅을 교통하는 구체적인 방식이라고 해석했다.[25] 아닌 게 아니라 일종의 무서(巫書)인 『산해경(山海經)』에는 이러한 장면을 예시하는 신화가 있다.

서남해의 밖, 적수(赤水)의 남쪽, 유사(流沙)의 서쪽에 사람이 있어 두 마리의 푸른 뱀을 귀에 걸고 두 마리의 용을 타고 있는데 이름을 하후개(夏后開)라고 한다. 하후개는 세 차례 하늘에 올라가 천제의 손님이 되어 구변(九辯)과 구가(九歌)를 얻어 가지고 내려왔다.

(西南海之外, 赤水之濱, 流沙之西, 有人珥兩青蛇, 乘兩龍, 名曰夏后開,

---

24 張君房, 위의 책, 卷49, 『秘要訣法』에 인용된 『釋名』: "三一者, 精神氣, 混三爲一也."
25 張光直, 『中國靑銅時代』(臺北: 聯經出版事業公司, 1983), pp.365-367.

開上三嬪于天, 得九辯與九歌以下.)[26]

하후개(夏后開)는 곧 하후계(夏后啓)인데 우(禹) 임금의 아들로 하(夏) 왕조의 2대 군주였다. 고대는 신정일치(神政一致)의 사회였으므로 그 역시 은대의 임금과 마찬가지로 무군(巫君, shaman king)이었음에 틀림없다. 그를 태우고 간 두 마리의 용은 무군의 천계 왕래를 위해 희생된 신성한 동물을 상징하는 것으로 볼 수 있다. 장광직은 은대 청동기 상의 동물 문양에 대한 이러한 인식에서 나아가 이들 동물적 조력자를 통한 승천 방식이 후대 도교의 승교 법술로 변천했다고 주장했다.[27] 승교는 도인이 용이나 호랑이 등 동물적 조력자를 구사하여 승천하는 법술인데 동물에 따라 용교(龍蹻), 호교(虎蹻) 등으로 불린다. 우리는 장광직의 견해처럼 샤머니즘에서의 천계 왕래를 위한 제의 방식이 후대 도교에서 승교 법술의 모태가 되었음을 어렵지 않게 확인할 수 있다.

거울은 샤머니즘에서 사용되는 중요한 무구(巫具) 중의 하나로 지금까지도 명도 혹은 명두라는 형태로 그 기능을 발휘하고 있다. 청동기 제작이 흥성했던 은대에 청동 거울을 뜻하는 '감(鑒)', '감(鑑)' 등의 글자가 생겨났으며 진(秦), 한(漢) 시대에 이르러 금속의 광채로 사물을 비출 수 있다는 본의를 지닌 '경(鏡)'자가 출현했다. 은대의 동경과 아울러 고대 한국 문명과 관련이 깊은 발해(渤海) 연안에서도 조문경(粗紋鏡), 세문경(細紋鏡) 등 기하학적 무늬의 동경이 다수 출토되었는데 양자는 기원적

---

26 『山海經』「大荒西經」.
27 K. C. Chang, *Art, Myth, and Ritual: The Path to Political Authority in Ancient China*(Cambridge: Harvard University Press, 1983), pp.65, 73 및 張光直,「濮陽三蹻與中國古代美術上的人獸母題」『中國青銅時代(2)』(香港: 三聯書店, 1990), pp.91-97 참조.

으로 상관성이 있을 것이다.[28] 이들 동
경은 실용품이 아니라 은, 발해 연안
을 지배하고 있던 원시 종교인 샤
머니즘의 주술적 도구 곧 무구로
추정된다. 아울러 은대 청동기의
용도로 미루어, 그리고 동경이 고분
의 부장품으로 자주 발견되는 것으로
보아 그 기능은 주술, 종교적인 데에
즉 벽사(辟邪), 축귀(逐鬼) 등에 있
었을 것이다.

방격규구신수문경(方格規矩神獸紋鏡),
공주 백제 무녕왕릉(武寧王陵) 출토.

　　흥미로운 것은 후대의 도교에서 동경의 이러한 기능이 변함없이 계
승되고 있다는 사실이다. 갈홍(葛洪)은 그의 『포박자(抱朴子)』에서 입산
수도자의 필수 품목으로 동경을 들었는데 그것은 시험하러 오는 변신한
요괴를 막기 위해서였다.[29] 그래서 그런지 양(梁) 서릉(徐陵)의 시에서는
산중에 거하는 도인의 일상을 다음과 같이 묘사한다.

　　　　燒香披道記, 향 사르며 道書를 펴고,
　　　　懸鏡壓山神. 거울 내걸어 산신을 누르네.[30]

　　동경의 능력은 이에 그치지 않는다. 그것은 신령스러운 용과 동일시
되어 자연력을 조절하는 힘까지 지닌 것으로 간주되었다. 전설에 의하
면 당(唐) 현종(玄宗) 때 양주(揚州)에서 수심경(水心鏡) 1개를 바쳤는데

28　이형구, 『발해 연안에서 찾은 한국 고대문화의 비밀』(서울: 김영사, 2004), pp.158-162.
29　葛洪, 『抱朴子·內篇』, 卷17, 「登涉」.
30　徐陵, 「山齋」의 일부.

뒤에는 꿈틀거리는 듯한 용이 새겨져 있었다고 한다. 그 후 진중(秦中)에 큰 가뭄이 들었을 때 도사 섭법선(葉法善)의 헌책(獻策)에 따라 거울을 놓고 기우제를 지냈더니 즉각 효험이 있었다고 한다.[31] 동경이 도교의 법구(法具)로서 중요한 역할을 했기 때문에 신선 중에는 거울을 닦거나 관리하는 직업에 종사하는 사람도 등장한다.

부국선생(負局先生)이란 사람은 어디 사람인지를 모른다. 말씨로 보면 연(燕), 대(代) 지방 사람 같은데 항상 거울 가는 도구를 담은 상자를 등에 지고 오(吳)의 저잣거리를 돌아다니며 한 푼을 받고 갈아주었다. 그때마다 집주인에게 아픈 사람이 있나 없나를 물어보아, 있으면 자색 환약을 꺼내주었는데 먹은 사람은 모두 나았다. 이와 같이 수십 년을 지내다가 후에 전염병이 크게 돌자 집집마다 돌아다니며 약을 주었다. 살린 사람이 만을 헤아렸으나 한 푼도 돈을 받지 않아 오 지방 사람들이 비로소 그가 진인(眞人)임을 알게 되었다.

(負局先生者, 不知何許人也. 語似燕代間人, 常負磨鏡局, 徇吳市中, 衒磨鏡, 一錢, 因磨之. 輒問主人得無有疾苦者, 輒出紫丸藥以與之. 得者莫不愈, 如此數十年, 後大疾病, 家至戸到, 與藥, 活者萬計, 不取一錢, 吳人乃知其眞人也.)[32]

『열선전』에 수록된 부국선생(負局先生)과 같은 신선들은 한대(漢代)혹은 그 이전의 고선(古仙)에 속한다. 이를 통해 우리는 교단 도교가 성립되기 전에 이미 동경의 무속적 기능이 무당으로부터 방사(方士)를 통해 계승되어왔음을 알 수 있다.

---

31 『異聞錄』「李守泰」의 줄거리.
32 劉向, 『列仙傳』, 卷下, 「負局先生」.

마지막으로 도교의 부적에 대해서도 그것이 지닌 샤머니즘과의 상관성을 생각해볼 필요가 있다. 초기 도교 특히 민간 도교의 종교 활동에서 부적의 사용은 상당한 비중을 차지했다. 예컨대 오두미도(五斗米道)의 장도릉(張道陵)은 교도들에게 죄를 참회시키고 질병을 귀신의 소행으로 돌려 부적 태운 물 곧 부수(符水)로 치료했는데 태평도(太平道)의 장각(張角) 역시 비슷한 종교적 시술을 행했다.

부국선생(負局先生).
명(明) 왕세정(王世貞)의 『열선전전(列仙全傳)』.

처음 거록(巨鹿) 땅의 장각(張角)이 대현양사(大賢良師)라 자칭하며 황로도(黃老道)를 섬기고 제자를 양성했다. 무릎 꿇고 죄를 참회하게 하고 부적 태운 물과 주문으로써 병을 치료하는데 많이들 나아서 백성들이 믿고 따랐다.

(初, 巨鹿張角自稱大賢良師, 奉事黃老道, 畜養弟子. 跪拜首過, 符水呪說以療病, 病者頗愈, 百姓信向之.)[33]

태평도의 교범(教範)인 『태평경』, 권(卷)104-107에는 복문(複文)이라는

---

33 『後漢書』「皇甫崇傳」.

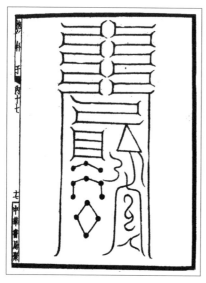

「노군입산부(老君入山符)」, 갈홍(葛洪)의 『포박자·내
편(抱朴子·內篇)』, 권17, 「등섭(登涉)」.

이름으로 대량의 부적이 실려 있어 초기 도교에서 부적이 차지했던 비중을 짐작하게 한다. 입산수도할 때 동경 지참의 필요성을 강조했던 갈홍은 부적 역시 필수불가결한 법구임을 역설한다.

「노군황정중태49진비부(老君黃精中胎四十九眞秘符)」라는 것이 있다. 산에 들어갈 때 갑인일(甲寅日)에 흰 비단에 붉은 글씨로 부적을 써서 밤에 책상 안에 두고 술과 육포로 북두성에 제사를 드린다. 각자 작은 소리로 이름을 말하고 재배한 다음 속옷 안에 부적을 넣어두면 산천의 온갖 귀신, 요괴와 호랑이, 늑대, 독충 등을 물리칠 수 있다.

(有老君黃精中胎四十九眞秘符. 入山林, 以甲寅日丹書白素, 夜置案中, 向北斗祭之以酒脯, 各少少自說姓名, 再拜, 受取內衣領中, 辟山川百鬼萬精虎狼毒蟲也.)[34]

부적은 전서(篆書) 등의 고문자 이미지를 기괴하게 변형시킨 것인데 따라서 그 기원은 은대의 문자인 갑골자(甲骨字)로 올라간다. 갑골자는 은대에 성행했던 샤머니즘의 배경 하에 출현한 문자로 점쳐서 얻은 예

---

34 葛洪, 『抱朴子·內篇』, 卷17, 「登涉」.

언과 신탁을 적는 데 사용했기 때문에 출발부터 강한 주술성을 지녔다고 할 수 있다. 도교의 부적은 갑골자의 주술성이 여전히 남아 있는 고문자에 근거하여 제작된 것이니만큼 결국 샤머니즘의 신(神)－인(人) 소통의 취지로부터 유래한 것으로 볼 수 있을 것이다.

제4장 동이계 신화와 도교

전국(戰國) 시대 중, 후기부터 유행했던 삼신산(三神山)을 중심으로 한 신선 설화는 도교의 기원과 관련하여 매우 중요한 의미를 지닌다. 『사기(史記)』에서는 다음과 같은 설화를 전하고 있다.

이 삼신산(三神山)이라는 곳은 전하는 말에 의하면 발해(渤海) 한가운데에 있는데 속세로부터 그리 멀지는 않다. 금방 다다랐다 생각하면 배가 바람에 불려 가버린다. 언젠가 가본 사람이 있었는데 여러 신선들과 불사약이 모두 그곳에 있고 모든 사물과 짐승들이 다 희고 황금과 은으로 궁궐을 지었다고 한다. 이르기 전에 멀리서 바라보면 마치 구름과 같은데 막상 도착해보면 삼신산은 도리어 물 아래에 있다. 배를 대려 하면 바람이 문득 끌어가버려 끝내 아무도 도달할 수 없다고 한다.

(此三神山者, 其傳在渤海中, 去人不遠, 患且至, 則船風引而去. 蓋嘗有至者, 諸僊人及不死之藥皆在焉. 其物禽獸盡白, 以黃金銀爲宮闕. 未至, 望之如雲, 及到三神山反居水下. 臨至, 風輒引去, 終莫能至云.)[35]

신선과 불사약, 황금 궁궐이 존재하는 낙원인 삼신산에 대한 설화 속

---

35 司馬遷, 『史記』 「封禪書」.

삼신산(三神山), 청(淸) 원강(袁江)의 「해상삼산도(海上三山圖)」.

에 도교의 핵심 교의인 불사 관념이 이미 담겨 있다. 그런데 삼신산은 실재하는 지역인 발해(渤海) 인근에 있다고 했다. 소문은 한 번으로 그치지 않았다. 이후 진시황(秦始皇), 한무제(漢武帝) 등의 시대에 이르기까지 송무기(宋毋忌), 선문(羨門), 이소군(李少君), 이소옹(李少翁), 공손경(公孫卿), 난대(欒大), 서복(徐福) 등 많은 방사들이 이러한 설화를 유포했을 뿐만 아니라 직접 불사약을 얻어 올 수 있거나 제조할 수 있다고 선전했다. 주목해야 할 것은 이들 방사의 고향이 연(燕), 제(齊) 등 발해 연안 지역으로 과거 동이계(東夷系) 종족이 활동했던 무대, 곧 동이문화권(東夷文化圈)이었다는 사실이다. 이러한 사실은 동이계 신화와 도교의 기원적 상관성에 대해 적극 탐구할 여지를 갖게 한다.

이 글에서의 탐구는 대체로 두 가지 층위에서 이루어질 것이다. 첫째는, 발해 연안에서 동이계 신화의 내재 의미가 신선, 불사 관념으로 변천하는 발생론적 층위에서이고 둘째는, 후대에 동이계 신화가 은의 멸망 이후 억압되면서 기층문화로 표출되는 보상기제(補償機制)적 층위에서이다. 그리고 마지막으로는 중국 도교의 전적(典籍)에서 동이계 신화의 흔적을 찾아보게 될 것이다.

1. 발생론적 층위

일찍이 『설문해자(說文解字)』에는 동이계 종족과 도교의 발생론적 관계를 예시하는 기록이 있다.

동이(東夷)는 대(大)를 따랐다. 대인(大人)이다. 이(夷)의 풍속이 어질고 어진 자는 오래 살기 때문에 군자들이 죽지 않는 나라가 있다.
(東夷從大, 大人也. 夷俗仁, 仁者壽, 有君子不死之國.)[36]

우민국(羽民國) 사람.
마창의(馬昌儀)의 『산해경도설(山海經圖說)』.

그렇다면 동이계 종족이 어떠한 문화적 배경에서 불사 관념과 관계를 맺게 된 것인지 생각해볼 필요가 있다. 샤머니즘과 도교가 발생론적으로 밀접한 관련이 있다는 통설을 따른다면 동이계 종족이 신앙했던 샤머니즘의 어떠한 특성이 그것의 구술적 상관물로서 동이계 신화를 낳았던 것일까? 천계와의 소통, 왕래를 중시하는 샤머니즘에서 조류는 숭배 대상이자 염원이 된다. 여기에서

---

36 許愼, 『說文解字』, 卷4.

난생신화, 조인일체(鳥人一體) 등의 특유한 내용을 지닌 동이계 신화가
발생한다. 『산해경』에는 이와 관련된 신화가 있다.

> 우민국(羽民國)이 그 동남쪽에 있는데 그 사람들은 머리가 길고 몸에
> 날개가 나 있다.
>
> (羽民國在其東南, 其爲人長頭, 身生羽.)[37]

프랑스의 도교학자 칼텐마크(M. Kaltenmark)의 가설은 여기에서 출
발한다. 그는 우민국 이외에도 환두국(驩兜國), 비익조(比翼鳥) 등 조류
와 상관된 일련의 기술 다음에 불사국
(不死國), 삼주수 (三珠樹) 등 불사와
관련된 내용들이 위치하고 있는 것에
주목했다. 아울러 필방조(畢方鳥), 염
화국(厭火國) 등 불과 관련된 신화들을
태양숭배 – 대장장이 – 연금술의 상징
체계로 파악했다.[38] 우리는 칼텐마크의
이러한 견해가 놀랍게도 샤머니즘의
두 가지 고유한 테크닉인 불의 통어
와 주술적 비상의 능력과 상응함을 확
인할 수 있다. 궁극적으로 그는 이러
한 신화들을 동이계 종족의 조류 숭배
문화의 소산으로 보며 이들 종족은 당

염화국(厭火國) 사람.
『괴기조수도권(怪奇鳥獸圖卷)』.

---

37 『山海經』 「海外南經」.

38 Maxime Kaltenmark, "Introduction" *Le Lie-Sien Tchouan*(Université de Paris Centre
détudes Sinologique de Pékin, 1953).

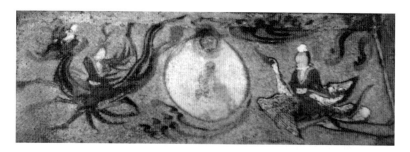
학을 탄 신선(오른쪽). 고구려 오회분(五盔墳) 5호묘 벽화.

시로서는 명백히 중원이 아니라 중국의 동북방에서 동남 해안에 걸쳐서 살았던 이방인이었다고 단정지었다. 당연한 일이겠지만 칼텐마크는 이러한 신선 설화를 낳은 동이계 신화의 범주에 고구려의 주몽 신화를 포함시킨다. 아닌 게 아니라 우리는 집안(集安)의 오회묘(五盔墓) 등 고구려 고분 벽화에서 인면조(人面鳥), 승조신선(乘鳥神仙) 등 동이계 종족의 조류 숭배에서 기인한 수많은 조인일체 모티프의 이미지들을 발견할 수 있다.[39]

『열선전』은 중원 문명 중심의 인식이 정착된 한대 이후에 편집되는 과정에서 일정한 수정을 겪었겠지만 그래도 초기 도교의 고선(古仙)들의 행적을 적지 아니 남기고 있다. 그것은 샤머니즘의 테크닉이라든가 동이계 문화 등과 관련된 내용일 것인데 신선 하구중(瑕邱仲)에 대한 이야기를 이러한 측면에서 음미해볼 필요가 있다.

하구중(瑕邱仲)이란 사람은 영(寗) 땅의 사람이다. 영 땅에서 약을 판 지 백 년이나 되어 사람들은 그가 오래 산다고 생각했다. 땅이 움직이고 집이 무너져 하구중과 마을 사람의 집 수십 채가 물가에 있다가 모두

---

39 이에 대해서는 정재서, 「고구려 고분벽화의 신화, 도교적 제재에 대한 새로운 인식」 『상상』(1996), 가을호 참조.

부서졌다. 하구중이 죽자 어
떤 사람이 그의 시체를 끌고
와 물 속에다 버렸다. 그리고
는 그의 약을 차지해서 팔았
다. 하구중이 갖옷을 입고 찾
아와 약을 돌려달라고 했다.
하구중을 버린 사람이 두려

옥결(玉玦). 흥륭와(興隆窪) 문화.

워서 머리를 조아리며 용서를 빌었다. 하구중이 말하기를, "당신이 내 존
재를 사람들에게 알린 게 유감스러울 뿐이요. 나는 떠나겠소."라고 했다.
후일 부여왕(夫餘王)의 역사(驛使)가 되어 다시 영 땅에 찾아왔다. 북방
에서는 그를 두고 "하늘에서 귀양 온 선인"이라고 부른다.

(瑕邱仲者, 甯人也. 賣藥於甯百餘年, 人以爲壽矣. 地動舍壞, 仲及里中
數十家屋臨水, 皆敗. 仲死, 民人取仲尸棄水中, 收其藥賣之. 仲披裘而從,
詣之取藥. 棄仲者懼, 叩頭求哀. 仲曰, 恨汝使人知我耳. 吾去矣. 後爲夫餘
胡王驛使, 復來至甯. 北方謂之謫仙人焉.)[40]

하구중이 살았다는 영(甯) 땅은 지금의 하북성(河北省)에 속한 지역으
로 동이계 종족의 무대와 지근거리이다. 하구중이 입고 나타났다는 갖
옷은 부여의 특산물인 담비와 관련 있으며 그는 결국 부여왕의 신하가
된다. 부여는 요하(遼河) 유역 문명에서 최초로 출현했고 후대 도교에서
중요한 신물(神物)로 간주되는 옥의 원산지이며[41] 고구려 도교의 터전이

---

40 劉向, 『列仙傳』, 卷上, 「瑕邱仲」.
41 요하 유역의 흥륭와(興隆洼) 문화 유적에서 발굴된 세계 최고(最古)의 옥 귀걸이의 원
    료가 요녕성(遼寧省) 수암(岫岩)에서 산출된 것으로 밝혀졌는데 이 지역은 후대에 부여
    및 고구려의 강역에 속한다. 우실하, 『동북공정 너머 요하문명론』(서울: 소나무, 2007),
    pp.109-114 참조.

해모수로 추정되는 인물.
고구려 천왕지신총(天王地
神塚) 벽화.

기도 하다. 아울러 부여 지역에서 발생하여 고구려 건국 신화의 중요한
조성 부분이 된 해모수(解慕漱) 신화는 동이계 신화의 도교로의 변천을
예시하는 자료이기도 하다. 오우관(烏羽冠)을 쓰고 백학(白鶴)을 탄 종
자들의 호위를 받으며 오룡거(五龍車)를 탄 채 하강했다는 해모수 신화
의 광경은 백화(帛和), 간길(干吉) 등 발해 연안의 방사들에 의해 성립된
『태평경』의 『승운가룡도(乘雲駕龍圖)』에서 오룡거를 타고 하강하는 신선
도상(圖像)의 모델로 추리해볼 수 있기 때문이다.[42] 그리고 하구중의 수
중(水中) 잠행(潛行) 능력은 해모수, 하백 등의 경우와 모티프를 같이하
고 있어 부여, 고구려 등 동이계 신화의 계열에서 벗어나지 않는다.[43]

우리는 이러한 사실들로 미루어 하구중이란 신선을 최소한 부여를 포
함한 동이 문화권의 영향을 받았거나 부여 출신으로서 중국에 진출한
도교 계통의 인물로 보아도 무리가 없을 것이다. 하구중 이외에도 『열선
전』에 기재된 상당수의 동이계 종족 출신 신선들의 행적은 이처럼 동이

---

42 정재서, 「고구려 고분벽화의 신화, 도교적 제재에 대한 새로운 인식」『상상』(1996), 가을
    호, pp.140-144.
43 안동준, 『한국 도교 문화의 탐구』(서울: 지식산업사, 2008), pp.46-47.

계 신화 및 문화와의 계승적인 관계 속에서 파악해볼 수 있다.

2. 보상기제(補償機制)적 층위

왕국유(王國維)는 일찍이 그의 『은주제도론(殷周制度論)』에서 은(殷)에서 주(周)로의 교체야말로 중국 역사상 엄청난 변혁이라고 강조한 바 있다.[44] 그것은 이른바 "귀신을 우선하고 예를 뒤로 하는(先鬼而後禮)" 샤머니즘의 은 문화가 "예를 존중하고 실천을 숭상하는(尊禮尙施)"[45] 인문 정신의 주 문화에 의해 전복되는 순간이었다. 이후로 중국에서의 은 및 동이계 문화는 억압되어 제도권을 떠나 기층에 잠복하게 되는데 도교 문화 역시 관방의 지식인이 아닌 민간의 무사 혹은 그것의 계승자인 방사에 의해 나름의 체계를 형성해나가게 된다.[46] 그런데 이 과정에서 동이계 문화는 한 가지 중요한 특성을 보유하게 된다. 그것은 샤머니즘 자체가 갖고 있는 해원(解寃)의 본질에서 유래한 특성으로, 기층문화로서 정통 제도 문화에 대응하여 반인문적, 주변적 가치를 옹호하는 동이계 문화가 희생자, 피지배층, 소외 계층 등에 대해 발휘하는 동정(同情)과 위무(慰撫), 승화(昇華) 등 보상기제로서의 기능이다. 동이계 신화의 도교로의 전변(轉變) 및 확산을 검토함에 있어서는 동이계 문화의 내재 원리뿐만 아니라 고대 중국의 이러한 문화적 역학 관계를 함께 고려할 필요가 있다.

왕국유는 역사시대에서의 커다란 문화적 전환점을 은-주 교체기로 보았지만 사전시대 즉 신화시대에서의 유명한 전환점은 화하계 종족의 대

---

44 제1장, 주 13 참조.

45 이상의 원문 인용은 모두 『禮記』「表記」.

46 정재서, 「중국소설의 이념적 定位를 위한 시론」 『중국소설논총』(1994), 제3호, p.12.

신(大神)인 황제(黃帝)와 동이계 종족의 맹주 치우(蚩尤)가 대륙 신계(神界)의 패권을 두고 다투었던 탁록(涿鹿) 대전(大戰)이라고 볼 수 있다. 전쟁의 결과 치우가 패하여 대륙의 주도권은 화하계 종족에게 돌아가고 후일 사마천에 의해 황제를 정점으로 한 중국 민족의 정통 신보(神譜)가 성립되는 근거가 된다. 패배한 치우의 정황은 처참하기 그지없다. 그는 사로잡힌 후 처형되어 몸과 목이 따로 묻히고 모든 죄악의 근원이자 원흉으로 단죄된다. 그러나 치우의 사후 행로는 이와 같지만은 않았다. 고향인 산동에서 그는 이처럼 부활한다.

이에 진시황(秦始皇)이 마침내 동쪽으로 해변을 유람했는데 명산대천 및 팔신(八神)을 예로써 제사지내는 일을 행하여 선인(仙人) 선문(羨門)의 무리를 찾았다. 팔신은 예부터 있어왔는데 어떤 이는 강태공(姜太公) 이래로 만들어진 것이라고 한다. 제(齊) 나라가 '제(齊)'라고 하게 된 까닭은 천제(天齊)이기 때문이다. 그 제사가 끊어졌는데 언제 생겨났는지를 모른다. 팔신은 첫 번째를 천주(天主)라 하는데 천제를 제사지낸다. ⋯⋯ 두 번째를 지주(地主)라 하는데 태산(泰山)의 양보(梁父)를 제사지낸다. ⋯⋯세 번째를 병주(兵主)라 하는데 치우(蚩尤)를 제사지낸다. ⋯⋯ 네 번째를 음주(陰主)라 하는데 삼산(三山)을 제사지낸다. ⋯⋯ 다섯 번째를 양주(陽主)라 하는데 지부(之罘)를 제사지낸다. ⋯⋯ 여섯 번째를 월주(月主)라 하는데 내산(萊山)을 제사지낸다. ⋯⋯ 일곱 번째를 일주(日主)라 하는데 성산(成山)을 제사지낸다. ⋯⋯ 여덟 번째를 사시주(四時主)라 하는데 낭야(琅邪)를 제사지낸다.

(於時始皇遂東遊海上, 行禮祠名山大川及八神, 求仙人羨門之屬. 八神將自古而有之. 或曰太公以來作之. 齊所以爲齊, 以天齊也. 其祠絶, 莫知起時. 八神, 一曰天主, 祠天齊. ⋯⋯ 二曰地主, 祠泰山梁父. ⋯⋯ 三曰兵主,

祠蚩尤. …… 四日陰主, 祠三山. 五日陽主, 祠之罘. 六日月主, 祠萊山.
…… 七日日主, 祠成山. …… 八日四時主, 祠琅邪.)[47]

   치우는 동이계 종족의 무대이기도 한 산동 지역에서 팔신(八神) 중의
하나인 병주(兵主) 즉 군사의 신, 전쟁의 신으로 숭배된다. 그런데 팔신
에 대한 진시황의 제사는 선문(羨門) 등 신선을 찾아 불사약을 얻고자
하는 목적에서 거행된 것이었다. 팔신은 하늘, 땅, 해, 달, 음과 양, 사계
절 등 자연 현상과 원리를 신격화하고 그것을 지역으로 표상한 것인데[48]
유일하게 치우만이 인격신으로서 그 안에 포함되어 있다. 신선, 불사약
과 관련된 상징 체계 속에 치우는 어떤 이유로 속해 있는 것일까? 치우
에 대한 다음의 기록을 보자.

   치우는…… 구리의 머리에 쇠의 이마를 하고 모래를 먹으며 다섯 가
지의 무기와 칼, 창, 큰 쇠뇌 등을 만들었다.
(蚩尤…… 銅頭鐵額, 食沙, 造五兵仗刀戟大弩.)[49]

   갈려산(葛廬山)에서 강물이 흘러 나오는데 쇠가 따라 나온다. 치우가
그것을 캐고 다듬어 칼과 창 등을 만들었다. 옹호산(雍狐山)에서 강물이
흘러 나오는데 쇠가 따라 나온다. 치우가 그것을 캐고 다듬어 옹호의 창
을 만들었다.

---

47 司馬遷, 『史記』 「封禪書」.
48 이러한 팔신(八神)의 개념은 자연현상을 기호화한 팔괘(八卦)에서 유래했을 것이다. '팔
(八)'은 여기에서 온전한 우주, 자연현상 또는 그 원리를 상징하는 완전성의 숫자가 되
어 이후 팔원(八元), 팔굉(八紘), 팔선(八仙), 고려에서의 팔성(八聖) 등의 표현을 낳게
된다.
49 『太平御覽』, 卷78에 인용된 『龍魚河圖』.

환두국(驩頭國) 사람. 마창의(馬昌儀)의 『산해경도설(山海經圖說)』.

(葛廬之山, 發而出水, 金從之. 蚩尤受而制之, 以爲劍鎧矛戟. 雍狐之山,

發而出水, 金從之. 蚩尤受而制之, 以爲雍狐之戟芮戈.)[50]

치우의 실체는 무엇인가? 동이 구려족(九黎族)의 군장(君長)이었다는
그는 이러한 글들의 내용으로 미루어 실상 야장무(治匠巫)로서 무당이
자 대장장이였을 것이다. 대장장이의 불의 통어 테크닉과 금속 약재를
정련하여 불사약을 합성하는 연단술(鍊丹術)은 기원적으로 깊은 상관이
있다. 팔신 중 일곱 신을 천지자연의 중요한 현상과 그 원리의 신격으
로 보고 여기에 인격신인 치우를 포함한다면 일단 팔신을 우주의 구성
요소인 천지인(天地人) 삼재(三才)가 압축된 모습으로 이해할 수 있다.
여기서 더 나아가 치우의 연단술을 고려한다면 팔신에 대한 제사는 궁
극적으로 우주의 조화로운 기운 속에서 불사약을 합성하는 행위를 상
징한다 할 것이다. 니담(J. Needham)은 치우를 비롯한 환두(驩兜), 삼
묘(三苗) 등 전설상의 역적 집단을 야장 및 금속세공 집단으로 추정했
으며 이들이 도교 경전에서 호의적으로 묘사되고 있다는 점에 주목했

---

50 『管子』「地數」.

주지육림(酒池肉林), 『열녀전(列女傳)』.

다.[51] 우리는 변방의 지배자이자 중원의 적대자 그리고 패배자인 치우가 오히려 초기 도교의 세계에서 생명력의 화신으로 재현되고 있음을 확인할 수 있다.

　다음으로 역사시대에 들어와 최초의, 그리고 거대한 전환기인 은－주 교체기에 있었던 동이계 신화의 위상 변화와 이와 관련된 도교 신격의 형성에 대해 검토해보기로 하자. 중원에서의 은의 멸망은 은 및 동이계 문화의 쇠퇴를 의미하는데 그것은 신앙, 가치 체계, 습속 등의 급격한 변화 혹은 억압과 왜곡 등으로 인한 변질로 나타난다. 우선 은대의 인격적 지상신(至上神)인 제(帝)가 주대에 이르면 비인격적 최고신인 천(天)으로 바뀌는 등 인문화의 경향이 뚜렷해지며 이에 따라 은대의 샤머니즘 문화는 비합리적이고 미신적인 것으로 간주되어 억압되었다. 예컨대 은의 마지막 임금 주왕(紂王)의 폭정으로 자주 회자되는 주지육림(酒池肉林)의 설화 같은 경우는 이러한 행위가 일종의 오르기(orgy)를 수반하는 은 민족 고유의 제의적 행사일 수도 있는데 고의로 주에 의해 퇴폐적인 향락으로 폄하되었을 가능성이 있다. 아울러 우리는 어리석고 무능

51　조셉 니담, 『중국의 과학과 문명(2)』(서울: 을유문화사, 1986), 이석호 · 이철주 · 임정대 역, pp.169-174.

강태공(姜太公), 명(明) 왕세정(王世貞)의 『열선전전(列仙全傳)』.

함을 표현하는 송양지인(宋襄之仁), 수주대토(守株待兎) 등의 고사성어가 모두 은의 직계인 송(宋)에서 유래한 것으로 미루어 망국의 은 민족 및 그 후예에게 가해진 종족적 편견과 억압의 기미를 느낄 수 있다.

명대(明代)의 소설 『봉신연의(封神演義)』는 주무왕(周武王)이 은을 정벌하여 멸망시키는 과정에서 각기 주와 은을 지지하는 신계(神界)의 갈등, 태공(太公) 강자아(姜子牙)를 중심으로 한 주의 정벌군과 태사(太師) 문중(聞仲)을 중심으로 한 은의 방어군 사이의 전쟁 상황을 그려냈는데 결국 도술과 무술의 겨루기에서 강태공(姜太公) 집단이 승리하여 은왕(殷王) 및 문태사(聞太師) 등의 제장(諸將)을 살육하거나 포획하고 은을 멸망시키는 것으로 대미(大尾)를 맺는다. 흥미로운 것은 마지막에 강태공이 전몰하거나 처형당한 은의 제장의 혼령을 불러 신으로 봉하여 그들을 위무(慰撫)하는 행위이다. 다음의 장면이 그것이다.

자아가 또 백감(栢鑑)에게 명했다. "뇌부정신(雷部正神)을 대(臺) 위로 인도하여 봉칙(奉勅)을 받게 하라." 청복신(淸福神)이 인혼번(引魂幡)을 들고 단(壇)을 나와 뇌부정신(雷部正神)을 인도했는데 문태사는 빼어난 풍모와 날카로운 기상을 지니고 있어서 남에게 굽히려 하지 않았으니 어찌 순수히 백감을 따라 나서려 했겠는가! 자아가 대 위에서 바라보니 문태사가 향풍(香風)과 운기(雲氣)를 한바탕 일으키면서 24정신(正神)을 거느리고 곧장 대 아래로 들이쳤는데 무릎을 꿇지 않았다. 이에 자아가 타신편(打神鞭)을 들고 호통쳤다. "뇌부정신은 무릎 꿇고서 옥허궁(玉虛宮)의 봉칙을 삼가 받들라!" 그제서야 문태사가 여러 신들을 이끌고 무릎 꿇고 봉칙을 받들었다. 자아가 말

구천응원뇌성보화천존(九天應元雷聲普化天尊),
『옥추경(玉樞經)』

했다. "이제 태상(太上) 원시천존(元始天尊)의 칙명을 전하노라. 그대 문중은 일찍이 명산에 들어가 대도를 수도하여 비록 조원(朝元)의 정과(正果)는 들었지만 아직 지고한 진제(眞諦)에는 이르지 못했으며, 대라천(大羅天)에 오르기는 했지만 인연이 없었도다. 벼슬은 신하 중의 으뜸이며 두 조정을 섬기면서 충절을 다 바쳤도다. 그러나 겁운(劫運)을 만나 목숨을 잃었으니 그 진정한 충렬이 몹시나 딱하도다. 이제 특별히 그대에게 뇌부를 관장케 하노니, 구름을 일으키고 비를 내려 만물을 생장시키고 명을 거역하는 무리를 주살하여 선악에 따라 화복을 내리라. 이에 특별히 그대를 구천응원뇌성보화천존(九天應元雷聲普化天尊)의 직에 칙봉(勅封)하노니, 구름과 비를 다루는 뇌부의 24 호법천군(護法天君)을 거느리고서 그대의 뜻에 따라 시행하라. 그대는 삼가 받들지니라! ……" 뇌

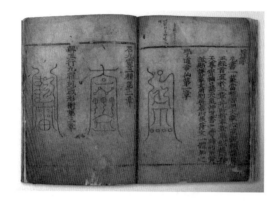

『옥추경(玉樞經)』.

조(雷祖)가 24명의 천군을 거느리고 봉칙을 다 받고 나서 은혜에 감사드린 뒤에 봉신대(封神臺)를 떠나갔는데, 서광(瑞光)이 아스라이 퍼지고 보랏빛 운무(雲霧)가 서리고 섬광이 번쩍이고 풍운(風雲)이 휘감돌아 사뭇 기이했다.[52]

강태공은 은의 충신 문태사 이외에도 심지어 주왕 밑에서 아첨과 사악한 짓을 일삼았던 비렴(飛廉), 악래(惡來) 등의 간신들조차도 처형한 후 신에 칙봉(勅封)한다. 이들 중 문태사는 한국의 민간도교에서 가장 인기리에 송독(誦讀)되어온 옥추경(玉樞經)의 본신(本神)인 구천응원뇌성보화천존(九天應元雷聲普化天尊)이며 비렴은 본래 풍신(風神)으로 무용총(舞踊塚) 벽화에 등장할 정도로 고구려 민족에게 익숙했던 신이니 말할 나위 없이 모두 동이계 신화에 속하는 신들이다. 『봉신연의』는 명대에 이루어진 소설이지만 저본은 송(宋), 원대(元代)의 『무왕벌주평화(武王伐周平話)』이며 다시 이 책의 근원설화는 오래전 은-주 전쟁 이후부터 유전(流傳)되어 왔을 것이니 소설 속의 봉신 개념도 근원이 오랠 것

---

52 許仲琳, 『仙佛英雄戰(5)』(서울: 여강출판사, 1992), 김장환 역, pp.322-324. 이 책은 『封神演義』의 국역본이다.

이다. 봉신의 개념에 대해 위취현(衛聚賢)은 소설 속 원시천존(元始天尊)의 "생사윤회는 끊임없이 순환하는 것이며 업보와 원한은 서로 쉬지 않고 응보를 거듭하는 것이로다. 몹시 애처롭도다!"[53]라는 언급에 유념하여 정치적 보복을 단절하여 통합을 추구하고자 하는 취지로 보았다.[54] 그러나 이러한 인과응보의 불교적 개념은 한대(漢代) 이후에야 전입되어 가능한 것이다. 봉신은 당시 승자인 주 민족에 의해 주어진 것이 아니라 패망한 은 민족 사이에서 샤머니

최영(崔瑩)의 무신도(巫神圖).

즘의 보상기제에 의해 자발적으로 생겨났을 것이다. 이것은 후대의 사례를 통해 입증된다. 중국에서의 치우, 관우, 한국에서의 최영(崔瑩), 임경업(林慶業) 등이 모두 최초에는 민중 사이에서 신격화되었지 결코 승자나 관방에 의해서가 아니었다. 관우처럼 민간에서 이미 신격화된 후나중에 관방에 의해 정치적 목적으로 추인되는 경우도 있지만. 한 가지 고려할 수 있는 것은 민간 봉신의 전후 과정에서 지배 계층에 속해 있긴 하지만 동이계의 인물인 강태공이 참여했을 가능성이다. 이것은 산동 팔신의 성립을 강태공이 주도했다는 『사기』『봉선서』의 기록을 참작해서이다.[55] 결론적으로 봉신의 본질은 주에 의해 희생되거나 억압된 은

---

53 위의 책, p.319.
54 衛聚賢, 『封神榜故事探源(下册)』(香港: 亞洲出版社, 1960), p.171.
55 『봉신연의』에서도 봉신(封神)을 통해 팔부정신(八部正神)을 수립하고 있는데 『봉선서』

의 영웅들이 민간에서 무속 원리에 의해 신격화된 현상인데 그것을 강태공 혹은 관방에서 정치적 통합의 이데올로기로 합리화한 것이라고 볼 수 있다.

3. 도교 전적(典籍)에서의 동이계 신화

원시 종교인 샤머니즘에 기반을 둔 동이계 신화는 발생론적인 혹은 보상기제적인 차원에서 도교로 변천하여 많은 신화적 인물들이 도교에서의 숭배 대상으로 변모한다. 초기 도교의 중요한 경전이 동이계 인물에 의해 저술되었다는 사실 또한 이러한 현상을 밑받침할 것인데 가령 단정파(丹鼎派) 도교 경전의 원조인 위백양(魏伯陽)의 『참동계(參同契)』는 장백산(長白山)의 진인으로부터 전수받아 지어졌다는 전설이 있고[56] 역시 최고의 민간 도교 경전인 『태평경(太平經)』은 요동인 백화(帛和) 등에 의해 성립되었을 가능성이 큰 것으로 고증된 바 있다.[57] 이 글에서는 방

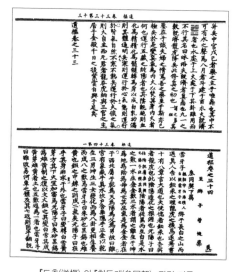

「도추(道樞)」의 「참동계(參同契)」 관련 기록.

의 기록이 훨씬 이르므로 팔부정신의 개념이 팔신으로부터 유래했을 가능성도 있다.

56 『道藏·太玄部』, 美字號, 『道樞』, 卷34, 「參同契」: "雲牙子遊于長白之山, 而遇眞人, 告以鉛汞之理龍虎之機焉. 遂著書十有八章, 言大道也."

57 정재서, 「고구려 고분벽화의 신화, 도교적 제재에 대한 새로운 인식」 『상상』(1996), 가을호, pp.139-140 참조.

대한 신선 계보집인 양(梁) 도홍경(陶弘景)의『진령위업도(眞靈位業圖)』[58]
와 유, 불, 도 신명(神明)의 집대성인『회도삼교원류수신대전(繪圖三敎
源流搜神大全)(외이종外二種)』[59]의 두 책을 중심으로 도교 전적에 자취를
남기고 있는 동이계 신화에 대해 살펴보고자 한다.

먼저『진령위업도』는 본명이『통현영보진령위업도(洞玄靈寶眞靈位業
圖)』로 신선의 등급을 7단계로 나누어 신화 시대부터 역사 시대에 이르
기까지 모두 688명에 대한 계보를 작성한 책인데 이중에는 진정한 도교
인물뿐만 아니라 진시황, 한무제 등 제왕과 정치가, 공자, 안회(顔回) 등
의 유교 인물, 비천(飛天) 같은 불교 신격도 포함되어 있어 흥미롭다. 이
책에서 동이계 신화와 관련된 인물들을 뽑아보면 다음과 같다.

1) 상제1좌위(上第一左位): 동명고상허황도군(東明高上虛皇道君).

2) 제2좌위(第二左位): 태미동하부상단림대제상도군(太微東霞扶桑丹林
　　大帝上道君), 동해왕청화소동군(東海王靑華小童君), 사명동악상진
　　경태원진인모군(司命東嶽上眞卿太元眞人茅君), 시제신동화상좌사
　　명양군(侍帝晨東華上佐司命楊君).
　　제2여진위(第二女眞位): 동화옥비순문기(東華玉妃淳文期), 동화궁옥
　　녀연경주(東華宮玉女煙景珠).

3) 제3좌위(第三左位): 북극진인안기생(北極眞人安期生), 동극노인부양
　　공자(東極老人扶陽公子), 제순(帝舜).
　　제3우위(第三右位): 중황사사대부영북해공연자(中黃四司大夫領北海
　　公涓子), 소사(蕭史), 농옥(弄玉), 접여(接與).

58　저본은 張繼禹 主編,『中華道藏(第二冊)』(北京: 華夏出版社), pp.721-731에 실린 왕카(王
　　卡) 점교본(點校本)을 취했다.
59　저본은 上海古籍出版社(1990)의 影印本을 취했다.

4) 제4좌위(第四左位): 동화좌선경백석생(東華左仙卿白石生), 적송자
(赤松子), 봉래좌공송신생(蓬萊左公宋晨生), 봉래우공가보안(蓬萊右
公賈保安), 봉래좌경강숙무(蓬萊左卿姜叔茂), 동방삭(東方朔), 팽갱
(彭鏗), 한종(韓終).
제4우위(第四右位): 동방령위앙(東方靈衛仰), 하백(河伯), 녹피공(鹿
皮公), 백화(帛和).

5) 제6우위(第六右位): 감이인(監二人).
제6지선산위(第六地仙散位): 여생(廬生), 후공(侯公), 석생(石生), 직
구자(稷丘子), 최문자(崔文子), 비간(比干).

이들 중 태미동하부상단림대제상도군, 제순, 봉래좌공송신생, 봉래우
공가보안, 봉래좌경강숙무, 하백, 비간 등은 은 및 동이계 신화와 직접
관련된 신선들로 간주된다. 부상은 『산해경』 등에서 이미 동방의 일출처
(日出處)로 등장한 바 있고 봉래는 발해에 있다는 삼신산 중의 하나이기
때문이다. 순은 동이 종족 출신이고 하백은 동이계의 수신이며 비간은
은의 현인이었다.

이어서 사명동악상진경태원진인모군, 중황사사대부영북해공연자, 소
사, 농옥, 접여, 적송자, 동방삭, 팽갱, 한종, 녹피공, 백화, 감이인 등은
동악 곧 태산의 경우처럼 명칭에서 뚜렷이 동이 지역을 표현하고 있거
나 『열선전』 등의 신선전기집에서 동이 지역 혹은 종족 출신으로 명시된
신선들이다.

끝으로 동명고상허황도군, 동해왕청화소동군, 시제신동화상좌사명양
군, 동화옥비순문기, 동화궁옥녀연경주, 동극노인부양공자, 동화좌선경
백석생, 동방영위앙 등은 명칭인 동명, 동해, 동화, 동극, 동방 등이 동이
지역을 지칭하고 있는 신선들이다.

다음으로 『회도삼교원류수신대전(외2종)』은 청(淸) 엽덕휘(葉德輝)가 명각회도본(明刻繪圖本)을 중간(重刊)한 『회도삼교원류수신대전(繪圖三敎源流搜神大全)』과 도장본(道藏本) 『수신기(搜神記)』,[60] 원(元) 진자진(秦子晋)이 편찬한 『신편속상수신광기(新編速相搜神廣記)』등을 합본(合本)한 것으로 각기 남북조 이래 삼교합일(三敎合一) 사조의 취지에 맞게 당시 숭배되던 충효로 뛰어난 인물, 법력이 탁월한 고승, 도술이 고명한 신선, 민간의 신 등을 수록했는데 책에 따라 약간 신명(神明)의 이동(異同)이 있다.

각 책에서 『회도삼교원류수신대전』을 중심으로 중복된 내용을 제외하고 동이계 신화와 관련된 신명을 뽑아보면 다음과 같다.

1) 『회도삼교원류수신대전』: 동화제군(東華帝君), 동악(東嶽), 신도(神荼)와 울루(鬱壘), 오방지신(五方之神), 철원수(鐵元帥), 태세(太歲) 은원수(殷元帥), 전모신(電母神), 풍백신(風伯神), 우사신(雨師神), 해신(海神).

2) 『수신기』: 견오(肩吾), 수춘진인(壽春眞人), 부국선생(負局先生), 동정군(洞庭君), 상군(湘君), 신라산신(新羅山神).

이들 중 신도와 울루, 오방지신, 철원수, 태세 은원수, 전모신, 풍백신, 우사신, 해신, 동정군, 상군 등은 동이계 신화에서의 저명한 신들인데 철원수, 태세 은원수는 은대의 신들이고 여기서의 오방지신은 무왕이 주왕을 정벌할 때 현현(顯現)했던 하백, 축융(祝融), 현명(玄冥), 구망(句芒), 욕수(蓐收) 등의 신들이다. 그리고 동악, 견오, 수춘진인, 부국선생

---

60 『회도삼교원류수신대전(繪圖三敎源流搜神大全(外二種))』의 출판 설명에 의하면 간보(干寶)의 『수신기(搜神記)』에 의거하여 편찬했다고 하나 실제 내용에는 큰 차이가 있다.

귀신의 우두머리 신도(神荼)와 울루(鬱壘) 형제.『천지
인귀신도감(天地人鬼神圖鑑)』.

등은 동이 지역 출신의 신 혹은
신선들이다.

동화제군은 원대 이후 북방
도교의 정통인 전진교(全眞教)
의 도조(道祖)로 추앙되는 신이
고『진령위업도』에서도 여러 신
들의 명호(名號) 앞에 '동화(東
華)'라는 수식어가 출현한 바 있
으므로 특별히 검토해볼 필요
가 있다. 동화는 중국을 지칭하
기도 하지만 사실상 중국의 동
방, 나아가 그곳의 원초적 기운
을 의미한다 할 것이다.『역세
진선체도통감(歷世眞仙體道通
鑑)』에 의하면 동화제군은 한대

(漢代) 산동 출신의 신선 왕현보(王玄甫)로 백운상진(白雲上眞)을 스승
으로 섬겼으며 후일 금단대도(金丹大道)와 신부(神符)를 종리권(鍾離權)
에게 전수했다고 한다. 그러나 도경(道經)에서는 이 신을 특정한 시대의
자연인으로 보지 않고 청양(青陽)의 원기(元氣) 곧 동방의 기운이 화생
한 신으로 본다.『회도삼교원류수신대전』에서의 이 신에 대한 설명은 다
음과 같다.

　　동화제군(東華帝君)은…… 동방의 지극히 참된 기운으로서 벽해(碧海)
　　의 연안과 창령(蒼靈)의 옛 도읍에 목공(木公)을 화생(化生)시키고 양화
　　(陽和)의 기운을 주관하여 동방을 다스리니 또한 왕공(王公)이라고도 부

른다. …… 왕모(王母)와 함께 두 개의 기운을 다스리며 천지를 기르고 만물을 빚어낸다. 모든 천상천하 삼계(三界) 시방(十方)의 남자로서 신선이 되고 득도하는 사람들을 관장한다. …… (봉래, 방장, 영주 등의) 삼도(三島)와 구주(九洲)가 혼돈 속에 나란히 서 있는 가운데에 또 자부(紫府)라는 뭍이 있다. 자부는 삼도의 사이에 걸쳐 있는데 제군이 영관(靈官)들을 따로 다스리고 통솔하며 모든 신선들의 공적을 검토하는 곳이다……. 동화란 제군이 있는 동방의 지극히 참된 기운의 화생을 말한다.

(東華帝君, …… 以東華至眞之氣, 化而生木公於碧海之上蒼靈之墟, 以主陽和之氣, 理於東方, 亦號王公焉. …… 與王母共理二氣, 而育養天地, 陶鈞萬物. 凡天上天下, 三界十方男子之登仙得道者, 悉所掌焉. …… 三島九洲鼎峙鴻濛之中, 又有洲曰紫府, 踞三島之間, 乃帝君之別理統轉靈官職位, 較量群仙功行. …… 東華者, 以帝君東華至眞之氣, 化而生也.)[61]

동화제군의 전신(前身)은 한대에 서왕모의 배우신(配偶神)이었던 동왕공(東王公)이다. 글의 내용으로 미루어 우리는 동왕공 곧 동화제군이 동방의 우주적 기운을 신격화한 존재임을 알 수 있다. 『회도삼교원류수신대전』 등 제서(諸書)에서는 옥황상제를 첫머리에 위치시키고 이후 상위 신격으로서 동화제군만을 언급할 뿐 서, 남, 북 다른 방향의 제군을 언급하고 있지 않은 것으로 보아 동이계 신화에서 비롯한 동방 도교의 세력이 다른 어느 지역보다 컸음을 짐작할 수 있다.

여기에서 또 한 가지 주목할 사항은 자부(紫府)이다. 자부는 일반적으로 신선의 거처를 의미하지만 보다 구체적으로는 동화제군이 신선들을 관리하는 곳이다. 갈홍(葛洪)의 다음과 같은 언급은 이러한 의미에서 실

---

61 『繪圖三敎源流搜神大全(外二種)』, pp.25-26.

감나게 다가온다.

> 황제(黃帝)가 동쪽으로 청구(靑丘)에 이르고 풍산(風山)을 지나 자부선
> 생(紫府先生)을 뵙고『삼황내문(三皇內文)』을 받아 그것으로 온갖 신들을
> 부렸다.
> (黃帝東到靑丘, 過風山, 見紫府先生, 受三皇內文, 以劾召萬神.)[62]

청구(靑丘)는 산동, 요동 등의 지역으로 추정되는 고대 동이계 종족의
거점이었다. 풍산(風山)에 대해서는 두 가지의 해석이 가능하다. '풍(風)'
곧 '바람'은 '불함'과 발음이 상근(相近)하므로『산해경』에서의 이른바
'불함산(不咸山)' 곧 백두산의 한자 표기일 가능성이 한 가지이고 다른
한 가지는 '풍(風)'을 '봉(鳳)'의 통가자(通假字)로 보는 관점이다. 봉황은
조류를 숭배하는 동이계 종족의 신조(神鳥)이다. 이를 방증하듯이『설문
해자』에서는 봉황이 동방 군자국(君子國)에서 출현한다고 언급한 바 있
고[63]『산해경』에서는 이 새가 발해 연안의 단혈산(丹穴山)에 서식한다고
했다.[64] 다시『예문유취(藝文類聚)』에서는 군자국이 산동의 낭야(瑯邪)
로부터 3만 리 떨어진 곳에 있다고 했으니[65] 우리는 청구가 최소한 발해
연안 혹은 그 동쪽 너머로 상상되었던 지역임을 알 수 있다.

갈홍의 언급에 등장하는 자부선생(紫府先生)은 곧 자부를 관리하는 신
선 동화제군일 것이다. 그렇다면 이 동화제군은 발해 연안 혹은 그 동쪽
너머 지역인 청구에 위치한 자부에 좌정(坐定)하고 있는 동방의 대선(大

62　葛洪,『抱朴子 · 內篇』, 卷18,「地眞」.

63　許愼,『說文解字』, 卷4.: "鳳, 神鳥也. …… 出于東方君子之國."

64　『山海經』「南次三經」: "又東五百里, 曰丹穴之山, 其上多金玉. 丹水出焉, 而南流注于渤海.
有鳥焉, 其狀如雞, 五彩而文, 名曰鳳凰."

65　『藝文類聚』, 卷89.: "君子之國, 多木菫之華, 人民食之. 去瑯邪三萬里."

仙)으로 상상될 수 있을 것이다. 이러한 상상은 흥미롭게도 우리의 소설에서 또 다른 상상으로 이어진다. 김시습(金時習)의 「취유부벽정기(醉遊浮碧亭記)」를 보면 개성의 부잣집 아들 홍생(洪生)이 평양에 놀러갔다가 부벽루(浮碧樓)에서 신녀(神女) 기씨(箕氏)를 만난다. 기씨는 고조선 기씨 왕조의 후예로서 위만(衛滿)에 의해 나라가 망해 자진(自盡)하려 했을 때 어떤 일이 일어났는가를 홍생에게 이야기한다.

홀연히 어떤 신인(神人)이 나를 위로하면서 말씀하시기를, "나는 이 나라를 세운 사람이다. 나라를 다스린 후 섬으로 들어가 신선이 되어 죽지 않은지 이미 수천 년이나 되었다. 네가 나를 따라 자부(紫府) 현도(玄都)로 가 즐겁게 사는 것이 어떠하냐?" 내가 승낙을 하니 나를 이끌고 살고 계신 곳으로 가 별당을 지어 대우해주셨다. 나에게 현주(玄洲)의 불사약을 먹이시니 복용한 지 며칠 만에 문득 몸이 가벼워지고 기운이 나서 뼈마다마디가 바뀌는 것을 느낄 수 있었다.

(忽有神人撫我曰, 我亦此國之鼻祖也. 享國之後, 入于海島, 爲仙不死者, 已數千年. 汝能隨我紫府玄都逍遙娛樂乎? 余曰諾, 遂提携引我, 至于所居, 作別館以待之. 飴我以玄洲不死之藥, 服之累日, 忽覺身輕氣健, 磔磔有換骨焉.)[66]

기씨를 위로한 신인은 단군(檀君)이다. 그런데 단군의 거소는 다름 아닌 자부(紫府)였다. 조선 전기 단학파(丹學派) 문인인 김시습은 단군을 『포박자』에서의 자부선생 곧 동화제군으로 상정하고 있는 것이다. 우리는 조선 단학파에서 동방 선가(仙家)의 비조(鼻祖)로 추앙하고 있는 단군

---

66 金時習, 『金鰲新話』 「醉遊浮碧亭記」.

동화제군(東華帝君), 『회도삼교원류수신대전(繪圖三
敎源流搜神大全)』.

을 동화제군에 비정(比定)했던 것이 아닌가 추정해볼 수 있다.

이러한 추정을 잠시 뒤로 하고 『회도삼교원류수신대전』에 실린 동화제군의 화상(畵像)을 볼 때 우리는 그림의 구도나 분위기가 여타 신명들의 화풍(畵風)에서 상당히 일탈해 있다는 느낌을 받게 되는데 뜻밖에도 이 화상이 단군의 이미지와 방불하다는 느낌을 금하기 어렵다. 다른 신명들의 그림과는 달리 동화제군의 배후에는 한 그루의 나무가 있는데 이 나무는 음양오행설에 의거해 동화제군이 관장하는 목(木)의 기운을 상징하는 것으로 풀이될 수도 있으나 신화적인 문맥에서 단군의 탄생과 관련한 신단수(神檀樹)로 볼 여지가 없는 것도 아니다. 아울러 여타 신명의 그림에서 잘 보이지 않는 동화제군의 좌정한 자세와 역시 여타 신명의 옷이 대부분 민무늬인데 비하여 특유한 무늬의 복식과 시립(侍立)해 있는 동자의 형국(形局)은 영락없이 한국 고래의 산신도(山神圖)와 닮아 있다. 우리는 산신의 원조가 양위(讓位)한 후 아사달에 들어가 산신이 되었다는 단군임을 잘 알고 있고 따라서 산신도 주체의 이미지도 단군과 상관되리라고 추측해볼 수 있다. 결국 『회도삼교원류수신대전』 속의 동화제군 그림에는 단군의 신화적 이미지와 산신도의 모티프가 함께 담겨 있다고 볼 수 있는데 지금으로서 상고(詳考)할 길은 없지만 여타 신명들의 화풍으로부터 일탈한 이러한 정황은 아마도 동화제군 화상이 별도로 전래되어왔던 역외(域外)의 이미지 모델에 근거를 두었던 것은 아닌가 하는 의구심을 갖게 한다.

신라산신(新羅山神), 『수신기(搜神記)』.

동화제군에 이어 마지막으로 검토해야 할 신명은 신라산신(新羅山神)이다. 신라산신은 복건(福建) 서남부에 위치한 신라현(新羅縣, 지금의 龍岩市 新羅區) 소재 신라산의 산신이다. 전설에 의하면 신라 태자가 중국에 오다가 표류하여 이곳 해역에서 익사했는데 그 후 영험을 보여 토민(土民)에 의해 사당이 세워지고 산신으로 숭배되었다고 한다. 신라현의 건치(建置) 연대가 당(唐) 현종(玄宗) 개원(開元) 24년(736)인 것으로 미루어 대체로 당대부터 신라산신에 대한 숭배가 생겨난 것으로 보인다. 원(元) 지치(至治) 2년(1322)에는 원조(元朝)가 신라 태자를 '충의영제위혜광우성왕(忠義靈濟威惠廣佑聖王)'으로 칙봉했고 이후 복건 지역 도교의 신으로 편입되어 오랜 기간 숭배되어왔던 것이다.[67] 그러나 최근 국내 학계에서는 신라 태자가 중국에 사행(使行)을 가다 조난당했다는 역사적 사실이 없다는 근거를 들어 신라산신의 성립 경위에 대해 회의

---

67 蔡楡, 「新羅太子漂洋過海到平陽?」 /人民網 /溫州頻道, 2010.9.15. 記事來源:『溫州都市報』.

를 표시하고 있다.[68]

신라 태자의 도래(渡來) 여부를 떠나 중국 동남 해안에서의 신라산신의 존재는 과거에 해양을 통한 한중 간의 교류를 시사하는 것으로서 동이계 신화의 도교에로의 전변과는 성격이 다르지만 후대에도 동이계 인물의 도교 편입이 이루어지고 있음을 보여주는 흥미로운 실례라 할 것이다.

---

[68] 朴現圭, 『浙江平陽新羅廟記錄和現況』(溫州大學: 中韓歷史民俗與區域文化 國際學術硏討會 발표논문, 2010. 8) 참조.

제5장 『주씨명통기(周氏冥通記)』,
샤머니즘과 문학 사이

　『산해경(山海經)』을 중심으로 한 중국 신화가 고대 동아시아 상상력의 원천이라면 도교는 이를 계승한 중세적 상상력의 큰 흐름으로서 그 내용은 도교의 대장경이라 할 『도장(道藏)』에 고스란히 담겨 있다. 도교는 불로장생을 통한 자기완성을 핵심 교의(敎義)로 삼고 있으며 그것을 설명하고 구현하는 방식은 논리나 사변보다 상상력과 이미지 그리고 스토리의 운용에 많이 기대고 있다. 이러한 3위1체의 표현 방식은 문학, 예술의 창작과 긴밀한 관련성을 지닌다.

　『도장』은 한마디로 불사(不死)에 관한 방대한 담론 체계라고 정의할 수 있다. 그러나 불사의 경지를 상상력의 소산 혹은 이야기의 산물로 규정한다면 『도장』을 거대한 상상 체계 혹은 설화 체계라고 바꾸어 말할 수도 있다. 나아가 이러한 개념을 더욱 밀고 나간다면 『도장』 그 자체를 하나의 거대한 문학적 구성체로 간주하여도 크게 틀리지 않을 것이다. 사실 『도장』은 아예 기존의 문학 작품을 도교의 범주 내로 수용하여 수록하고 있거나 일부 조성 부분은 문학 장르의 형식을 취하고 있기도 하다. 유선시(遊仙詩)에 속할 보허사(步虛詞), 도정(道情) 류의 시가들 그리고 신괴소설(神怪小說)에 포함될 여지가 많은 신선전기(神仙傳記) 류의 서사물들이 그러하다. 『도장』 내의 이러한 작품들에 대한 연구는 이미 이풍무(李豐楙), 첨석창(詹石窓), 황용(黃勇), 고미나미 이치로(小南一

郎), 스미스(Thomas E. Smith), 캠퍼니(Robert Ford Campany) 등에 의해 훌륭하게 수행된 바 있다.[69]

이 글에서는 『도장(道藏)』 내 상청파(上淸派) 계통의 전적(典籍)인 『주씨명통기(周氏冥通記)』에 담긴 지괴(志怪), 전기(傳奇) 등 고대 중국의 소설적 상상력에 대해 살펴볼 것이다. 상청파는 도교의 교파 중에서도 샤머니즘적 성향을 가장 농후하게 지닌 교파이다. 이에 대한 연구는 국외의 경우 중국, 일본, 구미(歐美) 각국에서 종교학, 철학, 문헌학, 문학 등 각 방면에 걸쳐 이미 상당한 축적이 이루어져 있다. 국내의 경우는 종교학, 철학 방면에서의 연구가 일부 시도된 바 있을 뿐 문학 방면에서의 관심은 전무(全無)하다 해도 과언이 아니다. 그러나 김만중(金萬重)의 그 유명한 『구운몽(九雲夢)』의 초입에서 팔선녀(八仙女)의 주인인 남악(南嶽) 위부인(魏夫人) 곧 상청파의 개조(開祖) 위화존(魏華存)이 언급되고 있고 조선 단학파(丹學派)의 문인 고옥(古玉) 정작(鄭碏)의 시구 "사람들이 전하길 허연(許掾)의 집안이라네.(人傳許掾家)[70]에서 상청파의 대사(大師) 허연(許掾)이 등장하는 것으로 보아 오늘날 학계의 희박한 관심에 비해 조선 시대만 해도 이미 상청파 도교에 대한 이해가 생각 외로 넓게 퍼져 있음을 알 수 있다. 따라서 상청파 전적에 대한 문학적 탐구는 중국 문학뿐만 아니라 한국 문학에 대해서도 일정한 영향을 미칠

---

69 관련된 업적으로는 李豊楙, 『六朝隋唐仙道類小說研究』(臺北: 學生書局, 1986)과 『誤入與謫降』(臺北: 學生書局, 1996). 詹石窓, 『道教文學史』(上海: 上海文藝出版社, 1992). 黃勇, 『道教筆記小說研究』(成都: 四川大學出版社, 2007). 小南一郎, 『中國の神話と物語り』(東京: 岩波書店, 1984). Robert Ford Campany, "Chinese Accounts of the Strange: A Study in the History or Religions" (The University of Chicago, Ph. D. Dissertation, 1988). Thomas E. Smith, "Ritual and the Shaping Narrative: The Legend of the Han Emperor Wu"(The University of Michigan, Ph. D. Dissertation, 1992) 등 참조.

70 鄭碏, 『溫城世稿』 「題楓嶽上人軸」: "昔年隨伯氏, 相與鍊丹砂. 鼎有淮王藥, 人傳許掾家. 朱顏今已暮, 白髮但長嗟. 楓嶽神仙窟, 空勞夢紫霞."

수 있으리라는 기대를 할 수 있다.

청대의 기윤(紀昀)은 『주씨명통기』에 대해 "황당하며 경전의 취지에서 벗어났다.(荒誕不經)"고 비평했는데[71] 이러한 언급은 거꾸로 이 책이 상상력의 고전임을 우리에게 알려준다. 이 글에서는 상술한 여러 개념과 목표들을 염두에 두고 우선 『주씨명통기』의 성립 및 내용, 기존의 연구 동향 등에 대해 알아본 후 이 책에 담긴 주요 모티프들을 지괴, 전기 작품과의 비교 하에 분석하고 샤머니즘에 정신사적 기반을 둔 이 책의 상상력이 중국 소설에 대해 지니는 원형적 지위를 확인하고자 한다.[72]

1. 성립 및 내용

『주씨명통기』는 양(梁) 무제(武帝) 때의 도사 주자량(周子良, 497-516)이 꿈속에, 혹은 환상 중에 만난 모산(茅山) 선관(仙官)들과의 대화 기록으로 『정통도장(正統道藏)·통진부(洞眞部)』 「기전류(記傳類)」에 속한 전적이다. 저자인 주자량은 본래 원시 도교의 가풍에서 성장했는데 그의 친가는 백가도(帛家道), 외가는 천사도(天師道)를 신앙했다고 한다. 특히 그의 친조모는 여무(女巫)였고 외조부는 좨주(祭酒)였다고 하니 그는 생래적으로 샤먼 곧 영매(靈媒)적 소질을 타고 났을 가능성이 다분하고 이러한 자질로 인해 명계(冥界) 신관들과의 대화가 이루어졌을 것이다.[73] 그는 12세의 어린 나이에 도홍경(陶弘景, 452-536)의 문하로 들어가 『선

---

71 紀昀, 『四庫全書總目提要·子部』 「道家類·周氏冥通記」: "其說荒誕不經."

72 여기에서는 텍스트로 『周氏冥通記』(北京: 中華書局, 1985)를 사용했으며 역주 및 내용 분석과 관련하여 麥谷邦夫·吉川忠夫, 『周氏冥通記研究(譯註篇)』(濟南: 齊魯書社, 2010), 劉雄峰 譯을 참고했다.

73 후술(後述)할 바이지만 허려령(許麗玲)은 특히 주자량의 이러한 가족사와 상청파의 영매(靈媒) 전통 등 종교 문화적 배경에 주목한다.

령록(仙靈錄)』, 『노자오천문(老子五千文)』, 『서악공금호표부(西嶽公禁虎豹符)』, 『오악진형도(五嶽眞形圖)』, 『삼황내문(三皇內文)』 등을 전수받으며 도사로서의 소양을 닦아나갔다. 그러던 중 천감(天監) 14년(515) 하지(夏至)의 정오 무렵 낮잠을 자던 그에게 놀라운 일이 일어난다.

하지 날 해가 아직 한가운데 오지 않았을 때 살고 있는 집의 남쪽 침상에서 자고 있었다. 처음에 깨어 선생(善生)에게 발을 내리게 하였다. 다시 자서 깊은 잠에 들기 전에 갑자기 한 사람이 보이는데 키는 7척에 입과 코는 작고 눈썹이 짙으며 반쯤 센 수염을 길렀다. 나이는 40세쯤 되어 보이고 주황색 상의를 입었으며 붉은 두건에 긴 갓끈을 늘어뜨렸다. 자주색 혁대는 너비가 7촌쯤 되고 가죽 주머니를 차고 있는데 용머리의 모습이었다. 발에는 자주색 신발을 신었고 걸을 때 '삭삭' 스치는 소리가 났다.

(夏至日未中少許, 在所住戶南床眠. 始覺, 仍令善生下簾. 又眠, 未熟, 忽見一人, 長可七尺, 面小口鼻, 猛眉, 多少有鬚靑白色, 年可四十許, 著朱衣, 赤幘上戴蟬, 垂纓極長, 紫革帶廣七寸許, 帶鞶囊, 鞶囊作龍頭. 足著兩頭舃, 舃紫色, 行時有聲索索然.)[74]

꿈속에 나타난 사람은 자신을 모산(茅山) 선계(仙界) 보명부(保命府)의 부승(府丞)인 조위백(趙威伯)이라고 소개하며 그곳에 보적승(保籍丞, 후에 保晨司로 승격)이라는 선관의 자리가 비어 있으니 취임을 준비하라고 예고한다. 주자량은 처음에는 두려워하다가 피할 수 없는 일임을 깨닫고 순응한다. 이후 날마다 꿈속에 혹은 환상 중에 왕자양(王紫陽), 주

---

[74] 『周氏冥通記』, 卷1, 5월23일 條.

모산(茅山)의
도관(道觀)
구소만복궁
(九霄萬福宮).

자양(周紫陽), 중악선인(中嶽仙人), 여선(女仙) 유현미(劉玄微), 동백선인 (桐栢仙人), 보명군(保命君), 보록군(保錄君) 등 많은 선관들이 나타나 선 계의 상황과 수련의 방법 등에 대해 이야기해주고 주자량의 물음에 답 변을 해주는 등 대화를 이어나간다. 주자량은 선관들로부터 선계의 지 식을 습득하는 등 교육을 받기도 하고 그들을 따라 선계를 유력(遊歷)하 기도 하다가 1년 반쯤 후인 천감 15년(516) 10월27일 극약을 먹고 자살 (도교 용어로 尸解)한다. 스승인 도홍경에 의해 묘사된 그의 최후 장면 은 다음과 같다.

해가 지자 일어나 말하기를 "때가 되었네."라고 하였다. 곧 띠를 매고 향을 사른 후 스승이 계신 경당(經堂)으로 가 여러 도사들과 일일이 인 사를 나누고 바로 나와 숙소로 돌아갔는데 여러 사람들이 "재(齋)를 올 리러 가야겠네."하는 소리를 들었다고 한다. 저녁에 동생 자평(子平)이 가서 보니 선실(仙室)에서 향을 사르고는 숙소로 돌아갔다. 자평에게 묻 기를 "무슨 일로 왔니?" 하여 대답하기를 "이모님이 편찮으셔서 형을 불러 약을 만들어 탕을 끓이래."라고 하였다. 자량이 말하기를 "나도 몸이 좀 안 좋아서 바로 약을 먹어야 해. 끝나면 갈 텐데 만약 못 가면 네가 다시 오도록 해라."라고 하였다. 그때 보니 솥에다 반 되쯤 되는 술을 데우고 있었다. 자평이 달려가 이 얘기를 전하자 이모가 이상하게 여겨 다시 급히 가서 보게 하니 그는 이미 똑바로 누운 상태였고 자평은 감히 들어가지를 못하였다. 이윽고 생모와 이모가 도착하여 그 모습을 보고 슬피 부르짖기를 "이게 무슨 일이냐? 무슨 일이냐?"라고 하니 눈을 감은 채 손을 들어 세 번 손가락을 튕기며 말하기를 "소리 지르지 마세요! 소리 지르지 마세요! 일을 그르칩니다."라고 하였다. 그의 어머니가 머리를 감싸 들어 올리려고 하다가 두건을 건드려 굴러갔다. 그러자 손을 들어 두건을 바로잡고는 금방 숨이 끊어졌다. 그때 향로에는 콩알만 한 유향(乳香)이 타고 있었는데 연기가 아직 꺼지지 않은 채였다. 이 모든 시간을 헤아려 보니 반 식경쯤 되었고 그때 그의 나이 스물이었다.

(至晡後, 便起云, 時至矣. 卽束帶燒香, 往師經堂中, 遍禮道衆, 徑出還所住廨, 衆人正言應就齋去. 日晡間, 其弟名子平往看, 正見於仙屋燒香, 出還住戶. 問子平, 何以來. 答云, 姨孃氣發, 喚兄還合藥煮湯. 語云, 我體亦小惡, 卽時欲服藥. 竟當還, 若未卽還, 汝可更來. 仍見鐺中溫半升酒. 子平馳還說此, 姨母驚怪, 亟令走往, 已正見偃臥, 子平不敢便進. 俄頃所生母及姨母續至, 見便悲叫, 問, 何意, 何意, 唯閉眼擧手, 三彈指云, 莫聲叫, 莫聲叫, 誤人事. 其母欲捧頭起, 而蹴巾轉. 猶擧手再過正巾, 須臾氣絶. 時用香爐燒一片薰陸[75]如狸豆大, 煙猶未息. 計此正當半食頃耳, 時年二十.)[76]

---

75 紀昀, 『四庫全書總目提要·子部』「道家類·周氏冥通記」: "惟薰陸爲乳香."
76 『周氏冥通記』, 卷1. 麥谷邦夫·吉川忠夫, 『周氏冥通記研究(譯註篇)』(濟南: 齊魯書社, 2010), 劉雄峰 譯, pp.9-11.

『주씨명통기』는 그가 처음 현몽(現夢)을 한 천감 14년(515) 5월 23일부터 죽기 석 달 전인 천감 15년(516) 7월 23일까지 선관들과의 대화를 기록 혹은 요약한 책이다. 주자량은 죽기 전에 그의 일기 수고(手稿)의 대부분을 불태웠으나 도홍경은 인근 연구산(燕口山) 산동(山洞)에서 그 일부를 발견한다. 그 후 주자량의 전기를 작성하고 일기 원문에 주석을 가하여 모두 4권(卷)으로 1책(冊)을 만든 후 그 해 12월에 이를 양 무제에게 보고하였다. 각 권의 내용은 다음과 같다.

제1권: 주자량의 전기. 사후(死後)의 이적(異蹟). 양 무제에의 상주문(上奏文, 곧 啓事)과 답서(答書, 곧 勅答). 천감 14년 5월23일-28의 감통(感通) 기록 4조.
제2권: 6월1일-29일의 감통 기록 13조.
제3권: 7월2일-25일의 감통 기록 7조.
제4권: 천감 14년 5월부터 천감 15년 7월23일까지의 감통 내용 목록.[77]

오늘날 『주씨명통기』는 도홍경의 『진고(眞誥)』와 더불어 모산 상청파 도교의 실질 내용을 이해함에 있어 중요한 자료로 평가되고 있다. 무엇보다도 이 책이 흥미로운 것은 1500년 전 한 젊은 청년의 꿈과 환상의 기록이며 신선들과의 생생한 대화라는 점이다. 환상 속 신과의 대화를 기록한 것으로는 서양의 경우 15세기 영국의 기독교 신자 마저리 켐프(Margery Kempe)의 『마저리 켐프 서(書)』와[78] 18세기 스웨덴의 신비주의자 스베덴보리(E. Swedenborg)의 『천국의 놀라운 세계와 지옥에 대

---

77 吉川忠夫,「夢的記錄－周氏冥通記」『周氏冥通記研究(譯註篇)』(濟南: 齊魯書社, 2010), 劉雄峰 譯, p.246 참조.
78 이에 대해서는 마저리 켐프,『마저리 켐프 서』(서울: 황소자리, 2010), 정덕애 역 참조.

하여』등이 있으나[79] 『주씨명통기』는 이들보다 천 년 이상 앞서는 개인
의 종교 체험에 대한 일기라는 점에서 상당한 주목을 요한다. 이 책에
담긴 선계의 상황, 수련 방법 등의 내용은 당시 도교적 상상력의 실제
정황을 보여줌과 동시에 지괴라는 중국 초유의 소설 서사를 발생시켰던
육조 시대의 종교적 관념 등 당시 사람들이 공유했던 정신 문화를 우리
에게 그대로 알려준다는 점에서 큰 가치를 지닌다 하겠다.

2. 예비 논의

기존의 연구 동향

지금까지 『주씨명통기』에 대한 연구는 역주와 역주에 대한 비평, 내용
분석, 언어학적 의의 등을 중심으로 이루어져왔다. 그리고 같은 상청파
계통의 주요 경전인 『진고』와 더불어 주로 일본 학자들의 선도 하에 진
행된 것이 한 특징이다. 『주씨명통기』에 대한 본격적인 탐구는 일찍이
고다 로한(幸田露伴), 후쿠이 고준(福井康順) 등의 개괄적, 문헌학적 고
찰을 거쳐[80] 고미나미 이치로(小南一郎)의 『中國の神話と物語り』(1984),
요시카와 타다오(吉川忠夫)의 「夢の記錄-周氏冥通記」(1985) 등에서 이루
어졌다.[81] 고미나미는 크게는 『진고』에 등장하는 양희(楊羲), 허밀(許謐)

79 이에 대해서는 스베덴보리, 『스베덴보리의 위대한 선물』(서울: 다산북스2009), 스베덴보
    리 연구회 편역 참조.

80 幸田露伴, 「神仙道の一先人」 『露伴全集』(東京: 岩波書店, 1952), 제15권, 福井康順, 「周氏
    冥通記について」 『內野博士還曆紀念東洋學論集』(1964) 등 참조.

81 小南一郎, 『中國の神話と物語り』(東京: 岩波書店, 1984). 여기서는 중역본(中譯本)을 사
    용한다. 小南一郎, 『中國的神話傳說與古小說』(北京: 中華書局, 1993), 孫昌武 譯, pp.283-
    299, 吉川忠夫, 『中國古代人の夢と死』(東京: 平凡社, 1985), 제3장. 여기서는 중역본을
    사용한다. 吉川忠夫, 「夢の記錄-周氏冥通記」 『周氏冥通記硏究(譯註篇)』(濟南: 齊魯書社,
    2010), 劉雄峰 譯, pp. 245-280 등 참조.

등과 이후의 도홍경, 주자량 등 육조 시대의 영매(靈媒) 집단과 당시 사회와의 관계라는 틀 속에서 『주씨명통기』를 논했다. 그는 영매가 유심(唯心)적이고 초월적이면서도 현실을 버리지 않고 있다는 입장에서 주자량의 꿈과 환상 속에 개인의 정신적 갈등과 강남 귀족 집단의 신앙과 현실에 대한 모순된 심리가 중층적으로 투영되어 있는 것으로 진단했다. 아울러 그는 『진고』와 『주씨명통기』에서 자주 보이는 선관들의 강림 광경, 선관들 간의 대화 등이 『한무제내전(漢武帝內傳)』의 문체에 반영되었음에 주목했다. 고미나미의 탐구는 『주씨명통기』에 국한된 것은 아니지만 도교 제의(祭儀), 상상력 등과 문학의 상관성을 예시(例示)한 것으로 상당한 의의를 지닌다 할 것이다. 이어서 요시카와는 주자량의 생애를 육조 시대의 정치, 종교, 가문 환경 등과 관련하여 서술하고 모산 도교의 핵심인 화양동천(華陽洞天)의 선계 상황을 『진고』와의 대조하에 자세히 묘사했으며 주자량의 선관들과의 교류 상황, 심리 상태, 도홍경의 반응 등을 분석적으로 고찰했다. 이 논구는 『주씨명통기』 전반에 대한 심도 있는 해설로서의 성격을 지니고 있다.

고미나미, 요시카와 등의 성과를 딛고 특정한 관점에서의 전문적인 토론은 허려령(許麗玲)과 러셀(T. C. Russell) 등에 의해 이루어졌다. 먼저 허려령은 그의 이른바 심리민족학의 관점에서 주자량의 가정환경, 가족사 등을 추적한 후 당시의 문화 현상인 영매와의 관련성을 고찰하고 시해(尸解)의 관념을 분석했다. 그리하여 주자량의 죽음을 한 젊은이의 자살 사건이 아니라 도홍경을 중심으로 한 모산 도교 집단의 문화, 샤머니즘 종교 의식 등의 측면에서 이해하고자 했다.[82] 다음으로 러셀은 특히 『주씨명통기』에서 보이는 선관과의 대화, 계시의 행위가 문학 창작에 미

---

82 許麗玲,「'周氏冥通記'初探」『東方宗教研究』(1994), 제4기 참조. 麥谷邦夫・吉川忠夫, 『周氏冥通記研究(譯註篇)』(濟南: 齊魯書社, 2010), 劉雄峰 譯, pp.311-333 所收.

모산(茅山) 선계를 지배하는 삼모진군(三茅眞君).
청말(淸末)의 연화(年畵).

치는 영향력에 주목하여 텍스트의 작자 문제, 환상과 계시, 계시와 현실 간의 관계성 등을 토론한 후 주자량의 명통(冥通) 체험은 자신과 사회 환경과의 투쟁, 나아가 우주 중에서 위치를 모색하는 한 젊은이의 모순과 공포 심리의 반영이라고 결론지었다. 그리고 초사(楚辭) 이래 연속되어 온 이러한 계시문학의 문학사적 맥락, 『진고』 등에서도 보이는 계시의 문학성, 『주씨명통기』의 개성적 표현 등을 거론했다.[83] 러셀의 논문은 고미나미를 계승하여 『주씨명통기』의 문학적 의의를 천명했다는 점에서 일정한 의미를 지닌다. 그러나 논문의 모두(冒頭)와 결론에서 선언적인 문제 제기만 있을 뿐 실제 논의는 개별 문학과의 상관성으로 이어지지 못하고 텍스트 자체에 대한 분석과 서술에만 그치고 있어 많은 아쉬움을 남긴다. 이밖에 『주씨명통기』와 관련된 연구 업적으로는 무기다니 구니오(麥谷邦夫)의 『주씨명통기색인(周氏冥通記索引)』,[84] 무기다니·요시카와의 역주본에 대해 비평, 정정 작업을

---

83 T. C. Russell, Revelation and Narrative in Zhoushi MingtongjiEarly Medieval China(1994), Vol. 1. 여기서는 중역본을 사용한다. T. C. 拉塞爾, 「周氏冥通記中的神啓和故事」『周氏冥通記硏究(譯註篇)』(濟南: 齊魯書社, 2010), 劉雄峰 譯, pp.281-310 참조.
84 麥谷邦夫, 『周氏冥通記索引』(京都: 京都大學 人文科學硏究所, 2003).

한 것들과 남북조 언어 자료로서 가치를 탐구한 것들이 있으나 이 글에서의 취지와 그다지 상관되지 않으므로 생략하기로 한다.

텍스트의 주체는 누구인가?

『주씨명통기』 텍스트는 비록 주자량을 저자로 표방하고 있지만 궁극적으로 누구의 입장에서 쓰였는가 하는 점과 관련하여 많은 문제를 야기한다. 우선 이 책의 내용은 주자량의 육필(肉筆) 수고(手稿)에 담긴 꿈과 환상으로 이루어져 있기 때문에 제1 저자로 당연히 주자량을 거론할 수 있을 것이다. 그러나 주자량의 사후 인근 산동(山洞)에서 유고(遺稿)를 발견하고 이를 정리하여 완성된 형태로 만든 다음 황제에게 보고한 스승 도홍경의 2차 저작 행위의 중요성을 간과할 수 없을 것이다. 도홍경은 일기 원문을 편집하는 과정에서 여러 가지 저술 작업을 했는데 그것들은 일기 원문에 주자량의 자주(自註)와는 별도로 자신의 주석을 첨가하고 4권으로 편차(編次)를 구성한 것, 전기를 작성한 것, 사후 이적(異蹟)을 추가한 것, 황제에의 계사(啓事)와 칙답(勅答)을 부록한 것 등이다. 우리는 이 과정에서 편집자인 도홍경의 의도가 개입했을 가능성을 배제할 수 없다.

우선 별도로 첨가한 주석의 경우 도홍경은 단순히 원문의 이해를 돕기 위해서뿐만 아니라 자신의 입장을 변해(辯解)하기 위해 이를 적극적으로 활용했다. 주자량은 선관들에게 스승인 도홍경의 자질과 향후의 운명 등 민감한 사항들에 대해 질문을 하고 설명을 듣는데 이러한 대화 내용 중의 일부는 도홍경의 예상을 벗어나기도 하여 도홍경은 이에 대해 주석으로서 의문과 당혹한 심정을 표출하거나 해명하기도 한다. 가령 도홍경의 신선 계제(階梯)에 관한 다음의 대화를 들어보자.

진인 왕자양(王紫陽)이 말씀하시기를, "정록군(定錄君)과 주자양(周紫陽)의 교훈은 실로 의미신장하니 그대가 분명히 기록해둘 만하다. 여기 구곡산(句曲山)에도 서너 사람이 하선(下仙)의 계제에 들어가는데 누구인지 알고 싶은가?"라고 하였다. 내가 여쭙기를 "스승인 도공(陶公)은 어떠하신지요?"라고 하니 대답하시기를 "만일 그대가 그와 같기만 하다면 신선을 기약하기가 어렵지 않을 것이다. 도씨는 하선 중의 상급에 들어간 지 오래이니 신선 범유충(范幼沖)과 같은 등급이다."라고 하였다.

(王君曰, 茅定錄及周紫陽所誡, 實爲深矣, 足爲子之實錄也. 此句曲山中亦有三四人入下仙品, 欲知之乎. 子良因問, 家師陶公何如. 答曰, 假令爾如其者, 則期眞不難也. 陶久入下仙之上, 乃范幼沖等也.)[85]

자신의 계제가 하선 중의 상급에 속한다는 선관의 대답에 대해 도홍경은 불만을 느꼈던 것 같다. 그는 불편한 심경을 주석에서 다음과 같이 표명한다.

다른 곳에서는 '중선(中仙) 중의 중급'이라고 되어 있는데 나중에 진한 먹빛으로 '하선(下仙) 중의 상급'이라고 되어 있으니 그 까닭을 모르겠다. "오래전에 들어갔다."고 말했으니 지금 태만하다 두 단계나 떨어졌나보다!

(一本作中仙之中, 後濃墨點作下仙之上, 未解所以. 旣云久入, 今當由怠替致降二階邪.)[86]

비록 태만하여 강등된 것이라고 해명하고 있으나 도홍경 심중의 의문

---

85 『周氏冥通記』, 卷3, 7월 9일 條.
86 위의 책.

은 가시지 않은 상태임을 알 수 있다. 이외에도 심지어 도홍경은 주석에서 선관의 언급에 대해 비판적인 태도를 보이기도 한다. 주자량의 6대조 주미(周眉)가 사냥에 탐닉하여 살생을 많이 했으니 육식을 금하라는 선관[87]의 충고 내용을 두고 도홍경은 다음과 같이 의문을 제기한다.

여남(汝南) 주씨(周氏)의 족보를 조사해보지 않아서 주미(周眉)가 진(晋)나라 어느 임금 때 초군(譙郡) 태수(太守)를 지냈는지 모르겠다. 살생의 죄는 실로 막대하지만 그가 이미 사(赦)함을 받았는데 지금에 와서 그 앙화(殃禍)가 후손에 미칠 것을 염려한다는 것은 조금 이해하기 어렵다……이 선관은 어떤 때는 '저', 어떤 때는 '나'라고 자칭하는데 이것 또한 이해가 안 된다.

(未檢汝南周家譜, 不知周眉晋何帝時爲譙郡. 殺戮之咎, 誠爲莫大, 但身尙以蒙釋, 方慮殃延苗裔, 小爲難解……此帥一僕一我, 亦未領.)[88]

자신의 견해와 다른 선관의 언급에 대해 이처럼 신랄한 비평을 가하는 그의 태도로 보아 우리는 초고(草稿) 상태에 있던 주자량의 유고가 도홍경의 편집 의도에 따라 정연한 체재(體裁)를 갖춘『주씨명통기』로 재구성되었을 것임을 추찰(推察)해볼 수 있다.

그렇다면 그의 편집 의도는 과연 무엇인가? 주지하듯이 도홍경은 남악 위부인 곧 위화존과 양희(楊羲), 허씨(許氏) 일가(一家) 등 영매 집단

---

87 『周氏冥通記』, 卷2. 6월13일 條: "但卿六世祖眉爲譙郡時, 尤好射獵, 殺傷無數. 賴其中時復營功德, 罪已得釋. 卿不宜復食肉, 食肉, 恐先源逮卿, 幸可愼之." 모산(茅山) 선궁(仙宮) 보명부(保命府)의 귀수(鬼帥) 범강오(范疆五)가 이와 같이 충고했다. 여기서는 선관으로 통칭했으나 도홍경은 그가 귀관(鬼官)이기 때문에 다소 하시(下視)했는지 모르겠다. 그러나 선궁에 속한 관리임에는 틀림없다.
88 『周氏冥通記』, 卷2, 6월13일 條.

의 강계(降啓) 내용을 수집, 정리하여 『진고』를 편찬했는데 그 목적은 모산(茅山)을 중심으로 한 상청파 도교의 확립에 있었다. 이러한 입장에 서 『주씨명통기』의 편집 방향은 『진고』를 상청파의 주요 경전으로 자리 매김하기 위한 의도와 깊은 상관이 있는 것으로 보이며 아닌 게 아니라 『주씨명통기』는 마치 『진고』를 인증하듯이 두 책의 내용은 긴밀한 조응 (照應) 관계에 있다. 이것은 도홍경의 주석이 상당 부분 『진고』에 바탕 하여 『주씨명통기』에 출현하는 인물과 사실을 설명하는 내용으로 이루 어져 있는 것만 보아도 알 수 있다. 다시 우리는 도홍경의 이와 같은 종 교적 열망의 이면에 존재하는 사회심리적 동기를 탐문해볼 필요가 있 다. 주지하듯이 남북조는 정치적 격변으로 인해 극심한 신분상의 동요 가 일어난 시기이다. 대거 몰락한 남조 귀족 집단이 당시 신흥 종교인 도교에 투신하여 그들의 상실한 지위와 권력을 피안(彼岸)의 이상 세계 에서 찾으려는 보충대리(補充代理)의 심리를[89] 우리는 도홍경, 주자량 아 니 그들의 선배인 양희, 허씨 일가, 더 거슬러 올라가 갈홍(葛洪) 등에게 서까지 찾아볼 수 있다.[90]

아울러 도홍경의 편집 의도와 관련하여 또 한 가지 주목해야 할 사실 은 이 책이 당시의 황제인 양 무제에게 헌상(獻上)하기 위한 목적도 지 니고 있었다는 점이다. 주자량의 명통(冥通) 사안(事案)을 보고하는 행 위는 중국의 황제가 상상계(想像界)에 대해서도 지배권을 발휘했던 전

---

[89] T. C. 拉塞爾, 「周氏冥通記中的神啓和故事」 『周氏冥通記硏究(譯註篇)』 (濟南: 齊魯書社, 2010), 劉雄峰 譯, p.303.

[90] 망국(亡國) 오(吳) 귀족의 후예로서 갈홍(葛洪)의 『포박자(抱朴子)』 저술 및 문학 창작 의 이면에도 이러한 심리가 적지 아니 작용한 것으로 보기도 한다. 이와 관련된 논의 는 大淵忍爾, 「葛洪傳考」 『岡山大學法文學部紀要』 (1958), 제10호, p.136, 정재서, 「葛洪文 學論 硏究―抱朴子 內外篇의 統一性에 立脚하여」 (서울대 중문과 석사학위 논문, 1981), pp.10-12 등 참조.

통과 관련되기도 하지만 호불(好佛)의 군주인 양 무제로부터 도홍경이 관할하는 모산 도교의 실체를 웅변하고 그로 인해 교권(敎權)을 공인받기 위한 행위이기도 하다. 『주씨명통기』는 도홍경의 이러한 정치적 목적도 치밀히 고려되어 편집된 2차 저작물인 것이다.

 이어서 우리는 모산 상청파 도교의 확립이라는 역사적 요인과는 별도로 개인 무의식의 형성과 관련하여 『주씨명통기』 텍스트의 주체 문제를 사유해볼 필요가 있다. 그것은 『주씨명통기』의 내용이 꿈과 환상으로 이루어져 있는데 이것들은 곧 주자량의 무의식을 구성하는 내용이기도 하기 때문이다. 라캉(J. Lacan)은 "무의식은 대타자(大他者, the Other)의 담론이다."라고 언명한 바 있다.[91] 이것은 주체의 욕망이 곧 대타자의 욕망이기도 함을 말한 것이다. 일찍이 아버지를 여읜 주자량에게 있어서 스승 도홍경은 결핍된 부성(父性)을 충족시켜주는 존재일 뿐만 아니라[92] 궁극적으로 달성하고자 하는 선도(仙道)의 체현자로서 결국 그의 대타자인 셈이다. 이렇게 본다면 『주씨명통기』에서 전개된 주자량의 꿈과 환상은 곧 그의 대타자 도홍경의 욕망이다. 우리는 『주씨명통기』의 내용 하나하나가 도홍경의 『진고』에 근거를 두고 있는 사실로부터도 주자량의 무의식 곧 『주씨명통기』가 대타자 도홍경의 담론임을 확인할 수 있다.

 이상과 같이 역사적 요인과 개인 무의식의 형성이라는 두 가지 측면에서 『주씨명통기』 텍스트의 진정한 주체가 누구인지 살펴보았을 때 그

---

91 조엘 도르(Joel Dor), 『라캉 세미나 · 에크리 독해(1)』(서울: 아난케, 2009), 홍준기 · 강응섭 옮김, p.224.

92 허려령(許麗玲)은 주자량이 엄격한 이모의 손에 의해 길러져 성적 정체성에 혼란이 올 정도였으나 도홍경을 만난 이후 결핍된 부성(父性)을 되찾은 것으로 그의 심리 상태를 분석한다. 許麗玲,「'周氏冥通記'初探」『周氏冥通記硏究(譯註篇)』(濟南: 齊魯書社, 2010), 劉雄峰 譯, pp.318-319

것은 표면상 주자량인 듯싶지만 실제적으로는 모호하거나 아니면 주자량과 도홍경 양자라고 볼 수 있는 여지를 지니고 있는 것이다.

3. 『주씨명통기』의 소설 원형과 문화 인식 구조

『주씨명통기』와 문학과의 관련성에 대한 본격적인 논의는 아직 출현하지 않았지만 단편적이나마 언급한 연구물로는 앞서의 고미나미, 러셀 등의 논저에 이어 첨석창(詹石窓)의 『도교문학사(道敎文學史)』를 비롯, 몇 편의 육조 소설 관련 논문들이 있다. 첨석창(詹石窓)은 『주씨명통기』를 이른바 '기몽서환체(記夢敍幻體)' 지괴로 규정하고 주자량의 내면 세계 곧 삶과 죽음의 갈등을 표현한 자전적 소설로 간주했다. 그리고 세밀한 묘사, 수미일관(首尾一貫)한 정절(情節) 전개, 소박한 문체 등을 장점으로 꼽으며 소설 중의 시가(詩歌) 삽입은 『한무제내전』과 『진고』의 구조를 계승한 것으로 지적했다.[93] 그외 이희운(李希運)은 『주씨명통기』의 출현을 육조 시대의 진부한 단편 에피소드에서 내면 심리를 다룬 소설로의 변천으로 간평(簡評)했는데[94] 주목할 만한 논평이지만 이를 뒷받침할 충분한 논증이 결여되어 있다.

이 글에서는 『주씨명통기』의 문학성과 관련한 기존의 단편적인 논의들을 참고하면서도 서언에서 언명한 바와 같이 이른바 '문학원형'의 차원에서 이 책에서 펼쳐진 도교적 상상력에 집중할 것이다. 다감한 청년 주자량의 종교 체험 즉 꿈과 환상의 일부 내용은 시대적 선후 관계를 떠나 육조 시대 혹은 그 이후에 저술된 수많은 신괴소설에서 공유되는 몇 가지 반복되는 모티프 즉 소설 원형으로서의 의미를 지니고 있다. 이에 따

---

93 詹石窓, 『道敎文學史』(上海: 上海文藝出版社, 1992), pp.167-175.
94 李希運, 「論六朝道敎志怪小說的創作」 『泰安師專學報』(1999), 제4기, p.22.

라 이제부터 『주씨명통기』에 나타난 소설 원형을 강림(降臨) 모티프, 선관(仙官) 취임 모티프, 고험(考驗) 모티프, 명계(冥界) 상봉 모티프 등으로 나누어 각각의 내용을 육조 지괴 및 당 전기 작품 등의 그것과 비교 검토하고 그 정신사적 기반을 탐구해보고자 한다. 다만 한 가지 유의할 것은 여기서의 모티프라는 개념은 단순한 이야기 주제를 넘어서 형식과 구조로까지 전화(轉化)될 수 있는 가능성을 포함하고 있다는 사실이다.

강림(降臨) 모티프

앞서 살펴보았듯이 주자량은 꿈속에서 선관의 강림을 목격하고 그로부터 계시를 받게 된다. 이러한 광경은 영매적 성향이 강한 상청파 도사들의 신변에서 자주 벌어지는데 상청파의 개조 위화존 역시 강림과 계시에 의해 종파를 열었고 다시 후계자인 양희, 허밀, 허연, 도홍경 등도 똑같은 방식을 통하여 상청파를 존속, 발전시켜나가며 이 과정에서 성립된 상청파의 주요 경전이 『상청대통진경(上淸大洞眞經)』, 『진고』, 『주씨명통기』 등인 것이다.

도경(道經)에서의 강림 모티프는 소설에서 자주 활용되는데 이 점에 대해서는 일찍이 고미나미가 『진고』와 『한무제내전』에서의 여선(女仙) 강림 장면의 유사성에 대해 지적한 바 있고[95], 이풍무(李豊楙) 역시 '신녀강진(神女降眞)'에 내재한 문학적, 종교적 함의(含意)에 대해 상론(詳論)한 바 있다.[96] 우선 『한무제내전』에서 서왕모가 한 무제의 궁전에 강림하는 장면을 예로 들어본다.

문득 보니 서왕모가 자주색 구름수레를 탔는데 아홉 가지 빛깔이 얼룩

---

95 小南一郎, 『中國的神話傳說與古小說』(北京: 中華書局, 1993), 孫昌武 譯, pp.294-297.

96 李豊楙, 『誤入與謫降』(臺北: 學生書局, 1996), pp.143-189.

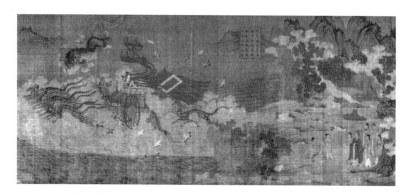

낙수(洛水) 여신의 강림. 동진(東晉) 고개지(顧愷之)의 「낙신부도(洛神賦圖)」.

진 용을 몰고 있었다. 따로 50명의 신선이 난여(鸞輿) 곁에 있는데 모두
키가 1장이며 채색 털로 된 부절(符節)과 금강인(金剛印)을 잡고 천책(天
策)을 두르고 궁전 아래에 도착하였다. 서왕모는 두 시녀의 부축을 받아
궁전에 올랐다. 시녀들은 나이가 16, 7세쯤 되었는데 푸른 비단 웃옷을
입고 아름다운 눈동자로 예쁘게 쳐다보며, 신령스러운 자태가 맑게 피어
나는 것이 참말 미인이었다. 서왕모는 궁전에 올라 동쪽을 향해 앉았다.
황금빛 치마를 입었는데 무늬가 선명하고 빛나는 자태가 기품이 있었
다……살펴보건대 나이는 30세쯤으로 몸매도 적당하여 천부적인 자태를
감추고 있고 용모도 비할 데 없이 빼어나 정말 신령스러운 사람이었다.

(唯見王母乘紫雲之輦, 駕九色斑龍. 別有五十天仙, 側近鸞輿, 皆身長一
丈, 同執彩毛之節. 金剛靈璽, 帶天策, 咸住殿下. 王母唯扶二侍女上殿, 侍
女年可十六七, 服青綾之圭, 容眸流盼, 神姿清發, 眞美人也. 王母上殿, 東
方坐, 著黃金褡屬, 文采鮮明, 光儀淑穆……視之可年三十許, 修短得中, 天
姿掩藹, 容顏絶世, 眞靈人也.)[97]

---

97 「漢武帝內傳」.

『한무제내전』에서의 묘사는 『진고』에서의 경우보다 문학적 수식이 가해져 더 화려하다. 서왕모는 이같이 강림하여 한 무제에게 갖가지 충고와 조언을 한 후 다시 승천한다. 이러한 강림과 승천의 행위는 문학 속에서 단순한 이야기 요소로서만 기능하지 않고 이야기의 일부 혹은 전체 구조로서 활용되기도 한다. 가령 한대(漢代)의 '동영우선(董永遇仙)' 설화에서 가난하지만 효성이 지극한 동

동영(董永)과 직녀(織女), 『백효도(百孝圖)』.

영에게 직녀(織女)가 하강하여 배필이 된 후 베를 짜서 빚을 갚아주고 다시 승천한다거나 나뭇꾼과 선녀 류의 설화들은 이러한 강림 모티프가 구조화된 경우라 할 것이다.

아울러 앞의 예문에서처럼 강림하거나 승천할 때 신선은 단독으로 등장하지 않고 많은 시종을 거느리며 화려한 의장(儀仗)을 갖춘 모습으로 나타나는 것도 한 특색이다. 모산의 선관 조위백(趙威伯)이 주자량에게 강림할 때에도 마찬가지였다.

시종이 12인인데 그중 2인은 소매를 걷고 두 개의 비녀를 꽂고 있었는데 그 비녀는 영가(永嘉) 지역 할머니들 스타일이었다. 자주색 장삼과 청색의 바지와 신발을 입고 신었는데 바지를 아주 넓게 입고 있었다. 그중 3인은 자주색 바지를 입고 평건(平巾)을 썼으며 각자 손에 패쪽을 들고

있었는데 패쪽의 글자는 알아볼 수 없었다. 또 7인은 모두 흰 색 바지와 흰색 버선을 신었는데 그 손에 역시 뭔가를 들고 있었다.

(從者十二人, 二人提裾, 作兩吉, 吉如永嘉老姥吉. 紫衫靑胯履, 縛胯極緩. 三人著紫胯褶, 平巾幘, 手各執簡, 簡上有字, 不可識. 又七人並白布胯褶, 白履鞾, 悉有所執.)[98]

고미나미는 이러한 현상에 대해 상청파 도교의 명상 수행인 존사(存思)의 과정에서 출현하는 신선들의 자태, 양상과 관련이 깊을 것으로 추리했다.[99] 그러나 존사 이전에 이러한 상상력을 가능하게 한 사회적, 제도적 근거가 있을 것이다. 그것은 베버(M. Weber)를 위시한 서구 학자들이 고대 중국 정치의 한 특징으로 자주 거론해온, 정연한 등급 체계에 의해 구성된 가산제(家産制)적 관료제이다.[100] 관원의 행차에는 품계에 따라 시종이 따르고 의장이 수반되는데 이러한 속계의 관료제가 선관의 강림과 승천에 그대로 반영된 것이다. 이것은 선계에서 신선의 품계를 육조 시대의 구품관인법(九品官人法)에 따라 9개의 등급에 기초한 18등급으로 나눈 것만 보아도 알 수 있다.[101] 『속선전(續仙傳)』의 김가기(金可記)가 승천할 때의 묘사를 통해서도 우리는 이러한 서사 방식이 소설 속에 자연스럽게 스며들었음을 알게 된다.

김가기(金可記)는 신라인이다. 빈공시(賓貢試)에 합격한 진사로 천성이 침착하고 도를 좋아하며 사치스러운 것을 숭상하지 않았다…… 2월

98　『周氏冥通記』, 卷1, 5월23일 條.

99　小南一郎, 『中國的神話傳說與古小說』(北京: 中華書局, 1993), 孫昌武 譯, p.297.

100　베버는 진(秦) 이후 엄격한 관료제적 질서가 과거의 신정(神政)적, 봉건적 질서를 대체한 것으로 보았다. 막스 베버, 『儒敎와 道敎』(서울: 文藝出版社, 1990), 이상률 역, p. 72.

101　『周氏冥通記』, 卷3, 7월9일 條.

25일 봄 풍경이 아름답고 꽃들이 만발한데 과연 오색 구름 속에서 학과 고니가 울고 퉁소, 생황 등 온갖 악기 소리가 들리더니 깃털 덮개와 옥 바퀴를 한 화려한 수레가 나타났다. 갖가지 깃발이 하늘에 가득 차고 호위하는 신선도 대단히 많은 가운데 하늘로 올라갔다. 늘어섰던 모든 사람, 구경꾼들이 산골짜기를 메웠고 모두 우러러 절하며 경탄해 마지않았다.

(金可記新羅人也. 賓貢進士, 性沈靜好道, 不尙華侈……二月二十五日, 春景姸媚, 花卉爛漫, 果有五雲, 唳鶴白鵠, 簫笙金石, 羽蓋瓊輪, 幡幢滿空, 仙丈極衆, 昇天而去. 朝列士庶, 觀者塡溢山谷, 莫不瞻禮歎異.)[102]

나아가 강림 시의 이러한 공공연한 의장 및 행렬은 서구의 신이나 천사, 성자 등이 강림할 때의 광경과 많은 차이를 보여준다. 서구의 경우 대개 천상의 존재가 위의(威儀)를 갖추지 않고 지상의 인간 곁에 혼자 살며 강림하는 경우가 많다. 이는 천상과 속계의 구분이 엄정한가, 연속적인가의 차이로서 서구와는 달리 동아시아에서는 천상도 속계의 연장으로 간주하느니만큼 선관 역시 관료제에 따라 상응한 격식을 갖추어야 하는 것으로 생각했기 때문이다.

선관(仙官) 취임 모티프
주자량은 예기치 않게 찾아온 모산 선계의 조위백(趙威伯)으로부터 그가 선관으로 발탁되어 곧 취임해야 한다는 통고를 받는다. 선계가 원시천존(元始天尊) 혹은 태상노군(太上老君), 옥황상제(玉皇上帝) 등을 정점으로 정연한 관료 체계를 지니고 있다는 것은 잘 알려진 사실이다. 이

---

102 沈汾, 『續仙傳』, 「金可記」.

역시 앞서 말한 바와 같이 세속의 관료제가 반영된 결과라 하겠다. 두말할 것 없이 이 정연한 등급 체계는 사실상 전통 시기 중국의 현실 실서를 지탱했던 유교의 위계질서 관념과 깊은 관련이 있다. 도교 역시 세속의 질서를 대변하는 유교의 입장을 수용하지 않을 수 없었던 것이다.

주자량은 선관 발탁을 통고받은 지 1년 반 후 결국 자살하여 모산 선계로 들어가는 것으로 되어 있다. 선관이 되어 선계로 간다는 것은 종교적 죽음의 또 다른 표현일 수 있다. 도교에서는 이러한 죽음을 시해(尸解)라고 부른다. 도인이 직접 하늘로 승천하는 천선(天仙)이나, 지상에서 죽지 않고 계속 살아가는 지선(地仙)이 되지 못하고 중도에 죽음을 맞을 경우 시해선(尸解仙)으로 간주 혹은 미화하는 경우가 많은데 이 경우 죽음의 방식에 따라 화해(火解), 수해(水解), 병해(兵解), 약해(藥解), 장해(杖解) 등으로 구분하기도 한다.[103] 주자량은 극약을 먹고 자살하여 선관이 되었으니 약해에 해당한다 할 것이다. 주자량이 조위백으로부터 선관 취임의 통지를 받는 상황을 『주씨명통기』에서는 다음과 같이 묘사하고 있다.

"그대는 전생에 복을 지어서 정법(正法)을 받을 만한데 금생에는 게다가 인신(人神)의 마음을 잃지 않았다. 사생부(死生簿)를 보니 그대의 수명은 아직 46년이 남아 있다. 그대가 사람으로 살면 마땅히 세상에 미련을 가질 것이고 죽어서 신명이 되면 또한 마땅히 명계(冥界)를 좋아하게 될 것이다. 솔직히 말해서 명계의 생활이 훨씬 더 좋다. 지금 우리 부중(府中)에 자리가 하나 비어 있는데 그대로 하여금 그것을 채우고자 한다. 이 일은 이렇게 결정되었으니 그대는 많은 얘기 할 것 없다. 내년 10월

---

103 시해선(尸解仙)에 대해서는 李豊楙, 『誤入與謫降』(臺北: 學生書局, 1986), pp.77-90, 정재서, 『不死의 신화와 사상』(서울: 민음사, 1994), pp.137-141 참조.

에 그대를 부를 것인데 준비가 좀 필요해서 오늘 특별히 내가 와서 알려주는 것이다. 만약 그대가 이 명을 거역하게 되면 삼관(三官)의 영부(令符)가 이르게 되니 그대는 신중하게 처신해야 할 것이다." 그러자 나는 두려움에 떨었다.

(卿前身有福, 得值正法, 今生又不失人神之心. 按錄籍, 卿大命乃猶餘四十六年. 夫生爲人, 實依依於世上, 死爲神, 則戀戀於幽冥. 實而論之, 幽冥爲勝. 今府中闕一任, 欲以卿補之. 事目將定, 莫復多言, 來年十月當相召. 可逆營辦具, 故來相告. 若不按從此命者, 則三官符至, 可不愼之. 子良便有懼色.)[104]

도인으로서 선관 취임은 명예로운 일임에도 불구하고 주자량이 선계로부터의 이러한 하명(下命)을 처음에 선뜻 받아들이지 못하고 두려움에 떨었던 것은 선관 취임이라는 것이 결국 죽음을 의미하기 때문이었다. 선관으로 임명되는 것은 전생에서 복덕(福德)을 쌓았거나 혹은 현세에서 도덕적으로 바르게 살았거나 수련을 하여 신선의 경지에 이르렀을 때 등인데 여기에서 우리는 불교의 응보관(應報觀)이 이미 도교에 수용되고 있음을 알게 된다. 그러나 샤머니즘 등에서 유래한 토착적 응보관 역시 여전히 강하게 남아 있다. 주자량의 선관 예비 교육을 위해 강림한 귀관(鬼官) 범수(范帥)는 그의 6대조가 사냥에 탐닉하여 살생을 많이 한 결과 그 죄가 미칠지 모르니 육식을 하지 말 것을 권고하는데 이러한 언급은『주역(周易)』에서 이미 출발하여[105] 샤머니즘적 성향이 강한한대(漢代)의 원시 도교 경전인『태평경(太平經)』에서 확립된 승부설(承

---

104 『周氏冥通記』, 권1. 5월23일 條.
105 『周易·坤卦·文言』: "積善之家, 必有餘慶. 積不善之家, 必有餘殃."

負說)[106]의 입장을 반영한다. 도교의 승부설은 불교 응보관의 주객관계가 자신-자신임에 비하여 조상-후손인 것에서 큰 차이를 보인다.

소설 속에서 선관 취임 모티프는 이러한 응보관의 여부와 관련 없이 내용의 중요한 구성 요소로서 혹은 죽음의 수사적인 표현으로서 자주 활용된다.

> 동진의 왕문도(王文度)가 광릉(廣陵)에 주둔하고 있을 때의 일이다. 어느 날 홀연히 마부 두 사람이 곡두판(鵠頭板)을 들고 나타나서 벼슬을 받으라고 하자 왕문도가 놀라서 "내가 무엇에 임명되었소?" 하고 물었더니 마부는 "평북장군(平北將軍)과 서주(徐州), 연주(兗州) 자사(刺史)가 되셨습니다."라고 대답했다. 왕문도가 "내가 이미 받았던 벼슬인데 어찌하여 또 부르신단 말씀이요?" 하자 귀신이 "그것은 인간 세상의 벼슬이지만 지금 받으신 것은 천상의 벼슬입니다."라고 했다. 왕문도가 몹시 두려워하고 있는데 잠시 후 검은 옷과 흰 옷을 입은 수많은 하급 관리들이 그를 맞으러 나타났다. 얼마 후에 왕문도는 병으로 죽었다.
>
> (晋王文度鎭廣陵, 忽見二騶, 持鵠頭板來召之. 王大驚問騶, 我作何官. 騶云, 所作平北將軍徐兗二州刺史. 王曰, 我已作此官, 何故復召邪. 鬼云, 此人間耳. 今所作是天上官也. 王大懼之, 尋見迎官玄衣人及鵠衣小史甚多. 王尋病薨.)[107]

한국 소설에서도 비슷한 용례를 발견할 수 있다. 대동강변(大同江邊) 부벽루(浮碧樓)에서 신녀(神女) 기씨(箕氏)를 만났다가 상사병에 걸린

---

106 승부설(承負說)에 대한 자세한 논의는 정재서, 「太平經의 성립 및 사상에 관한 시론」 『이화여대 한국문화연구원 논총』(1991), 제59집 참조.
107 劉義慶, 『幽明錄』(서울: 살림출판사, 2000), 장정해 역주, p.213.

홍생(洪生)이 꿈속에서 신녀로부터 선관이 되었다는 통보를 받고 죽는 다는 『금오신화(金鰲新話)』중의 「취유부벽정기(醉遊浮碧亭記)」 이야기가 그것이다.

『신선전(神仙傳)』에서는 선관 취임 모티프가 소설 속의 다른 의도를 표현하기 위해 활용되어 흥미를 더한다.

　　유안(劉安)은 아직 하늘에 올라가지 못했습니다. 지위 높은 선인들을 만나도 유안은 어려서부터 존귀하게 자라서 아랫사람의 예의를 거의 지키지 않습니다. 행동거지도 공손하지 않고 말하는 것도 오만하며 때로는 잘못하여 과인(寡人)이라고 자칭하는 일도 있었습니다. 이에 선인 중 높은 분이 유안에게 말하기를 "불경하니 마땅히 쫓아 보내야 하겠다."고 하였습니다. 팔공(八公)이 그를 위해 사과해서 겨우 용서를 받았습니다. 귀양 가서 변소 지키는 일을 3년간 한 후 직책 없는 선인이 되었으나 관직은 맡지 못하고 다만 불사를 얻고 있을 따름입니다.

　　(安未得上天, 遇諸仙伯, 安少習尊貴, 稀爲卑下之禮. 坐起不恭, 語聲高亮, 或誤稱寡人. 於是仙伯主者奏安云, 不敬, 應斥遣去. 八公爲之謝過, 乃見赦. 謫守都厠, 三年後爲散仙人, 不得處職, 但得不死而已.)[108]

회남왕(淮南王) 유안(劉安)이 비록 신선이 되긴 했으나 왕으로서의 거만한 자세 때문에 선계에서 배척을 받아 선관이 되지 못하고 변소지기를 3년이나 했다는 이 이야기는 선관 취임 모티프를 빌려 지배 계층의 행태를 풍자한 것이라 하겠다.[109] 드워스킨(Kenneth J. Dewoskin)은 이

108　『神仙傳』 권4, 「劉安」.
109　유안(劉安)의 득선(得仙)과 관련된 논의는 정재서, 『不死의 신화와 사상』(서울: 민음사, 1994), pp.190-192 참조.

러한 스토리에 당시의 제국 통치에 대한 민중의 불만이 표출되어 있다고 지적한다.[110]

고험(考驗) 모티프

주자량은 선관으로 취임하기에 앞서 일정한 고험(考驗)의 과정을 거쳐 그 자격을 검증받는다. 역시 그의 교육을 위해 강림한 선관 왕자양(王紫陽)과의 이와 관련된 대화를 들어보면 다음과 같다.

> 왕자양(王紫陽)이 말하였다. "만약 이렇게 해도 좋은데 다만 시험을 통과하지 못할까 걱정이다." 내가 그리하여 물었다. "몇 차례의 시험이 있습니까? 시험 내용은 어떠한 것입니까? 인간의 마음이 편벽되어 두려워하지 않을까 걱정됩니다." 왕자양이 말하였다. "두세 차례의 시험이 있을 것인데 가령 호랑이나 이리, 기묘한 소리와 괴이한 것들이 사람을 위협할 것이다. 그대가 그것들을 보았을 때 마음을 가라앉히고 냉정을 유지해야 하며 당황해서는 안 된다."
>
> (王紫陽曰, 得如此甚好, 但恐以試爲難耳. 子良因請問, 不審幾試, 試若大小. 恐肉人邪僻, 能不憂懼. 王曰, 當兩小試, 或爲虎狼, 或爲殊聲異形, 以怖於人. 爾見此時, 但靜心建意, 勿憧惶也.)[111]

본래 샤머니즘에서는 통과의례(通過儀禮)로서 입무과정(入巫過程)이 있으며 샤머니즘에서 기원한 도교 역시 이러한 요소를 지닌다 할 것인데 샤머니즘적 성향이 농후한 상청파 도교의 경우 고험의 과정은 필연

---

110 Kenneth J. Dewoskin, *Docters, Diviners, and Magicians of Ancient China: Biographies of Fangshih*(New York: Columbia University Press, 1983), pp.30-31.
111 『周氏冥通記』, 卷3, 7월9일 條.

적이라 할 것이다. 특히 신선
전기체 소설에서 고험담(考驗
譚)이 많이 삽입된다. 『신선전
(神仙傳)』의 호공(壺公) 설화를
예로 들어보자.

비장방(費長房)과 호공(壺公). 명(明) 왕세정(王世貞)의
『열선전전(列仙全傳)』.

다음에 호공(壺公)이 장방
(長房)을 호랑이 떼 속에 남
겨두자 호랑이가 이를 갈며
입을 벌려 장방을 물려고 하
였으나 장방은 두려워하지
않았다. 이튿날 다시 석실 속
에 집어넣었는데 머리 위에
한 개의 네모난 돌이 있어 넓
이가 수십 자로 그것을 새끼
줄에 매달아놓았다. 그러자 숱한 뱀이 와서 새끼줄을 물어뜯어 새끼줄은
곧장 끊어질 것만 같았으나 장방은 태연하였다. 다음에 장방에게 똥과
함께 길이가 한 치나 되는 구더기를 먹으라고 시켰는데 심한 악취가 나
서 장방이 곤란해 하였다. 호공이 탄식하고 그를 되돌려 보내며 "그대는
선도(仙道)를 얻을 수는 없겠고 지상의 주인으로 만들어주겠다. 그러면
수백 살을 살 수 있을 것이다."라고 말했다. 그에게 부적 한 두루마리를
전해주며 당부하기를 "이것을 지니고 있으면 수많은 귀신의 우두머리가
될 수 있고 언제라도 사자를 부르기만 하면 병을 고치고 재앙을 없앨 수
있다."고 하였다.

(公乃留房於群虎中, 虎磨牙張口, 欲噬房, 房不懼. 明日, 又內於石室中,

頭上有一方石, 廣數丈, 以茅絢懸之. 又諸蛇來齧繩, 繩卽欲斷, 而長房自若. 公至, 撫之日, 子可敎矣. 又令長房厭屎蛆, 長寸許, 異常臭惡, 房難之. 公乃嘆謝, 遣之日, 子不得仙道也. 賜子爲地上主者, 可得壽數百歲, 爲傳封符一卷. 付之日, 帶此可主諸鬼神, 常稱使者, 可以治病消災.)[112]

오광정(吳光正)은 '성선고험(成仙考驗)'을 중국 고대 소설의 중요한 원형 중의 하나로 거론한다.[113] 「두자춘(杜子春)」, 「위자동(韋子東)」 등의 전기(傳奇) 작품에서는 수도자가 도사의 지도에 따라 수련할 때 고험이 최후의 성패를 결정짓는 가장 중심적인 요소로 나타난다. 가령 「두자춘(杜子春)」에서 도사는 두자춘에게 이렇게 당부한다.

(도사가) 훈계하였다. "……결코 말을 해서는 아니되네. 비록 높은 신, 악귀, 야차, 맹수, 지옥이 나타나고 또 그대의 가족이 그들에게 붙들려 온갖 고초를 다 당한다 하더라도 모두 정말이 아니라네. 움직이지도, 말도 하지 말고 마음 편하게 겁내지 말고 있어야 하네. 그러면 끝내 아무런 고통도 없을 것이네. 내가 한 말을 꼭 명심하게나." 말을 마치자 가버렸다.

(戒日……愼勿語, 雖尊神惡鬼夜叉猛獸地獄, 及君之親屬, 爲所困縛萬苦, 皆非眞實. 但當不動不語, 宜安心莫懼, 終無所苦. 當一心念吾所言. 言訖而去.)[114]

두자춘은 온갖 어려운 시험을 다 견뎌냈으나 마지막에 자식이 죽는

112 葛洪, 『神仙傳』, 卷5, 「壺公」.
113 吳光正, 『中國古代小說的原型與母題』(北京: 社會科學文獻出版社, 2002), pp.169-192.
114 李復言, 『續玄怪錄』 「杜子春」.

환상을 보고 소리를 내어 모든 과정이 수포로 돌아가고 득선(得仙)에 실패한다. 그러나 이 소설에서는 고험 모티프를 통하여 역설적으로 인성주의(人性主義)를 강조하고 있다.

명계(冥界) 상봉 모티프

주자량은 꿈속 혹은 환상 중에 선관들의 인도를 받아 명계를 유력(遊歷)하기도 하는데 이 과정에서 이미 고인이 된 아버지에 대한 소식을 듣는다. 다시 말해서 직접적이든 간접적이든 사자(死者)와의 교신을 하게 되는 것이다. 이와 같은 상황은 다음과 같이 서술되어 있다.

> (조위백〔趙威伯〕이) 다시 나에게 말하였다. "그대의 부친은 과거에 잘못이 없다고는 할 수 없으나 사면된 지 이미 3년이 되었고 현재 상황은 별 일이 없네. 그 자신이 말하길 '무덤이 월(越) 땅에 있는데 비록 멀리 떨어져 있지만 옮길 생각은 없습니다. 그 남쪽 편에 묘 자리가 하나 있는데 거기에 묻어주면 좋겠습니다.'라고 하네. 이번에 함께 오려 했는데 서류 관계 일이 아직 안 끝나서 오지 못했네. 내년 봄에 왕씨 집안에 태어나게 되는데 전생의 죄과가 아직 끝나지 않아 다시 태어나게 된 거라네."
> (又於子良曰, 卿父昔不無小過, 釋來已三年, 今處無事也. 自云, 墳塚在越, 雖自羇廻, 亦不願移之. 南頭有一坎, 宜塞去. 其今欲同來, 有文書事未了, 不果. 明年春當生王家. 以其前過未盡, 故復出世.)[115]

이 대목에서 우리는 무덤을 죽은 자의 거처로 생각하는 전통적인 계

---

115 『周氏冥通記』, 卷1, 5월23일 條.

세(繼世)적 사후세계관(死後世界觀)과 인간이 업보에 따라 윤회 전생한다는 불교의 내세관이 공존하고 있음을 발견할 수 있다. 영매를 중심으로 교의(敎義)를 전파하는 상청파는 말할 것도 없지만 도교의 원시종교적 기원은 샤머니즘이고 이것은 조상숭배, 계세적 사후세계관 등과 긴밀한 관련을 맺고 있다. 아울러 이러한 관념이야말로 동아시아의 토착문화적 요소라 할 것이다. 그러나 불교 전입 이후 가속화된 삼교합일(三敎合一)의 풍조는 가장 토착적, 샤머니즘적 성향이 강한 상청파 도교에도 예외 없이 큰 영향을 미쳤다. 도홍경의 『진고』에서 이미 불교 용어및 불교적 취지가 빈번히 등장하지만 『주씨명통기』에서도 우리는 샤머니즘을 바탕으로 도교와 불교가 조화롭게 공존하고 있음을 엿볼 수 있다. 다시 주자량의 아버지와의 교신 내용을 들어보자.

　　잠시 후 다시 꿈에 두 사람이 보이는데 조위백이 전에 보냈던 황원평(黃元平)이라는 사람이 말하기를, "어제 비를 많이 못 내려줘서 유감일세. 다음 달에는 많이 내리게 하겠네. 어제 태산(太山)에 갔는데……자네 아버님이 말씀하시길, '지금 풍도(酆都)로 돌아가려 하는데 그대가 아들 있는 곳에 가게 되면 내가 지금 여기 와 있다고 얘기해주오.'라고 하셔서 지금 일부러 와서 말씀을 전하네."라고 하였다.

　　(須臾復夢見二人, 乃趙丞前所使黃元平者. 云, 昨雨恨不多, 來月中當更作. 昨往太山……尊府君言, 今還北宮, 君儻至子良處, 道我今來此. 今故來爲宣之.)[116]

　위와 같은 친족과의 교신 혹은 상봉 모티프는 명계나 이계를 무대로

116 『周氏冥通記』, 卷2, 6월24일 條.

한 소설에서 자주 나타난다. 물론 이것은 사후세계에 대한 사람들의 관심 그리고 죽은 사람들에 대한 추모(追慕)의 감정을 표현하는 것이기도 하지만 특히 죽은 아버지와의 상봉 이야기가 많은 것은 가부장적 종법사회(宗法社會)의 현실을 반영하는 것으로 보인다. 고대 중국에서 죽은 조상은 살아 있는 후손의 생활에 여전히 영향을 미치고 있어 기능적으로는 사회의 일원처럼 간주되었다고 해도 과언이 아니다. 『수신기(搜神記)』를 보면 호모반(胡母班)이라는 평민이 우연히 태산부군(太山府君)

태산부군(太山府君, 왼쪽).
『회도삼교원류수신대전(繪圖三敎源流搜神大全)』.

이 자신의 사위 하백(河伯)에게 편지를 보내는 심부름을 잘 수행하고 온 뒤 다음과 같은 일을 겪는다.

태산부군(太山府君)이 호모반(胡母班)을 만날 것을 요청한 뒤 말하였다. "마땅히 달리 보답하겠습니다." 호모반이 말을 끝마치자 뒷간에 갔다. 문득 그의 아버지가 형구(刑具)를 차고 강제노동하고 있는 것을 보았는데 이런 무리가 수백 명이었다. 호모반이 나아가서 절하고 눈물을 흘린 뒤 묻기를, "아버지께서 무엇 때문에 이런 일을 하십니까?" 하니 아버지가 말하였다. "내가 죽고 나서 불행하여 3년 동안 이런 일 하도록 되어 있는데 지금 이미 2년이 되었지만 곤란하고 괴로워서 살 수가 없구나.

너는 지금 태산부군의 지우(知遇)를 받은 것으로 알고 있다. 나를 위하여 태산부군께 말씀드려 이 고역을 면제하도록 요구해다오. 바로 토지신(土地神) 자리를 얻고자 할 따름이다." 호모반이 곧 아버지의 가르침대로 머리를 조아리며 태산부군에게 애걸하자 태산부군이 말하였다. "산 사람과 죽은 사람은 차원이 다르니 서로 가까이 해서는 안 됩니다. 나 자신에게는 아까울 것이 없습니다마는." 호모반이 괴롭도록 요청하자 태산부군이 바로 허락했다. 그래서 태산부군에게 작별을 고하고 집으로 돌아갔다.

(府君請曰, 當別再報. 班語訖, 如厠. 忽見其父著械徒作, 此輩數百人. 班進拜流涕, 問, 大人何因及此, 父云, 吾死不幸, 見遣三年, 今以二年矣, 困苦不可處. 知汝今爲明府所識, 可爲吾陳之, 乞免此役, 便欲得社公耳. 班乃依敎, 叩頭陳乞. 府君曰, 生死異路, 不可相近, 身無所惜. 班苦請, 方許之. 於是辭出, 還家.)[117]

이러한 부자 상봉 혹은 부자 교신의 이야기 모티프는 전기 『남가태수전(南柯太守傳)』에서도 나타난다. 주인공이 나무 밑의 개미 왕국에 들어가서 공주와 결혼하여 부마(駙馬)가 된 후 그는 이미 고인이 된 아버지로부터 편지를 받고 슬퍼한다. 명계와 마찬가지로 이계에서는 시공을 초월한 교신이 가능한 것이다.

며칠 후 (아버지로부터) 답장이 왔다. 생(生)이 편지 내용을 검토해보니 모두 아버지 평생의 자취이며 편지 속에서 그리워하고 가르침에 있어 그 간곡한 마음이 과거와 똑같았다. 친척들의 안부와 고향의 형편을 물어보았고 길이 멀리 떨어져 있고 소식이 닿지 않음을 말씀하였는데 의미

---

117 干寶, 『搜神記』(서울: 자유문고, 1997), 전병구 역주, p.101.

가 비통하고 표현이 슬펐다. 또 생으로 하여금 보러 오라 하지 않고 정축년(丁丑年)에 꼭 만나게 될 것이라고 말씀하였다. 생은 편지를 안고 흐느껴 우니 감정을 주체하기 어려웠다……생은 남가일몽(南柯一夢)의 허망함을 느껴 인생의 덧없음을 깨닫고 마침내 도의 길에 마음을 두어 주색(酒色)을 단절하였다. 3년 후 정축년에 집에서 죽었다.

(数夕还答. 生验书本意, 皆父平生之迹, 书中忆念教诲, 情意委曲, 皆如昔年. 复问生亲戚存亡, 闾里兴废. 复言路道乖远, 风烟阻绝. 词意悲苦, 言语哀伤. 又不令生来觐, 云岁在丁丑, 当与汝相见. 生捧书悲咽, 情不自堪……生感南柯之浮虚, 悟人世之倏忽, 遂栖心道门, 绝弃酒色. 后三年, 岁在丁丑, 亦终于家.)[118]

개미왕국에서 받은 아버지의 편지에서 정축년(丁丑年)에 꼭 만나게 되리라고 했던 말은 그가 정축년에 죽을 것임을 암시한 것이었다. 왜냐하면 저승 사람인 아버지를 만나는 일은 죽어서야 이룰 수 있는 일이기 때문이다.

맺는 말

양 무제 때의 젊은 도사 주자량의 선관들과의 대화록인 『주씨명통기』는 단순한 개인의 일기를 넘어 우리에게 종교와 문학의 근원적 상관성, 당시 사람들이 공유했던 정신세계, 그리고 그러한 정신의 연속성 등을 생각하게 하는 등 다층적인 관심을 불러일으킨다. 이 글에서는 서언에서 기도했던 것처럼 『주씨명통기』의 문학 원형과 그것을 가능케 한 정신사적 기반을 탐색하기 위하여 우선 이 책의 성립과 내용 그리고 연구

---

118 李公佐, 『南柯太守傳』.

동향, 텍스트의 성격 등을 살펴보고 이 책에 담긴 소설 원형을 강림(降臨) 모티프, 선관(仙官) 취임 모티프, 고험(考驗) 모티프, 명계(冥界) 상봉 모티프 등으로 나누어 각각의 문화적 배경과 육조(六朝) 지괴 혹은 당(唐) 전기와의 공유 혹은 수용 관계를 고찰해보았다. 그 결과『주씨명통기』텍스트의 성립 주체는 주자량과 그의 대타자(大他者)인 도홍경으로 간주할 수 있으며 이 책에서 전개된 상술한 여러 소설 원형들이『수신기(搜神記)』,『유명록(幽明錄)』,『한무제내전(漢武帝內傳)』,『신선전(神仙傳)』,「두자춘(杜子春)」,「위자동(韋自東)」,『남가태수전(南柯太守傳)』등 저명한 지괴, 전기 작품들 속에서 모티프, 구조 등의 측면에서 공유 혹은 수용되고 있음을 알 수 있었다.

이 글에서는 이러한 작업을 통해『주씨명통기』에서 꿈과 환상으로 전개된 도교 서사적 상상력이 개인의 백일몽에 그치지 않고 육조 및 당의 소설에서 공히 기능하는 문학 원형으로서의 지위를 지니고 있는 문화적 실체임을 확인할 수 있었다. 이것은『주씨명통기』에 담긴 문학 원형 이면에 깔려 있는 관료제라는 유교적 현실 질서, 계세(繼世)적 사후세계관(死後世界觀), 응보관(應報觀), 윤회설(輪回說) 등의 유, 불, 도 삼교가 샤머니즘을 바탕으로 조화롭게 결합하여 육조 시대인 공통의 정신사적 기반을 형성하고 있으며 후대에 대해서도 일정한 연속성을 지니고 있음을 입증한 것이라 할 수 있다. 다시 말해 꿈은 혼자 꾸면 그저 꿈이지만 여럿이 꾸면 현실이 되듯이『주씨명통기』에서의 꿈과 환상은 개인의 백일몽이 아니라 육조 시대 집단 현실의 소산(所産)이었던 것이다.

제3부

한국 도교 설화에 대한
비교학적 검토

제6장 『해동이적(海東異蹟)』의 초월적 존재자들

　한국 도교의 기원에 대해서는 자생설과 외래설이 대립하고 있다. 자생설은 고조선 이래로 한국에는 고유한 선도(仙道)가 존재했고 그것이 신라의 화랑, 조선의 단학파(丹學派) 등을 거쳐 면면히 계승되어오고 있다는 견해로 주로 국내 학자들에 의해 주장되고 있다. 외래설은 고구려 보장왕(寶藏王) 때 연개소문(淵蓋蘇文)의 주청(奏請)에 의해 도교가 공식적으로 전입되었고 이후 끊임없이 중국 도교의 영향을 받아왔다는 입장으로 주로 중국, 일본 등의 국외 학자들에 의해 지지되고 있다. 이에 대해서는 별도의 치밀한 논의가 필요할 것이지만 앞서 중국 문명론의 기원에 대한 검토에서도 시사했듯이 도교의 발상지로 추정되는 발해 연안이라는 고대 문화의 경합 지역을 속지주의적 문화사관을 극복한 다원주의적 문화론의 입장에서 바라보아야 할 것이라는 명제는 이 사안에 대해 큰 의미를 지닌다.[1]

　한국 도교 자생의 여부를 떠나 현상론적으로 한국에서는 고대부터 근대에 이르기까지 시대에 따라 부침은 있었지만 도교가 한국 문화의 중요한 조성 부분의 하나로 자리잡아왔고 이 과정에서 형성된 한국 도교 나름의 역사적 경험들은 주로 설화의 형식을 통하여 표현되었다. 한국

1　이에 대한 제반 논의는 정재서, 『한국 도교의 기원과 역사』(서울: 이화여자대학교출판부, 2006), pp.69-92 참조.

의 도교 설화는 고대부터 발생하여 사서(史書)와 개인 문집, 설화집 등에 산견(散見)되어 전해 내려오다가 비교적 늦은 시기인 조선 중, 후기에 이르러서야 전문적인 신선 전기집으로 집성된다. 여기에 대해서는 두 가지 이유를 생각해볼 수 있다. 한 가지는 임진왜란과 병자호란 이후 정치, 사회, 사상의 동요가 독선기신(獨善其身) 혹은 현실 도피의 풍조를 낳아 신선 전기집 편찬의 여건을 조성했을 경우이다. 다른 한 가지는 조선 후기에 노론 집권 세력에 의해 소외된 남인, 소론계 방외인사(方外人士)가 신선, 도가 사상에 탐닉하여 신선 전기집의 찬술(撰述)에 관심을 가졌을 가능성이다.

조선 중, 후기에 성립된 신선 전기와 계보에 관한 저술 중 대표적인 것으로는 한무외(韓無畏)의 『해동전도록(海東傳道錄)』, 조여적(趙汝籍)의 『청학집(靑鶴集)』, 홍만종(洪萬宗)의 『해동이적(海東異蹟)』, 이의백(李宜白)의 『오계일지집(梧溪日誌集)』 등을 들 수 있다. 먼저 이들의 성립, 내용 등에 대해 간략히 살펴보면 다음과 같다.[2]

『해동전도록(海東傳道錄)』은 조선 중기의 도인 한무외(韓無畏)(1517-1610)가 찬술한 한국 도교의 계보에 관한 책이다. 이 책에 의하면 당(唐) 문종(文宗) 시기에 신라인 김가기(金可記), 최승우(崔承祐), 승(僧) 자혜(慈惠) 등 3인이 중국에서 천사(天師) 신원지(申元之)와 진인(眞人) 종리권(鍾離權)으로부터 도를 전수받았다고 한다. 이후 신라의 승(僧) 현준(玄俊)도 입당(入唐)하여 시해법(尸解法)을 배웠고 최치원은 최승우, 현준 등의 도법을 계승하여 해동단학(海東丹學)의 비조(鼻祖)로 칭해진다. 이 책은 이후 고려의 권청(權淸), 조선의 김시습(金時習) 등을 거쳐 한무외 자신에 이르기까지의 한국 선파(仙派)의 도맥(道脈) 전수 과정을 밝

---

2 이하 각 책에 대한 해제는 위의 책, pp.46-50 참조. 논지 전개상 배경 지식으로 필요한 자료들이어서 전재(轉載)했음을 밝혀둔다.

히고 있다. 김시습 이전의 계통
은 허구(虛構)된 것으로 보이며
조선 내단학(內丹學)의 연원을
중국의 전진교(全眞敎)에서 찾
으려는 경향이 엿보인다.

다음으로『청학집(靑鶴集)』은
조선 중기의 도인 조여적(趙汝
籍)(1588 전후)이 스승인 청학
상인(靑鶴上人) 위한조(魏漢祚)
를 둘러싼 선파(仙派) 인물들의
계보 및 행적과 담화를 잡기(雜
記) 형식으로 기록한 책이다.
서두에 운학선생(雲鶴先生) 이
사연(李思淵)의 사적을 소개하
면서 조여적을 중심으로 한 사

종리권(鍾離權),
명(明) 왕세정(王世貞)의『열선전전(列仙全傳)』.

승(師承) 관계를 거론한 다음 한국 선파의 계통을 제시하고 있다. 그리
고 그 다음부터는 여러 선인들의 생애, 도술, 문학, 일화 등에 대해 서
술하고 있다. 이 책에서는 한국 선파의 조종(祖宗)을 환인진인(桓因眞
人)으로 설정하고 있는데, 환인진인은 그 아들 환웅천왕(桓雄天王)에게
도를 전하고 환웅천왕은 단군(檀君)에게 전했으며, 단군은 소를 타고
다니면서 백성을 다스린 지 1048년에 아사달(阿斯達)에 들어가 신선이
되었다고 한다. 그 후 문박씨(文朴氏)가 단군의 도를 전하여 후대로 이
어진다. 조선에 들어와서는 전술한 도맥과 직접적으로 연계되지는 않
으나 연산군(燕山君) 때의 이혜손(李惠孫)으로부터 저자인 조여적까지
의 사승 관계와 행적이 비교적 소상히 기록되어 있다. 이 책의 이러한

선파 계보는『해동전도록』의 그것과 일치하지 않아 아마 다른 계통인 것으로 생각된다. 아울러 이 책에서는『해동전도록』이 중국 전진교와의 관련성을 시사한 데 비해 단군 신화를 한국 도교의 연원과 관련시키고 있는 것으로 보아 민족주의적 취지가 다분하다 하겠다.

다음으로『해동이적(海東異蹟)』은 조선 중기의 문인 홍만종(洪萬宗) (1645~1725)이 지은 전문적인 신선 전기집이다. 고조선으로부터 조선에 이르기까지 역대의 저명한 선인을 시대 순으로 배열, 소개했다. 수록된 인물은 상고의 개국조(開國祖)인 단군, 혁거세(赫居世), 동명왕(東明王) 등을 비롯 신라의 김가기(金可記), 최치원(崔致遠), 고려의 강감찬(姜邯贊), 조선의 김시습(金時習), 정렴, 남사고(南師古), 곽재우(郭再祐) 등 38 명에 달한다. 이들 38명 중 11명은『해동전도록』상의 인물과 일치한다. 홍만종이 이 책을 찬술한 배경에는 중국의『열선전(列仙傳)』처럼 한국 에도 신선이 존재한다는 사실을 입증하기 위한, 그리고 한국 도교가 자 체의 기원을 갖고 있다는 역사적 사실을 부각시키기 위한 민족주의적 의 도가 깔려 있다. 이 책은 저명한 문인에 의해 찬집(撰集)된 한국의 선가 (仙家)적 존재들에 대한 가장 체계적인 서술이라는 점에서 한국 도교학 상 중요한 의의를 지닌다. 후일 황윤석(黃胤錫, 1729~1791)은 이 책을 읽 고, 누락된 인물들을 보충하고 간략한 기록에 증익(增益)하여 수록 인원 이 102명으로 확대된『해동이적보(海東異蹟補)』를 찬술하게 된다.

마지막으로『오계일지집(梧溪日誌集)』은 조선 후기의 도인 이의백(李 宜白, 1711~?)이 한국 선가(仙家)의 원류, 행적 등에 대해 기록한 책이다. 당시 불우한 지식인이었던 이의백은 도인 한휴휴(韓休休)의 제자가 되 어 산수 간을 소요하며 여러 도인들과 교유하고 그 견문을 문집으로 엮 어내었다. 내용은 크게 세 부분으로 나눠 볼 수 있다. 첫째로 고조선과 삼국 시대의 주요 선가 인물들에 대한 서술이다. 이는 한국 도교가 자생적이고 그 연원이 중국에 있지 않음을 표명한 것이다. 따라서 단군이 한국 선파의 조종으로 존봉(尊奉)되고 있다. 둘째로 고금의 선인, 일사(逸士)들의 기이한 행적에 대한 소설적 서술이다. 한휴휴, 선우도사(鮮于道士), 보덕선녀(寶德仙女), 최치원 등의 도술, 문학 등 유선적 생활에 대해 묘사하고 있다. 셋째로 도교 방술 및 도서에 관한 부분이다. 시해법, 기문(奇門), 풍수, 점복(占卜), 부주(符呪) 등을 시행, 증험(證驗)했던 사례를 기록하고 있으며 스승 한휴휴가 소지한 점서(占書)인『홍연진결(洪煙眞訣)』, 환웅이 지었다는 한국 고래의 선경(仙經)인『현묘결(玄妙訣)』등에 대해 상술(詳述)하고 있다. 저자 이의백은『청학집』에서의 중요한 인물이었던 이사연의 4대손이다. 따라서 이 책 내의 도교인물들은 계보상으로나 사상적 지향으로나『청학집』과 친연성이 있으며『해동전도록』과는 다소 거리가 있다 할 것이다.

이상으로 한국의 대표적인 신선 전기와 계보에 관한 저술들의 성립, 내용 등을 살펴보면『해동전도록』을 제외하고 모두 한국 도교의 자생설에 입각해 있으며 다분히 민족주의적인 성향을 띠고 있음을 알 수 있다. 이러한 성향은 단군 신화를 중심으로 형성되고 유전되어온 반외세(反外勢)적 주체 의식, 도교가 본래 지니고 있는 주변 문화적, 반가치(反價值)적 속성 등에서 유래된 것으로 보인다. 이제 한국의 신선 설화 속에 중국 신화와 도교의 상상력이 어떻게 투영되어 있는지 아울러 그것의 수용과 변용 또는 변별되는 차이성이 무엇인지 검토해보고자 한다.[3] 이 글에서는 특히 최초의 신선 전기집이라 할『해동이적』을 증보한『해동이

---

3 이 방면의 연구는 많지 않은데 정선경이 시공간성을 중심으로 한중(韓中) 신선 설화의 비교를 시도한 바 있어 주목을 요한다. 정선경, 「중한 신선 고사의 시간성 비교 고찰─ '태평광기'와 '해동이적'을 중심으로」『중국어문학논집』(2002), 제23호 및 「한중 신선 설화의 탐색─시간과 공간에 주목하여」『중국어문학논집』(2005), 제40호 참조.

적보』를 중심으로 한국 도교 설화에 등장하는 신선들을 분석할 것인데 그들의 성격과 양태(樣態)도 한결같지는 않으므로 실화의 주인공인 신선들을 크게 내단수련가(內丹修鍊家), 술사(術士) 및 이인(異人), 신인(神人) 이 세 부류로 나누어 케이스 스터디해보기로 한다. 이러한 분류는 『태평광기(太平廣記)』 등 전통 유서(類書)의 획분(劃分) 방식에서 보듯이 서사의 기능에 따른 분류보다 개별 설화에 대한 통합적 인식을 더 잘 보여주기 때문이다.[4]

1. 내단수련가(內丹修鍊家)

한국 선가의 계보를 찬술한 한무외(韓無畏)의 『해동전도록(海東傳道錄)』을 보면 중국에서 유행했던 종려금단도(鍾呂金丹道)가 입당 유학생인 최치원 등을 통하여 신라에 전래되고 내단 수련의 전통이 이후 조선의 김시습, 정렴 등 단학파 도인들에게 이어지는 것으로 서술하고 있다. 내단 수련은 실행에 일정한 시간과 공간이 확보되어야 하고 수련 과정에서 우주론, 심성론 등에 대한 이론 모색을 필요로 하므로 단학파를 위시한 사족(士族) 계층에서 주로 이루어졌다. 한국의 신선 설화 중에서 이러한 내단 수련의 과정을 극명히 보여주는 사례로는 조선 중기의 문인 허균(許筠)이 지은 실명 소설 「남궁선생전(南宮先生傳)」을 들 수 있다. 「남궁선생전」은 다시 홍만종의 『해동이적』에 스승인 권진인(權眞人)의 전기인 「권진인」으로 입전되었던 바 그 내용의 흐름에 따라 살펴보면 다음과 같다.

---

4 중국에서는 전통적으로 설화의 행위 주체에 중점을 두지만 서구의 유형학에서는 행위, 기능 등을 분류 기준으로 삼는다. 정재서, 『不死의 신화와 사상』(서울: 민음사, 1994), p.128, 주 4 참조.

치상산(稚裳山)의 권진인
(權眞人)은 도인 남궁두(南宮
斗)의 스승이다. 남궁두는 을
묘년(乙卯年)에 비로소 사마
시(司馬試)에 급제하고 일찍
이 임피(臨陂)에 살았었는데
애첩을 두고 있었다. 그의 당
질(堂姪)이 몰래 그녀와 사통
(私通)하는 일이 있어 남궁두
는 두 사람을 죽이고 죄를 피
하여 머리를 깎고 승려가 되
었다.

(稚裳權眞人, 道人南宮斗
之師也. 始斗中嘉靖乙卯司馬,
嘗居臨陂, 有嬖妾. 其堂姪潛
與之私, 斗並殺其二人, 避罪落髮爲僧.)[5]

여동빈(呂洞賓),
명(明) 왕세정(王世貞)의 『열선전전(列仙全傳)』.

이야기는 남궁두가 사통한 첩을 죽이고 도주하여 중이 되는 것으로
시작된다.[6] 이러한 설정은 중국의 신선 설화에서도 자주 보인다. 득도
하기 위해서는 주(酒), 색(色), 재(財), 기(氣)를 단절해야 하는데 설화에
서는 색을 단절시키는 방편이 대개 아내나 첩이 사통하여 환멸을 느끼

---

5 번역과 원문은 다음의 책 참조. 홍만종 편집, 황윤석 증보, 『증보 해동이적』(서울: 경인
   문화사, 2011), 신해진 · 김석태 역주, p.104.
6 남궁두의 출신과 행적이 대부분 사실이라는 것은 일찍이 최삼룡의 연구에서 밝혀졌다.
   최삼룡, 『한국문학과 도교사상』(서울: 새문사, 1990), pp.218-224.

게 되는 가정 불행으로 나타난다. 원(元) 마치원(馬致遠)의 잡극 「개단천교황량몽(開壇闡敎黃粱夢)」을 보면 정양자(正陽子) 종리권(鍾離權)이 속세의 욕망에 빠져 있는 여동빈(呂洞賓)을 도탈(度脫)시키기 위해 낮잠을 자게 한다. 기장밥이 익는 동안 여동빈은 꿈속에서 고관대작으로 살며 부귀영화를 누리다가 아내의 부정을 목격하는 등 갖가지 불행을 겪은 후에 속세를 버리고 도교에 입문한다.[7] 이러한 모티프는 『해동전도록』을 저술한 한무외의 삶에서도 보인다. 한무외는 고향인 청주(淸州)의 관기(官妓)와 사랑에 빠져 그 남편을 죽이고 도주하여 결국 도인의 삶을 살게 되기 때문이다.[8]

도주 끝에 남궁두는 어떤 이승(異僧)을 만나게 되고 이승은 자기의 스승인 권진인을 소개한다. 남궁두는 치상산(稚裳山)의 권진인을 찾아 일 년이나 헤매다 마침내 은거지를 발견하게 된다.

우연히 한 골짜기에 이르렀더니 시냇물이 수풀 사이로 흘러내리는데 커다란 복숭아씨가 떠내려왔다. 남궁두는 마음속으로 기뻐하여 "이 계곡 속이야말로 선사(仙師)께서 계신 곳이 아닐까?" 여기고는 걸음을 재촉하여 물줄기를 따라 몇 리 정도 올라가다가 우뚝 솟은 봉우리를 쳐다보니, 소나무와 삼나무가 햇빛을 가리고 있는 곳에 세 칸으로 된 허름한 집이 있었다.

(忽到一洞, 有川注於林薄間, 流出大桃核. 斗心欣然曰, 是中, 莫是仙師所否. 促步沿流可數里許, 仰觀一峯陡起, 松杉翳日, 中有素屋三楹.)[9]

---

7   「개단천교황량몽(開壇闡敎黃粱夢)」에 대한 분석은 정재서, 『不死의 신화와 사상』(서울: 민음사, 1994), pp. 284-290 참조.

8   柳夢寅, 『於于野談』 「仙道部」: "韓無畏西原儒士也. 少時好任俠, 擅西原官妓, 一日殺妓夫避仇, 入關西寧邊去焉. 遇校生郭致虛學秘方, 泛濫仙佛, 年八十雙目炯然, 鬚胡如漆."

9   홍만종 편집, 황윤석 증보, 앞의 책, p.105.

계류(溪流)를 따라 흘러내려 오는 사물을 통해 낙원을 찾는 다는 모티프는 도연명(陶淵明) 의 「도화원기(桃花源記)」이래 신선 설화에서 애용하는 클리 셰(cliche)가 되었다. 특히 득도 자를 찾아가는 주제와 관련된 것으로는 유의경(劉義慶)의 『유 명록(幽明錄)』에 실린 유신(劉 晨)·완조(阮肇) 설화가 있다. 유신과 완조가 천태산(天台山) 에 약초를 캐러 갔다가 계류에 떠내려오는 표주박 속에 들깨 밥이 담긴 것을 보고 인가(人 家)를 발견하여 선녀를 만났다 는 설화가 그것이다.[10]

유신(劉晨)과 완조(阮肇), 명(明) 왕세정(王世貞)의 『열선전전(列仙全傳)』.

남궁두는 마침내 권진인을 만났으나 그는 쉽사리 제자로서 받아들이 질 않는다. 남궁두는 사흘 동안 밤낮으로 간청하여 겨우 허락을 받는다.

> 노승이 그를 그윽이 바라보더니 웃으면서 "그대는 참을성이 있는 사람 이로다. 우둔하고 꾸밈이 없는 성품이니 다른 방술(方術)은 가르쳐줄 수 가 없겠고, 오직 죽지 않는 방술만은 가르쳐줄 수가 있겠네." 하자 남궁 두는 일어나서 절하며 말하기를 "그것만으로도 충분하온데 어찌 다른 것

---

10 劉義慶, 『幽明錄』「劉晨·阮肇」: "見蕪菁葉從山腹流出, 甚新鮮. 復一杯流出, 有胡麻飯糝. 相謂曰, 此知去人俓不遠."

위백양(魏伯陽)의 『주역
참동계(周易參同契)』.

을 구하고자 하겠습니까?" 했다.

　　(長老熟視之, 笑曰, 君忍人也. 推朴不可訓他技, 唯可以不死敎之. 斗起
而拜曰, 是足矣. 奚用他求.)[11]

　　신선 설화에는 입문자와 스승이 처음 만날 때 입문자의 자질을 시험하
는 에피소드가 자주 삽입된다. 수련을 위해 강력히 요구되는 그 자질은
인내심이다. 인내심의 자질을 확인하기 위해 황석공(黃石公)은 이교(圯
橋)에서 일부러 신발을 떨어뜨리고 장량(張良)에게 주워오도록 시킨다.[12]
이러한 인내심은 결국 지속적인 수련의 성패를 결정하기 때문이다.

　　남궁두의 자질을 확인한 스승은 이후 본격적으로 수련법을 가르친다.
정신집중을 위해 먼저 잠을 안 자는 훈련을 시키고 이어서 『참동계(參
同契)』, 『황정내외경경(黃庭內外景經)』 등의 도서(道書)를 숙독시키고 곡

11　홍만종 편집, 황윤석 증보, 앞의 책, p.106.
12　司馬遷, 『史記』, 卷55, 「留侯世家」: "良嘗間從容步游下邳圯上, 有一老父, 衣褐, 至良所,
　　直墮其履圯下, 顧謂良曰, 孺子, 下取履. 良鄂然, 欲毆之. 為其老, 彊忍, 下取履. 父曰, 履
　　我. 良業為取履, 因長跪履之. 父以足受, 笑而去. 良殊大驚, 隨目之. 父去里所, 復還, 曰孺
　　子可敎矣. 後五日平明, 與我會此."

식을 끊는 벽곡법(辟穀法)을 가
르친다. 본래 외단서(外丹書)였
던 『참동계(參同契)』는 당대(唐
代) 이후 내단(內丹) 수련이 주
류가 되어서도 내단서로 활용
되고 있으며 상청파 계통의 도
경인 『황정내외경경(黃庭內外
景經)』이 읽히고 있는 것으로
보아 내단 수련과 존사법(存思
法)이 함께 행해졌음을 알 수
있다.

왕자교(王子喬).
명(明) 왕세정(王世貞)의 『열선전전(列仙全傳)』.

남궁두의 수련이 순조롭게
진행되자 스승은 격려할 뿐만
아니라 주도면밀하게 곁에서 보살피며 당부한다.

남궁두가 이곳에 머무른 지 6년이 되니, 노승이 말하기를 "그대는 비
범한 골상이 갖추어져 의당히 신선이 되어 하늘에 오를 수 있겠으나, 설
령 그 다음이라 해도 중국의 선인들인 왕자교(王子喬)나 전갱(錢鏗) 정도
는 될 터이네. 그러니 욕심이 비록 일어나더라도 다만 참아야만 하네. 무
릇 욕심이 먹는 것과 여색에 관한 것이 아니라고 하더라도 일체의 망상
은 모두 진리에 해로우니 모름지기 모든 집착을 없애고 텅 빈 마음으로
단련해야 하느니라"고 했다." …… 노승은 추위와 더위, 굶주림과 배부
름을 때에 맞춰 남궁두를 보살폈다.

(居六年, 長老曰, 君有道骨, 法當上昇, 下此則不失爲喬鏗矣. 慾念雖動,
地忍之. 凡念雖非食色, 一體妄想, 俱害於眞, 須空諸有, 靜以煉之. …… 長

老時寒燠飢飽, 以保持之.)[13]

팽조(彭祖), 『선불기종(仙佛奇踪)』.

스승은 남궁두의 노력을 치하하며 중국의 유명한 신선인 왕자교(王子喬)와 전갱(錢鏗) 곧 팽조(彭祖) 못지 않을 것이라고 격려한다. 왕자교와 팽조는 모두 『열선전』에 등장하는 고선(古仙)이다. 왕자교는 주 영왕(周靈王)의 태자였으나 은(殷)의 고지(故地)인 숭고산(嵩高山)에 가서 수련하여 득선(得仙)한다. 그러나 생황을 잘 불고 흰 학을 타고 다녔다고 전해질 뿐 그의 수련법에 대해서는 알려진 바가 없다.[14] 팽조는 은의 대부(大夫)로서 육계(肉桂)와 영지(靈芝)를 상식하고 도인(導引), 행기(行氣) 그리고 방중술(房中術)에 능하여 8백 살을 살았다고 하니 복식(服食)과 내단 수련을 했던 인물이라 하겠다.[15] 도교의 신선삼품설(神仙三品說)에서는 신선의 등급을 천선(天仙)−지선(地仙)−시해선(尸解仙)으로 설정하고 있다. 8백 살을 산 팽조는 지선(地仙)

---

13 홍만종 편집, 황윤석 증보, 앞의 책, pp.108-109.

14 劉向, 『列仙傳』, 卷上, 「王子喬」: "王子喬者, 周靈王太子晋也. 好吹笙作鳳凰鳴. 遊伊洛之間, 道士浮丘公, 接以上嵩高山. 三十餘年後, 求之於山上. 見桓良曰, 告我家, 七月七日, 待我於緱氏之山巓. 至時, 果乘白鶴, 駐山頭. 望之不得到, 擧手謝時人, 數日而去. 亦入祠於緱氏山下及嵩高首焉."

15 劉向, 『列仙傳』, 卷上, 「彭祖」: "彭祖者, 殷大夫也. 性錢名鏗, 帝顓頊之孫, 陸終氏之中子. 歷賣至殷末, 八百餘歲, 常食桂芝, 善導引行氣. 歷陽有彭祖仙室. 前世禱請風雨, 莫不輒應. 常有兩虎在祠左右, 祠訖, 地卽有虎迹云. 後昇仙而去."

에 속한다 할 것인데 권진인은 남궁두가 하늘로 비승(飛昇)하는 천선(天仙)이 못되더라도 지선은 될 것이라고 격려한 것이다. 그런데 남궁두가 입문할 때에도 인내심을 시험받았지만 스승은 다시 한번 수련의 관건으로서 인내심을 강조하는데 수련의 최종 단계에서의 이러한 당부 역시 신선 설화에서 자주 보이는 장면이다. 당대 전기(傳奇) 소설인 이복언(李復言)의 「두자춘(杜子春)」에서 주인공 역시 스승으로부터 똑같은 당부를 받기 때문이다.

> (도사가) 훈계하였다. "결코 말을 해서는 아니 되네. 비록 높은 신, 악귀, 야차, 맹수, 지옥이 나타나고 또 그대의 가족이 그들에게 붙들려 온갖 고초를 다 당한다 하더라도 모두 정말이 아니라네. 움직이지도, 말도 하지 말고 마음 편하게 겁내지 말고 있어야 하네. 그러면 끝내 아무런 고통도 없을 것이네. 내가 한 말을 꼭 명심하게나." 말을 마치자 가버렸다.
>
> (戒曰, …… 愼勿語, 雖尊神惡鬼夜叉猛獸地獄及君之親屬爲所困縛萬苦, 皆非眞實. 但當不動不語, 宜安心莫懼, 終無所苦. 當一心念吾所言. 言訖而去.)[16]

남궁두의 수련이 마침내 막바지 경지에 도달하자 스승은 최후의 단계에 대비한다.

> 그리고는 곧바로 벽에 삼방경(三方鏡)을 걸고 칠성검(七星劍) 두 자루를 좌우에 세워 두고 우보(禹步)로 걸으며 주문을 외면서 남궁두가 마귀

---

16 李復言, 『續玄怪錄』「杜子春」.

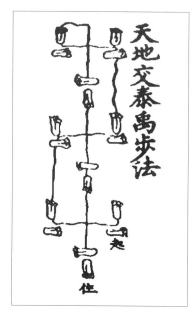

우보(禹步)의 보법(步法).

를 물리치고 도를 이루기를 빌었다.

(卽掛三才鏡于壁, 植七星劍二口於 左右, 禹步呪祝, 冀以却魔成道.)[17]

삼방경(三方鏡)과 칠성검(七星 劍)은 모두 도교의 법구인데 이것 들의 유래는 무당이 귀신을 쫓을 때 사용하던 거울과 칼에 있었다. 우보(禹步)는 우(禹) 임금의 보법 (步法)에 기원을 둔 도교의 법술로 귀신을 쫓거나 부리는 데에 사용했 다. 이 역시 무군(巫君)이었던 우 임금의 주술적 행사에서 비롯한 것 이므로 샤머니즘에 뿌리를 두고 있 다 하겠다.[18]

그러나 남궁두는 마지막 단계에서 도를 이루고자 하는 급한 마음을 억제하지 못한다. 그리하여 체내의 화기(火氣)가 상승하여 수련이 실패 로 돌아간다. 스승은 안타까워 마지않는다.

노승이 지팡이로 그의 머리를 치며 말하기를 "아! 도가 이루어지지 않 는구나." 하면서 재빨리 남궁두로 하여금 편안하게 앉아 기를 내리도록 하니, 기는 비록 내렸으나 마음이 아직 두근거려서 온종일 진정되지 않

17 홍만종 편집, 황윤석 증보, 앞의 책, p.109.
18 『正統道藏·正一部·洞神八帝元變經』, 卷4, 「禹步致靈」, 第四: "禹步者, 盖是夏禹所爲術, 召役神靈之行步, 以爲萬術之根源, 玄機之要旨."

았다. 노승이 탄식하며 "세상에 드문 한 사람을 만나서 가르침에 성심
껏 하지 않은 바가 없었거늘 업보가 가로막는 것을 이기지 못해서 끝내
실패하게 되었으니 이는 그대의 운명이로다. 내 힘으로 어떻게 하겠나."
했다. …… 노승이 말하기를 "그대가 비록 신태(神胎)를 이루지는 못했
으나 역시 지상선(地上仙)은 될 수 있을 것이다. 조금만 더 억제하고 수
련하면 8백 세 정도는 누릴 수 있을 것이다. ……" 하고는 적동자환(赤
桐子丸) 두 알을 내주어 삼키도록 했다.

(長老以杖擊其頭曰, 噫, 其不成也. 巫令斗安坐降氣, 氣雖制伏, 而心沖
沖, 終日不定. 長老歎曰, 曠世逢人, 敎非不盡, 而業障未除, 遂致顚敗, 君之
命也. 吾何力焉. …… 長老曰, 君雖不成神胎, 亦可爲地上仙, 少加樽養, 則
八百年之壽, 可享矣. …… 出二粒赤桐子丸嚥之.)[19]

남궁두는 결국 비승(飛昇)의 경지인 천선에 이르지 못하고 8백 살을
누린 팽조와 같은 지선의 경지에 머물게 된다. 입문자의 인내심이 부족
하여 수련이 실패로 끝나고 스승이 운명을 탄식하는 장면에 대해서도
역시 신선 설화에는 공식화된 서술이 있다. 「두자춘」의 말미에서, 소리
를 내지 말라는 금기를 어겨 단약(丹藥) 합성이 수포로 돌아가자 스승은
다음과 같이 말한다.

도사가 앞으로 와서 이렇게 말했다. "…… 만일 그대가 '아아' 소리만
내지 않았더라면 내 약은 이루어졌을 것이고 그대도 신선이 되었을 것이
네. 아아! 신선이 될 자질을 지닌 사람은 진정 얻기가 어려운가 보네. 나
의 약은 다시 만들면 될 것이고 그대는 오히려 세상에서 잘 받아들여질

19 홍만종 편집, 황윤석 증보, 앞의 책, pp.109-110.

것이니 노력하게나." 그리고는 길을 일러주어 돌아가게 했다.

(道士前曰. …… 向使子無噫聲, 吾之藥成, 子亦上仙矣. 嗟乎, 仙才之難
得也. 吾藥可重煉, 而子之身猶爲世界所容矣, 勉之哉. 遙指路使歸.)

「두자춘」보다도 앞선 『신선전』의 호공(壺公) 설화에서도 제자 비장방
(費長房)이 마지막 시험에서 실패했을 때 호공이 그에게 "그대는 선도를
달성할 순 없도다. 지상의 주인으로 만들어줄 터이니 수백 살의 수명을
누릴 수 있을 것이다(子不得仙道也. 賜子爲地上主者, 可得壽數百歲.)"라
고 말하는 것으로 보아 우리는 신선 설화에서의 이러한 서술이 유래가
깊음을 알 수 있다.

이후 남궁두는 스승 권진인으로부터 그가 어렸을 때 나병(癩病)에 걸
려 유기되었다가 신기한 풀을 먹어 낫고 스승을 만났다는 술회를 듣는
데 이 장면 역시 『신선전』 조구(趙瞿) 설화에 같은 유형이 있다.[20] 남궁
두는 마침내 권진인과 영원히 헤어진다.

다음날 노승이 남궁두를 불러들여 말했다. "그대는 이미 인연이 박하
여 여기에 오래 머무는 것이 합당치 않다. 산을 내려가 머리를 기르고
황정(黃精)을 먹으며 북두칠성에 절하여라. …… 『황정경(黃庭經)』과 『참
동계(參同契)』는 도가의 높은 교리이니 부지런히 읽을 것이며 『도인경(度
人經)』은 곧 노자께서 도를 전하는 책이고 『옥추경(玉樞經)』은 뇌부(雷
府)의 모든 신들이 높이 받드는 것이니 이를 지니고 다니면 귀신들이 두

20　葛洪, 『神仙傳』, 卷7, 「趙瞿」: "趙瞿者, 上黨人也. 病癩歷年, 衆治之, 不愈, 垂死. 或云, 不
　　及沽流棄之. 後子孫轉相注易, 其家乃賫糧將之送置山穴中. 瞿在穴中自怨不幸, 晝夜悲嘆
　　哭泣. 經月, 有仙人行經過穴, 見而哀之, 具問訊之. 瞿知其異人, 乃叩頭自陳乞哀, 于是仙
　　人以一囊物賜之, 敎其服法. 瞿服之, 百許日, 瘡都愈, 顏色豊悅, 肌膚悅澤."

북두성군(北斗星君)의 행
차. 산동(山東) 무량사(武
梁祠)의 화상석(畵像石).

려워하고 흠앙(欽仰)할 것이다. ……" 이에 남궁두는 눈물을 흘리며 그
가르침을 받들고는 곧 하직을 고하고 산을 내려오다가 뒤돌아보니 사람
사는 곳을 다시는 찾을 수가 없었다.

(翌日, 招斗謂曰, 你旣緣薄, 不合久于此. 其下山長髮, 餌黃精, 拜北斗.
…… 黃庭參同, 道家上乘, 誦持不懈, 而度人經乃老君傳道之書, 玉樞經乃
雷府諸神所尊, 佩之則鬼畏神欽. …… 斗涕泣而受其誨, 卽告辭下山, 回視
則無復人居焉.)[21]

북두칠성 숭배는 근원적으로 샤머니즘과 관련이 깊으며 신화, 도교적
으로는 시대와 지역에 따라 동황태일(東皇太一), 태일(太一), 태을(太乙),
칠성신(七星神) 등으로 신격화되는데 한국의 경우 청동기 시대 고인돌
돌판에 북두칠성이 그려져 있을 정도로 연원이 깊다.[22] 아울러 『황정경
(黃庭經)』은 샤머니즘과 관련이 깊은 상청파의 도경(道經)이며 『옥추경
(玉樞經)』의 본신(本神)은 은대에서 유래한 신령인 구천응원뇌성보화천
존(九天應元雷聲普化天尊)인데 이 두 책은 특별히 한국 민간 도교에서

21   홍만종 편집, 황윤석 증보, 앞의 책, p.113.
22   박창범, 『하늘에 새긴 우리 역사』(서울: 김영사, 2002), p.215.

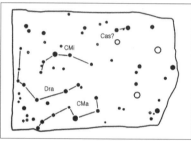

(위) 고인돌 돌판 위에 새겨진 북두칠성. 충북 청원군.
(아래) 돌판의 홈을 따라 그려본 별자리. 박창범의 『하늘에 새긴 우리 역사』.

애송(愛誦)된 바 있다.[23]

남궁두가 오랜 수련 생활을 마감하고 속세로 귀환하는 마지막 장면은 여전히 기존 신선 설화에서의 공식화된 서술을 크게 벗어나지 않는다. 「두자춘」에도 흡사한 상황 묘사가 있다.

자춘(子春)은 집으로 돌아온 후 그 당시 맹서를 잊은 일을 부끄러이 여겨 다시 찾아가 그때의 잘못을 사죄하려 했다. 그리하여 운대봉(雲臺峰)으로 가보니 사람의 자취라고는 찾아볼 길 없어 탄식을 하고 집으로 돌아왔다.

23 정재서, 『한국 도교의 기원과 역사』(서울: 이화여자대학교출판부, 2006), p.143.

(子春既歸, 愧其忘誓, 復自
效以謝其過. 行至雲臺峰, 絶
無人跡, 嘆恨而歸.)

신선 설화 말미(末尾)에서의
이러한 상투적인 묘사는 대개
무릉도원(武陵桃源) 같은 낙원
혹은 선경(仙境) 설화에서 자
주 보인다. 「도화원기」, 유신·
완조 설화에서처럼 선경의 방
문자는 그곳을 나오고 난 후 다
시 되돌아가지 못한다. 이계(異
界)는 우연히 혹은 특별한 계기
로 왕래할 수 있는 곳이지 일상
의 법칙이 지배하는 공간이 아
니기 때문이다.

무릉도원(武陵桃源),
명(明) 주신(周臣)의 「도화원도(桃花源圖)」.

「남궁선생전」 곧 「권진인」의 전체 구조와 의미를 총괄해보았을 때 우
리는 이미 살펴본 바와 같이 이 설화가 신선 설화의 다양한 클리셰를 잘
활용한 짜임새 있는 작품이라는 것을 알 수 있다. 다시 말해서 이 설화
는 『열선전』, 『신선전』 등 중국의 고전적인 신선 전기집에서 발휘된 원
형적 서사 모티프들을 상호텍스트적으로 능숙하게 배치, 조합한 이른바
'잘 빚어진 항아리(the well wrought urn)'인 것이다. 우리는 도교 지식
이 풍부한 고급 문인 허균(許筠)의 손에서 그러한 작업이 가능했을 것으
로 추리해볼 수 있다. 아울러 주로 내단 수련의 과정을 다룬 『남궁선생
전』에서는 한국 도교와의 변별점을 찾기 힘들 정도로 이미 이론화, 제도

화된 중국 도교의 영향이 감지되는데 아닌 게 아니라 권진인은 자신의 도맥(道脈)이 의상대사(義湘大師)-정양진인(正陽眞人) 종리권(鍾離權)으로 소급된다고 술회하고 있으며 이러한 도맥은 결국 한국 도교와 전진교(全眞敎)와의 관련성을 시사했던 『해동전도록』의 계보와 일치한다. 그럼에도 불구하고 우리는 『황정경』, 『옥추경』, 북두칠성 숭배 등 샤머니즘과 동이계 신화의 전통에서 비롯한 도경(道經)과 신앙이 「남궁선생전」에서 표현되고 있음을 간과할 수 없다.

2. 술사(術士)와 이인(異人)

주중(朱仲), 명(明) 왕세정(王世貞)의 『열선전전(列仙全傳)』.

한국의 『신선전』이라 할 『해동이적』에는 남궁두처럼 실제 도교 수련을 해서 신선의 경지에 오른 사람뿐만 아니라 방술이나 기예가 있는 사람, 기이한 행적을 남긴 사람도 수록하고 있다. 신선의 범주를 넓힌 것이라 볼 수 있는데 중국의 『열선전』이나 『신선전』에도 이러한 사례가 없는 것은 아니다. 가령 『열선전』의 주중(朱仲)은 진주상(眞珠商)인데 황실에 크고 좋은 진주를 납품하는 것으로 유명하다 할 뿐 다른 능력에 대한 언급은 없었다. 그러나 『해동이적』에는 이러한 인물들이 입전(入傳)

된 경우가 많다. 먼저 방술의 달인으로 불리는 전우치(田禹治)를 보자.

　　전우치(田禹治)는 신선의 방술을 행하는 사람이면서 문장에도 능했
다. 일찍이 기재(企齋) 신광한(申光漢)의 집에 갔었는데 송기수(宋麒壽)
도 그 자리에 와 있었다. 기재가 전우치를 가리키며 송기수에게 말하기
를 "자네는 이 사람을 전부터 알고 있지 않은가? 우사(羽士) 전군(田君)
이 바로 이 사람이라네" 하니 송기수가 "일찍이 이름을 들었으나 책 속
의 고명한 사람으로 여겼는데 서로 만남이 늦은 것이 한스럽나이다." 했
다. 기재가 말하기를 "그대는 어찌 송기수 영감을 위해 한 가지 재주를
보여주지 않겠는가?" 하니 전우치가 웃으면서 "무슨 재주거리가 있겠습
니까?" 했다. 이윽고 주인집에서 물에 만 밥이 점심으로 나왔는데 전우
치가 막 밥을 먹다가 뜰을 향해 내뿜어내자 모두 하얀 나비가 되어 팔랑
팔랑 날아갔다.

　　(田禹治, 方技之士, 且能文. 嘗徃申企齋光漢第, 宋麒壽亦至. 企齋顧麒
壽, 指禹治曰, 君曾識此客否. 羽士田君是也. 麒壽曰, 每聞, 如卷中人, 恨
相見之晩也. 企齋曰, 子何不爲令公作一戱. 治笑曰, 何戱之有. 已而, 主家
進水澆午飯, 治方食, 向庭撰之, 皆化作白蝶, 片片而飛.)[24]

　　전우치의 이러한 술법은 유래가 있다. 『신선전』에 실린 신선 옥자(玉
子)에게는 무괴(務魁)라고 부르는 술법이 있는데 그가 물을 입안에 머금
어 뿜으면 그것이 모두 주옥(珠玉)이 되었다고 한다. 전우치는 또 사람
들을 위하여 동자로 하여금 새끼줄을 타고 하늘로 올라가 천도(天桃)를
따오게 했다. 나중에 동자의 머리, 몸뚱이, 팔, 다리가 떨어져 죽은 줄로

24　홍만종 편집, 황윤석 증보, 앞의 책, p.160.

만 알았더니 전우치가 다시 붙이자 살아서 걸어갔다고 한다. 이 술법은 인도 쪽에서 발생하여 세계적인 분포를 보이는 환술(幻術)로[25] 『해동이적』보다 조금 늦게 성립된 포송령(蒲松齡)의 『요재지이(聊齋誌異)』에도 등장한다. 이러한 술법들로 미루어 전우치는 아마 요즘의 마술사 같은 직종에 종사했던 사람이 아닌가 생각된다. 그러나 전우치는 뛰어난 환술로 인해 나중에는 죽음마저 신비화된다.

> 훗날 전우치는 술수(術數)로 사람들을 현혹시킨다고 하여 황해도 신천(信川)에 잡혀 있다가 옥사했다. 태수가 사람을 시켜 가매장했는데 친척들이 무덤을 파서 이장하려고 관을 열어보니 다만 관이 텅 비어 있을 뿐이었다.
>
> (後以術惑衆, 逮繫信川, 死於獄中, 太守使人埋之, 及親戚發塚移葬, 啓棺視之, 只空棺矣.)[26]

관이 텅 비었다는 것은 시해를 의미한다. 시해는 죽음의 형식을 빌려 신선이 되는 방식으로 시해선은 천선이나 지선보다 낮은 단계의 신선이다. 술사 전우치는 옥사했음에도 뛰어난 환술로 인해 신선으로 미화된다.

전우치가 술사로서 유명했다면 기예가 뛰어나 이인(異人)으로 간주된 사람들도 있었다. 정희량(鄭希亮)은 점술, 남사고(南師古)는 풍수로 『해동이적』에, 우륵(于勒)과 옥보고(玉寶高)는 가야금, 양사언(楊士彦)은 글씨, 장한웅(張漢雄)은 의술 등으로 『해동이적보』에, 각기 뛰어난 장기로

---

25 엘리아데(M.Eliade)는 요가에서 기원한 것으로 추정했다. 이와 관련된 논의는 野崎充彦, 「海東異蹟攷」『한국도교의 현대적 조명』(서울: 아세아문화사, 1992), pp.241-242 참조.

26 홍만종 편집, 황윤석 증보, 앞의 책, p.161.

인해 이인이 되어 입전되었다.

이들과는 달리 민간에서 기이한 행적으로 이인이 된 사람으로는 장생(蔣生)이 있다. 장생은 걸인으로 이목이 수려했으며 노래를 잘 하고 짐승 소리를 잘 흉내 냈다고 한다. 범상치 않았던 그는 갑자기 죽어서 기이한 행적을 남긴다.

임진년 4월 초하루에 장생(蔣生)은 술을 몇 말 사서 퍼 마시고 대취해서 길을 막고 덩실덩실 춤을 추고 노래를 계속 부르다가 거의 밤이 되어 수표교(水標橋) 가에 쓰러져 있었다. 새벽에 사람들이 보니 죽은 지가 이미 오래 되었다. 시체는 썩어 벌레가 득실거렸는데 모두 날개가 나서 날아가버리더니 하루 저녁에는 그의 시체도 없어지고 오직 옷과 버선만이 무인 홍세희(洪世熹)에게 남아 있었다. 홍세희는 연화방(蓮花坊)에 살면서 장생과 가장 친한 사이였었다. 홍세희가 4월에 이일(李鎰)을 따라 왜구를 막으러 걸어서 조령(鳥嶺)에 이르렀더니 장생이 짚신을 신고 지팡이를 끌면서 그의 손을 부여잡고 대단히 기뻐하면서 "나는 실로 죽은 것이 아니네. 우리나라에서 한 낙토(樂土)를 찾으러 갔던 것일세." 하고는 또 말하기를 "자네는 금년에 죽을 운수가 아니네. 병화(兵禍)가 있을 것이니 높은 숲으로 향하고 물로 들어가지 말게. 정유년(丁酉年)에는 삼가서 남쪽으로 오지 말고 혹은 공사(公事)라도 산성은 올라가지 말게." 하고는 나는 듯이 사라져버려 순식간에 간 곳을 알 수 없었다.

(壬辰四月初吉, 賖酒數斗大醉, 欄街以舞, 唱歌不輟, 殆夜倒於水標橋上, 遲明, 人見之, 死已久矣. 屍爛爲虫, 悉生翼飛去, 一夕皆盡. 唯衣襪在武人洪世熹者, 居于蓮花坊, 冣與之昵, 四月從李鎰, 防倭, 行至鳥嶺, 生芒履曳杖, 握手甚喜曰, 吾實不死也. 向海東覓一樂土去矣. 因曰, 君今年不合死, 有兵禍, 向高林勿入水, 丁酉年愼母南來, 或有公幹勿登山城. 言訖如飛而

行, 須臾失所在.)[27]

죽어서 시체가 되었다가 홀연히 다른 곳에서 출현했다는 대목은 시해에 대한 전형적인 묘사이다. 거지 장생의 본색은 득도한 신선이었던 셈인데 『열선전』에는 이미 거지 신선인 음생(陰生)이 수록되어 있다. 그러나 내용은 장생이 훨씬 풍부하다. 장생은 예지의 능력도 있어서 임진왜란이 발발할 것을 미리 알고 친구에게 충고까지 한다. 거지이지만 초인적인 능력을 지닌 장생은 사실 한국 무속의 신격인 강림도령이다. 홍만종은 무속 신화의 큰 신으로서 민간에서 영향력이 컸던 강림도령을 시해선으로 도교적 윤색을 가하여 한국 신선의 계보에 편입시킨 것이다.

황윤석(黃胤錫)의 증보판에서는 장생은 보이지 않고 장도령(蔣道令)이 보인다. 상투를 틀지 않아 항상 어린아이와 같은 모습이어서 장도령이라고 불린 이 거지는 남녀노소를 불문하고 반말을 했으나 모두들 좋아했다고 한다. 그러나 다음의 한 대목이 그를 결정적으로 신선으로 간주하게끔 한다.

어느 날 책 한 권을 가지고 와서 정씨에게 주면서 말하기를 "너희 집안에 대대로 내려오던 물건이다." 했다. 정씨가 "그럴 리가 없다." 하자 "네 선조 정순붕(鄭順朋)씨가 살아 계실 때에 내가 일찍이 빌려갔던 것이다." 고 했다. 그 사람이 오래된 서책을 찬찬히 살펴보니 과연 장도령의 말 그대로였다. 숙종 때 어떤 이와 비로봉(毘盧峰) 위에서 함께 노닐다가 장도령이 시를 지었는데 그 시는 이러하다. "삼세(三世) 인연 있는 발해(渤海)가 술잔 속에 있듯 작거늘, 좁쌀 한알 같은 덧없는 인생 그 속

---

27 위의 책에는 장생에 대한 기록이 없다. 번역은 洪萬宗, 『海東異蹟』(서울: 을유문화사, 1982), 李錫浩 譯 참조.

에 부닐도다." 근래에는 그가 있는 곳을 알지 못한다.

(一日, 携一冊, 以遺鄭氏曰, 爾家舊物也. 其人曰, 非也. 曰爾先祖順朋
氏, 在世日, 吾曾借去耳. 其人徐驗古籍, 果然. 蕭廟時, 有人與遊毘盧峰上,
蔣賦詩云, 三塵渤海杯中小, 一粟乾坤鏡裡浮. 近世, 不知所在.)[28]

이 대목에는 신선의 취지와 관련된 복선이 두 개 깔려 있다. 한 가지
는 책을 빌린 정순붕(鄭順朋)의 집안 온양(溫陽) 정씨(鄭氏)로 명종(明
宗) 때의 상신(相臣) 정순붕에게는 북창(北窓) 정렴(鄭磏)과 고옥(古玉)
정작(鄭碏) 두 아들이 있었는데 이 둘은 저명한 도인이었다. 따라서 온
양 정씨 집안에서 빌린 책은 도교 관련 책이었을 것이라는 추측이 가능
하다. 다른 한 가지는 책을 빌린 명종 대와 현재인 숙종 대의 시간 차이
가 수백 년이어서 장도령이 장생불사의 존재라는 인상을 심어주고 있는
것이다.

황윤석은 이 위에 삭낭자(索囊子)라는 전주(全州)의 한 기이한 거지를
증보했다. 새끼를 꼬아 만든 망태를 둘러메고 다녀 삭낭자라고 불린 이
거지는 세월이 흘러도 얼굴이 조금도 늙지 않았다고 한다. 그래서 신선
으로 여겨졌던 것이다. 시간의 경과에도 안색에 변함이 없다는 묘사 역
시 『열선전』, 『신선전』에 등장한 이래 후대의 소설에서도 범용한 사람
이 신선 혹은 비범한 존재임을 암시하기 위해 자주 활용된다. 당대 전기
소설 「곤륜노(昆侖奴)」의 마지막 대목이 그것이다.

십여 년 후 최씨 집안의 어떤 이가 마륵(磨勒)이 낙양 저자에서 약을
팔고 있는 것을 보았는데 얼굴이 옛날과 다름없었다.

---

28 홍만종 편집, 황윤석 증보, 앞의 책, p.193.

(後十餘年, 崔家有人見磨勒賣藥於洛陽市, 容顏如舊耳.)

　　황윤석의 증보판에는 홍만종의 『해동이적』 원본보다 보다 다양한 계층의 인물들이 신선으로 입전되어 있다. 그중의 한 사람으로 일찍이 해외로 진출하여 영역을 개척한 해중서생(海中書生)을 들 수 있다. 그 이야기 줄거리는 다음과 같다.

　　재상 정태화(鄭太和)가 젊은 시절 산방(山房)에서 공부할 때 한 서생이 말하기를, 자신이 재상이 될 꿈을 품었는데 정태화 때문에 그것을 포기하고 국외로 떠나겠다고 하면서 모년(某年)에 정태화가 평안감사가 되어 구성(龜城) 땅을 순행할 때 만나게 될 것이라고 예언을 했다. 그 후 예언대로 정태화가 구성 땅을 지날 때 한 시종이 나타나 그를 데리고 함경도 해안으로 갔다. 거기서 기다리고 있던 채선(綵船) 한 척이 정태화를 태우고 대양(大洋)으로 나가 큰 섬에 이르렀는데 번화한 도시가 있었다. 익선관(翼善冠)을 쓴 왕이 나와서 맞는데 바로 과거의 그 서생이었다. 그는 조선에서 억눌리며 살기 싫어 가난한 사람들과 의지할 데 없는 사람들을 모아 이 섬을 개간하여 기름진 옥토로 만들고 왕 노릇을 하고 있다는 것이었다. 둘은 반가운 해후를 한 후 헤어졌고 정태화는 기이한 경험담을 늘 사람들에게 말했다고 한다.[29]

　　주지하듯이 이 설화는 한국 고소설인 『홍길동전(洪吉童傳)』, 『허생전(許生傳)』 등과 더불어 '해도(海島) 낙원(樂園)'이라는 모티프를 공유하고 있다. 그런데 이 모티프는 훨씬 이른 시기인 당대(唐代)의 전기 소설

29　홍만종 편집, 황윤석 증보, 앞의 책, pp. 221-224.

「규염객전(虯髯客傳)」에서 유사하게 전개된 바 있다. 「규염객전」의 줄거리는 다음과 같다.

> 당조(唐朝)의 개국공신 이정(李靖)은 젊은 시절에 수(隋)나라 재상 양소(楊素)의 시녀와 눈이 맞아 도주하다가 규염객(虯髯客)이라는 협객을 만난다. 천하를 차지할 야망을 품고 있던 규염객은 이정의 소개로 당태종(唐太宗) 이세민(李世民)을 만나고 난 후 스스로 계획을 포기한다. 그리고 오히려 이정을 지원한 후 훗날 자신에 관한 소식이 있을 것이라는 예언을 하고 중국에서 사라진다. 당조가 건국된 후 재상이 된 이정에게 먼 변방에서 소식이 들려왔는데 10만 대군이 배를 타고 부여국(夫餘國)[30]에 쳐들어와 왕을 죽이고 자립했다는 것이었다. 이정은 마음속으로 자립한 인물이 규염객이라는 것을 확신한다.

「규염객전」은 당말(唐末) 오대(五代)의 도사 두광정(杜光庭)이 쓴 소설로 만당(晚唐) 시기에 기울어가는 당조(唐朝)의 정통성을 고취하기 위해 쓰여진 작품이다. 이데올로기적인 측면을 제외한다면 이야기 구조와 전개 방식이 해중서생과 닮은 점이 많다. 아울러 규염객이 침략한 나라가 부여라는 점도 흥미롭다. 부여의 후신인 고구려에게 패한 적이 있던 당의 동이(東夷) 종족에 대한 반감이 작용했을 수도 있을 것이다. 규염객과 해중서생 모두의 공통점은 도교 계통 인물들이 지니는 구속을 싫어하는 방일(放逸)한 성격과 초국가적, 유목민적 경향이다. 이러한 성향은 특히 방외지사(方外之士)들의 활동과 관념 등을 세세히 기록한 『청학집(靑鶴集)』에 잘 나타나 있다. 홍만종과 황윤석은 도교 계통 인물들의 상

---

30 판본에 따라서는 '부남국(扶南國)'으로 되어 있기도 하다. 부남은 지금의 캄보디아.

술한 성향에 주목하여 구체적인 도교 행위가 없더라도 비슷한 성향을 지닌 인물이면 신선으로 파악했다. 해중서생 이전의 인물들로 대양에의 진출을 꿈꾸고 실천했던 대세(大世)와 구칠(仇柒)[31] 역시 『해동이적』에 입전되어 있는 것은 이러한 이유에서일 것이다.

3. 신인(神人)

『해동이적』에는 단군(檀君), 신지(神誌) 등 한국 신화상의 존재들을 비롯, 화랑(花郎) 계통의 인물들, 한국의 각 지역 혹은 산악을 관장하는 신격들도 다수가 신선으로 열기(列記)되어 있다. 예컨대 혁거세(赫居世), 동명왕(東明王) 등 건국 신화의 주인공들과 화랑인 영랑(永郎), 술랑(述郎) 등 사선(四仙), 한라산노인(漢拏山老人), 남해선인(南海仙人) 등 전신(前身)이 지역 토착신으로 추측되는 신격들이 그것이다.

『해동이적』을 비롯해, 『청학집』, 『오계일지집』 등의 신선 전기집에서 한국 신화상의 존재들을 신선으로 간주한 것은 한국 도교의 기원과 관련하여 상당히 큰 의미를 지닌다. 신화는 종족의 성립 기원을 말해줌으로써 구성원에게 일체감을 부여하고 공동체의 정체성을 성립시켜주는 것이니만큼 한국 도교에서 중국의 신이 아닌 한국의 신을 도교와 관련지어 얘기했다는 것은 한국 도교의 성립과 발전을 고유한, 독립적인 차원에서 인식했다는 것을 의미하기 때문이다. 아울러 화랑의 입전 역시 화랑을 한국 도교의 맥락 속에서 파악하고 있다는 증좌로서 중국 도교와 변별되는 한국 도교의 계보와 발전 과정을 시사하는 것이라 하겠다.

---

31 金富軾, 『三國史記·新羅本紀』 「眞平王」, 9年條: "大世笑曰, 吾其行乎. 仇柒勃然曰, 子亦男兒也, 豈獨不能乎. 大世知其可與, 密言其志. 仇柒曰, 此吾願也. 遂相與爲友, 自南海乘舟而去, 後不知其所往."

지역 토착신의 입전은 도교적 입장에서의 재해석이기도 하고 궁극적으로는 한국 도교의 민간신의 수용 혹은 영역 확대로 생각될 수 있는 일인데 이러한 현상은 중국 도교의 경우에도 역사적으로 부단히 이루어져왔다. 한라산노인의 이야기를 예로 들어보자.

제주 한라산 꼭대기에는 두 못이 있었는데 백록(白鹿)이라 하였다. 대대로 그곳에 사는 사람들이 서로 전해오기를 "한 노인이 못가에 오고가면서 흰 사슴을 끌고와 물을 먹인다."고 하니 아마도 신선인가 한다.

(濟州漢拏山絶頂, 有兩潭, 名曰白鹿. 土人相傳, 有老人往來潭上, 引白鹿飮水, 蓋仙也.)[32]

한라산노인 설화는 본래 백록담(白鹿潭)의 내력과 상관된 토착의 민담이었을 것이다. 그러나 도교 상징의 입장에서 백록(白鹿)은 간단치 않다. 고래로 백록은 서수(瑞獸)로서 노자가 백록을 탔다는 전설이 있을 정도로 도교와 밀접한 관련이 있다. 『신선전』에도 백록이 등장한다.

노녀생(魯女生)이란 사람은 삽주를 먹으며 곡식을 끊고 화산(華山)에 들어갔다. 나중에 친구가 여생을 만났는데 백록을 타고 옥녀(玉女) 수십명이 따르고 있었다.

(魯女生者, 餌術絶穀, 入華山. 後故人逢女生, 乘白鹿, 從玉女數十人.)[33]

여기에 제주도가 삼신산(三神山)의 하나라는 전설은 더욱 백록의 출현

---

32 홍만종 편집, 황윤석 증보, 앞의 책, p.186.
33 葛洪, 『神仙傳』, 卷10, 「魯女生」.

을 자연스럽게 한다. 『사기』를 보면 삼신산의 짐승들은 모두 하얗다고 되어 있기 때문이다.[34] 이러한 신선 설화적 배경을 염두에 둔 때 한라산의 백록을 끌고 다니는 노인은 신선으로 간주되기에 충분하다. 도교적 윤색을 통하여 한라산 내지 제주도는 완연히 삼신산의 신비한 이미지에 휩싸이게 되는 것이다.

맺는 말

이상으로 내단수련가, 술사 및 이인, 신인 등의 세 가지 범주에서 한국 도교 설화의 내용과 의미, 특징 등을 살펴보았다. 우리는 한국의 신선 설화가 중국에서 오래 전에 성립된 『열선전』과 『신선전』 등 대표적 신선 전기집들로부터 내용, 모티프, 서사 형식 등에서 많은 영향을 받았다는 사실을 긍정해야 할 것이다. 그러나 이러한 공통점에도 불구하고 한국의 신선 설화만이 갖는 몇 가지 특징들이 있는데 그것들이야말로 한국 신선 설화의 고유성을 구현하는 요소들이라 할 것이다. 그 내용은 다음과 같다.

첫째, 유교, 불교를 배척하지 않고 함께 공존하고자 하는 강한 삼교합일(三敎合一)의 정신이다. 우리는 이의 대표적 예로 정렴의 경우를 들수 있다. 윤신지(尹新之)는 정렴을 다음과 같이 평한다.

선생은 나면서 신이하셨다. 삼교에 두루 통하시어 가히 더불어 신선이기도 하고, 부처이기도 하고, 성인이기도 하니 이 분을 진인(眞人)이라 말함은 잘못된 것이리라.

(先生生而神異. 博通三敎, 可與爲仙, 可與爲佛, 可與爲聖人, 是之謂眞

---

34 司馬遷, 『史記』 「封禪書」: "此三神山者, 其傳在渤海中, 去人不遠, 患且至, 則船風引而去. 蓋嘗有至者, 諸僊人及不死之藥皆在焉. 其物禽獸盡白, 以黃金銀爲宮闕."

人者, 非也.)[35]

  정렴 자신도 유훈(遺訓)에서 "모든 제사는 일체 주문공(朱文公) 가례
(家禮)에 의거하고 속례(俗禮)를 참작하되 인정에 합치되도록 힘써야 한
다.(凡祭祀一依朱文公家禮, 參以俗禮, 務合人情.)"고 당부하면서 이학(理
學)의 기본서인 근사록(近思錄)과 소학(小學)을 학습할 것을 강조한 바
있으며 평소 불승(佛僧)들과 교유하고 산사(山寺)에서 수련을 한 것으로
보아 유, 불에 대해 너그러운 태도를 취했음을 알 수 있다. 이러한 태도
는 최치원(崔致遠)의 「난랑비서(鸞郞碑序)」에 보이는 풍류도(風流道)의
"삼교를 감싸안는(包含三敎)" 취지처럼[36] 한국 고유의 선가(仙家)가 지녔
던 원융(圓融), 회통(會通)의 정신에서 비롯한 것으로 보인다. 그러나 적
어도 조선이라는 현실 조건에서는 강력한 유교 독존체제(獨尊體制)에서
생존하기 위해 숭유(崇儒)할 수밖에 없으며 불교의 경우 제도적 기반이
없는 도교가 의탁하기 좋은 대체 제도라는 점에서 배불(排佛)할 이유도
없었을 것이다.

  둘째, 신선 전기집임에도 실제 도교와는 상관없이 한 가지 기예에 뛰어
난 장인(匠人)이거나 신화, 전설, 민속상의 존재 등 다양한 계층의 인물이
폭넓게 망라되어 있다는 점이다. 이는 앞에서 언급한 삼교합일의 정신과
상관되기도 하지만 한국 도교의 토착성과 관련된 현상으로 다양한 계층
은 곧 다양성 이면의 고유한 한국적 현실을 반영하는 것으로 읽힌다.

  셋째, 좀 특이한 현상으로 한국의 신선 설화에는 유독 임진왜란, 병자
호란 등 큰 전란에 대한 이야기, 이를테면 예언, 이적(異蹟) 등의 에피소

---

35 尹新之, 「北窓古玉兩先生詩集序」 『溫城世稿』.
36 崔致遠, 「鸞朗碑序」: "國有玄妙之道, 曰風流. 設敎之源, 備詳仙史, 實乃包含三敎, 接化群
    生."

드가 많다.[37] 이것은 미증유의 난세로 인한 집단적 트라우마에 대한 치유 기제(治癒機制)의 설화적 발현(發顯)일 수도 있고 구세(救世)의 진인을 대 망(待望)하는 천년왕국설(千年王國說)적 심리의 표현일 수도 있으며 세속 역사에 대한 초역사적 존재의 우월성을 증거하는 이야기일 수도 있다.[38]

이 세 가지만이 한국의 신선 설화를 대표하는 특징들은 아니겠지만 상당한 수량을 자랑하는 전문적인 신선 전기집인 『해동이적보』에서 추 출된 특징들이기 때문에 간과할 수 없는 결과라 하겠다.

---

37 정선경도 이 점을 지적하며 정명관(定命觀)과의 관련 하에 이해하고자 한다. 정선경, 「韓中 신선 설화의 탐색 ─ 시간과 공간에 주목하여」 『중국어문학논집』 (2005), 제40호, pp.373-374.

38 정재서, 『不死의 신화와 사상』 (서울: 민음사, 1994), p.189.

제7장 도교 설화의 정치적 전유(專有)와 민족 정체성

　모든 종교가 그러하지만 도교는 특히 이야기성이 강하다. 도교의 성립 초기부터 『열선전(列仙傳)』, 『신선전(神仙傳)』 등의 신선 전기집이 출현했지만 『도장(道藏)』에서도 전기류(傳記類)가 차지하는 비중이 만만치 않다. 도교는 왜 이야기를 좋아할까? 그 이유는 우선 도교가 주변 문화로부터 출발했다는 점에서 찾아볼 수 있다. 변방의 마술적 지식인 방사(方士) 계층에 의해 성립된 신선가(神仙家)의 내용은 관방의 정통 담론에 대해 서사지식(敍事知識)의 형태를 취하게 된다.[39] 이 점은 후일 신선가와 결합하여 도교의 기본 원리가 되는 노장 철학의 경우도 마찬가지이다. 합리적인 것으로 검증되지 않은 서사지식은 이야기성을 지닌다. 다음으로 도교에서 추구하는 불로장생이라는 궁극적인 경지는 일상의 논리보다 설화, 소설 등 환상문학의 형식으로 표현되기 쉽다. 환상은 불가해한 의미를 깨닫게 해주는 유력한 방식인데 이때 환상이 취하는 언어적 형식은 주로 이야기이기 때문이다. 결국 도교는 본질적으로 설화주의의 입장에서 스스로를 천명하며 이렇게 볼 때 『도장』은 불사에

39　서사지식이란 리오타르(J-F. Lyotard)에 의하면 차별과 배제의 토대 위에 성립된 과학적 지식과는 달리 전달의 화용론에 의하여 스스로의 신뢰를 입증하는 주변부의 지식이다. 방사와 서사지식과의 관련성에 대한 논의는 정재서, 「중국소설의 이념적 定位를 위한 시론」 『중국소설논총』(1994), 제3호, pp.9-11 참조.

관한 방대한 설화 체계라 해도 과언이 아니다.

그런데 한 개인이 주체를 형성하는 과정에서, 혹은 한 국가나 민족이 정체성을 수립하는 단계에서 언어는 필수적이다. 가령 국가나 민족의 탄생에 건국 신화와 시조 신화가 따르는 것이나 근대 국민국가의 형성 무렵에 신문, 소설 등의 서사가 시공간적 일체감을 조성했던 것 등이 그 예이다. 바로 이 지점에서 도교 설화가 민족의 정체성 수립과 관련하여 정치적으로 전유(專有)될 가능성이 생겨난다. 전유란 본래 이타적(異他的)인 내용이나 방식을 완전히 수용하여 자신의 입장에서 활용하는 것을 의미하는데 이 글에서는 도교 설화가 중국과 한국, 일본의 각기 다른 역사적 현실에서 어떻게 정치적으로 전유되어 각 민족의 정체성 수립에 영향을 미쳤는지 그 양상을 살펴보고자 한다.

1. 황제(黃帝) 설화와 「규염객전(虯髯客傳)」

도교의 정치적 전유 현상은 이미 노자(老子)의 『도덕경(道德經)』이 통치술의 성향을 지녔다는 점에서 내재적인 측면도 있지만 시기적으로는 전국(戰國) 중기 직하학파(稷下學派)에 의한 황노학(黃老學)의 성립 무렵부터 본격화된다. 이후 한초(漢初)에는 두태후(竇太后)에 의해 도가 통치가 행해졌고, 북위(北魏) 시기에는 도사 구겸지(寇謙之)가 태무제(太武帝)의 비호 아래 신천사도(新天師道)를 창건하고 황권(皇權) 옹호에 앞장섰다. 당대(唐代)에 도교는 급기야 국교가 되는데 황실에서는 노자를 조상으로 숭배했고 누관파(樓觀派) 도교와는 긴밀한 정교(政敎) 결합이 이루어졌다. 송(宋) 황실 역시 신선 조현랑(趙玄朗)을 조상으로 허구(虛構)하고 천서(天書)를 조작하는 등의 행위를 통해 황권을 정당화시키고자 했다.[40] 대체로 어떤 왕조에서든 황실을 미화하고 통치를 합리화시키기 위해 도교를 이용했던 것인데 도교 측에서도 교세를 확장하기 위하여 정치 권력과의 결탁을 은연중 혹은 적극적으로 추진했기 때문에 중국의 경우 도교 설화의 정치적 전유는 아주 빈번하게 이루어졌다고 볼 수 있다. 여기에서는 수많은 사례들 중 황제(黃帝) 설화와 「규염객전(虯髥客傳)」의 두 가지 예를 들어 분석해보고자 한다.

황제 설화

이른 시기의 도교 설화 중 정치적으로 전유된 가장 저명한 것으로는 황제의 득선(得仙) 설화를 들 수 있다. 원래 황제는 신화적 인물로서 서방에서 굴기(崛起)하여 라이벌 염제(炎帝)와 치우(蚩尤) 등 동방 및 남방의 신들을 물리치고 오방신(五方神) 중 최고신인 중앙의 대신(大神)으로 등극한 바 있는데 후세에 신화가 도교로 전변(轉變)됨에 따라 도교의 대선(大仙)으로 변모했다. 『열선전』에서는 신선이 된 황제의 모습을 다음과 같이 그리고 있다.

광성자(廣成子)에게 도를 묻는 황제(黃帝).
명(明) 왕세정(王世貞)의 『열선전전(列仙全傳)』.

40 도교와 정치의 결탁에 대한 각종 역사적 사례 및 그 분석은 呂錫琛, 『道家, 方士與王朝政治』(長沙: 湖南出版社, 1991) 참조.

황제는 헌원(軒轅)이라 부른다. 온갖 신을 감독하고 데려다 부렸다. 태어나자 말을 했으며 성스러운 자질로 앞일을 미리 알았으며 사물의 법도를 깨달았다. 스스로 운사(雲師)가 되었는데 용의 모습을 하고 있었다. 자신이 죽을 날을 택하여 여러 신하들과 작별했다. 마침내 죽게 되자 교산(橋山)으로 돌아와 장례를 지냈다. 산이 무너지더니 빈 관이 드러났는데 시신은 없고 칼과 신발만이 있었다. 선서(仙書)에서는 이렇게 말한다. "황제가 수산(首山)의 구리를 캐어 형산(荊山) 기슭에서 세발 솥을 주조했는데 그것이 이루어지자 턱수염을 늘어뜨린 용이 내려와 맞이했고 황제는 승천했다. 여러 신하들이 용의 수염을 잡고 황제를 좇아 오르려 했다. 황제의 활을 타고 올랐으나 용의 수염이 빠지면서 활이 떨어지고 여러 신하들이 따를 수 없게 되자 황제를 우러르며 슬프게 울부짖었다. 그래서 후세에 그곳을 정호(鼎湖)라 불렀고 그 활을 오호(烏號)라 일컬었다."

(黃帝者, 號曰軒轅. 能劾百神, 朝而使之. 弱而能言, 聖而預知, 知物之紀. 自以爲雲師, 有龍形. 自擇亡日, 與群臣辭. 至於卒, 還葬橋山. 山崩, 柩空無尸, 唯劍鳥在焉. 仙書曰, 黃帝採首山之銅, 鑄鼎於荊山之下. 鼎成, 有龍垂胡髥, 下迎, 帝乃升天. 群臣百僚, 悉持龍髥, 從帝而升. 攀帝弓, 及龍髥拔而弓墜, 群臣不得從, 仰望帝而悲號. 故後世以其處爲鼎湖, 名其弓爲烏號焉.")[41]

신화적 인물이었던 황제의 도교적 인물로의 변신은 두 차례에 걸쳐 일어난다. 처음은 전국 중기 직하학파에 의해 노자와 더불어 통치철학의 화신으로 변모한 것이고 두 번째는 한대(漢代)에 이르러 신선가에 의해 양생의 달인인 신선으로 거듭 태어난 것이다. 『열선전』상의 황제 설

---

41 劉向, 列仙傳, 卷上, 「黃帝」.

화는 두 번째 전변을 맞은 황제의 모습을 그리고 있는데 여기에서 황제는 신화상 최고신이라는 본래의 이미지 위에 직하학파에 의한 최강의 정치 권력자라는 풍모가 더해지고 다시 그 위에 득도한 신선이라는 형상이 겹쳐진 다중적 능력의 존재자로 나타나고 있다. 즉 전반부의 "온갖 신을 감독하고 데려다 부렸다(能劾百神, 朝而使之.)"거나 "스스로 운사가 되었는데 용의 모습을 하고 있었다(自以爲雲師, 有龍形.)"는 내용은 황제의 최고신으로서의 능력을 표현한 것이다. 그리고 이후의 황제를 따르고자 하는 여러 신하들에 대한 묘술(描述)은 정치 권력자로서의 황제의 풍모를 보여준다. "산이 무너지더니 빈 관이 드러났는데 시신은 없고 칼과 신발만이 있었다(山崩, 柩空無尸, 唯劍舄在焉.)"거나 "턱수염을 늘어뜨린 용이 내려와 맞이했고 황제는 승천했다(有龍垂胡髥, 下迎, 帝乃升天.)"는 구절들은 득도한 신선으로서의 황제를 그린 것인데 전자는 시해선(尸解仙)의 경지를 후자는 천선(天仙)의 경지를 보여준다. 신선 황제에게는 천선과 시해선의 등급이 혼재(混在)되어 있는데 아마도 초기에는 신화적 성격이 온존(溫存)하여 천선으로 설정되었다가 후대에 인간화되면서 시해선으로 조정되었을 것이다.

아무튼 최고신이자 제왕이며 신선이기도 한 황제는 신화적, 정치적, 도교적 이상을 한몸에 구현한 존재로서 중국 민족이 흠모하는 가장 완벽한 인물이 되었다. 그리하여 중국 민족은 황제를 그들의 모델이자 시조로 숭배했고 용의 화신이기도 한 황제를 좇아 그들 스스로를 '용의 자손(龍的傳人)'으로 칭하게 된 것이다.

「규염객전」

「규염객전」은 당말(唐末) 오대(五代)의 도사 두광정(杜光庭, 850-933)이 지은 호협류(豪俠類) 전기(傳奇) 소설이다. 두광정은 일찍이 천태산

(天台山)에서 수도를 한 바 있으며 당 희종(僖宗) 때에 내정공봉(內庭供奉)을 지냈고 당이 망한 후 전촉(前蜀)에 들어와 호부시랑(戶部侍郎) 등의 관직을 지냈다. 만년에는 청성산(靑城山)에 은거하면서 『용성집선록(墉城集仙錄)』, 『도덕진경광성의(道德眞經廣聖義)』, 『도문과범(道門科範)』 등 도서(道書) 저술에 힘썼다.[42]

두광정은 도사이면서 현실 정치에도 참여했지만 상당한 정치의식을 지닌 도교학자로서 『도덕경』을 "나라를 경영하고 몸을 다스림의 오묘한 경지가 이 책에서 다하지 않음이 없다.(經國理身之妙, 莫不盡此也)"라고 평가할 만큼 그 정치적 효용을 중시했다. 즉 도교의 이념과 정치성을 불가분의 관계로 인식한 것이다. 그리하여 두광정은 소설 「규염객전」에서 협객 규염객이 천하를 차지할 야심을 품었다가 당 태종(唐太宗)을 만난 후 영웅다운 기상에 압도되어 중국을 떠난다는 이야기를 통하여 망해가는 당 왕조의 정통성을 강조하기에 이른다. 다음의 구절이 그것이다.

　　진인(眞人)이 일어남은 영웅이 바랄 수 있는 바가 아님을 알겠다. 하물며 영웅도 아님에랴! 신하로서 잘못 난리를 꾀하는 것은 버마재비의 팔뚝으로 달리는 수레바퀴를 막는 일이나 마찬가지일 뿐이다. 우리 황실이 만년토록 복을 받으리니, 이 어찌 헛된 말이겠는가?

　　(乃眞人之興也, 非英雄所冀, 況非英雄者乎. 人臣之謬思亂者, 乃螳臂之拒輪耳. 我皇家垂福萬葉, 豈虛言哉.)

수(隋)나라 말기, 천하를 놓고 영웅들이 자웅을 겨룰 때 당 태종과 같은 인물을 당할 사람이 없다는 말을 하고 있지만 사실은 당나라 말기 번

42　두광정(杜光庭)의 생애와 저술에 대한 자세한 고찰은 羅爭鳴, 『杜光庭道教小說研究』(成都: 巴蜀書社, 2005), pp.22-72 참조.

진(藩鎭)들이 할거(割據)하여 당 왕조를 위협하던 상황에서 당 황실의 정통성을 강조한 말로 보아야 하겠다. 당대에는 노자를 황실의 조상으로 숭배하고 도교를 국교로 삼았으므로 황실과 도사는 인척 관계로 설정되어 공동의 운명 의식을 느꼈던 듯 '우리 황실(我皇家)'이라는 언급이 나온다. 아울러 주목해야 할 것은 건국주인 당 태종에 대한 '진인(眞人)'이라는 표현이다. 도의 완성자인 진인이 여기에서는 천하를 구제하는 영웅이라는 정치적 존재의 의미로 쓰여지고 있는 것이다.

2. 선도성모(仙桃聖母) 설화와 『해동이적(海東異蹟)』

한국은 중국과 같이 교단을 갖춘 도교는 존재하지 않으나 역사 초기부터 그 문화에 도교적 성향이 짙게 드리워져 있다. 가령 단군 신화에 단군이 1908년이나 향수(享壽)했다는 표현이 있는데 후세의 도교적 윤색일 수도 있으나 그렇지 않다면 최초의 정치적 전유 현상이라 말할 수 있을 것이다. 역사적으로 확실하게는 고구려 보장왕(寶藏王) 때 권신 연개소문(淵蓋蘇文)이 국내의 불교 및 귀족 세력을 억누르기 위하여 중국 도교를 적극 수입하고 장려한 일을 들 수 있다. 당시 연개소문의 시책은 한국 도교사에서의 일반적인 서술처럼 고구려에 처음 도교가 전입되었다는 의미에서가 아니라 당에서 이미 성공적으로 이루어졌던 도교에 의한 불교 억제 사례를 재연했다는 측면에서 해석되어야 할 것이다.[43] 왜냐하면 고분 벽화에 이미 표현되어 있듯이 도교는 상당히 일찍부터 고구려 문화에 존재하고 있었기 때문이다. 아울러 고구려의 조의선인(皁衣仙人), 신라의 화랑(花郞) 혹은 국선(國仙)의 존재를 한국 도교의 범주에

---

43 연개소문(淵蓋蘇文)의 중국 도교 수입의 정치적 의도에 대해서는 정재서, 『한국 도교의 기원과 역사』(서울: 이화여자대학교출판부, 2006), pp.109-110 참조.

관제(關帝). 왼쪽에 시종 주창(周倉), 오른쪽에 양자 관평(關平)이 모시고 있다.

넣는다면 삼국 시대부터 도교는 자연스럽게 정치와 결합되어 있었다고 말할 수 있을 것이다. 이러한 성향은 고려 시기까지 얼마간 지속되었던 것 같다. 가령 예종(睿宗) 이후 궁중에 복원궁(福源宮)을 비롯, 여러 개의 도관(道觀)을 건립한 것이나 예종을 비롯해, 인종(仁宗), 의종(毅宗) 등의 임금들이 선풍(仙風)의 진작(振作)을 도모한 일 등이 그러한 사례이다. 특히 인종 때 도교적 성향을 강하게 지닌 평양의 중 묘청(妙淸)은 금(金)에 대해 자주노선을 표방하고 반란을 일으켰다가 정지상(鄭知常) 등의 도교계 인물들과 함께 김부식(金富軾) 등의 유신(儒臣) 세력에 의해 제거되고 만다. 도교의 정치적 힘은 유교 이념을 국시(國是)로 삼은 조선에 들어와 현저히 약화된다. 유일한 도교 기관이었던 소격서(昭格署)마저 임진왜란 이후 폐지되며 비록 고종(高宗) 때에 왕실의 비호 하에 관제(關帝) 신앙 등 민간 도교가 일시 흥성하긴 했으나 도교는 다시는 전처럼 정치 무대에 공식적으로 등장하지 못하게 된 것이다. 그러나 재야의 정치의식, 역사의식에는 깊게 영향을 미쳐 반존화(反尊華)적, 자주적 문화사관을 형성했다. 여기에서는 선도성모 설화와 『해동이적』의 사례를 들어 도교 설화의 정치적 전유 문제를 논의하고자 한다.

선도성모 설화

단군 신화를 비롯해, 한국의 개국 및 건국 신화를 보면 많던 적던 도교의 색채가 있다. 고구려 건국 신화인 주몽(朱蒙), 해모수(解慕漱) 신화에서부터 고려 태조 왕건(王建)의 부조(父祖)와 관련된 신화, 심지어 조선의 「용비어천가(龍飛御天歌)」에 이르기까지 도교 신비주의가 깔려 있는 것이다. 이것들은 왕권의 신성화 내지 합리화와 관련된 도교의 정치적 전유라 할 수 있을 것이다. 신라의 시조 박혁거세(朴赫居世)를 낳았다고 전해지는 선도성모 혹은 선도신모(仙桃神母)는 중국 도교의 여선(女仙)으로 한반도에 건너와 선도산(仙桃山)에 정착한 도래신(渡來神)이었거나 도교적 윤색이 가해진 신라의 토착 여신이었을 것으로 추정된다. 이 여선에 관한 최초의 기록은 김부식의 『삼국사기(三國史記)』에 보인다. 김부식이 사행(使行)으로 송(宋)에 들어가 그곳의 우신관(佑神館)을 참관했을 때 송의 학사(學士) 왕보(王黼)가 한 여선의 초상을 두고 다음과 같이 말했다고 한다.

이 분은 당신네 나라의 신입니다. 당신들은 아십니까? …… 옛날 중국 황실의 한 따님이 남편 없이 아이를 배서 사람들의 의심을 받자 바다를 건너 진한 땅에 이르러 아들을 낳았는데 그가 해동의 시조가 되었습니다. 황실의 따님은 신선이 되어 선도산에 오래 머물렀습니다. 이것이 바로 그 분의 모습입니다.

(此貴國之神, 公等知之乎? …… 古有帝室之女, 不夫而孕, 爲人所疑, 乃泛海抵辰韓, 生子, 爲海 東始主. 帝女爲仙, 長在仙桃山, 此其像也.)[44]

---

44 金富軾, 『三國史記』, 卷12, 「新羅本紀」.

다시 일연(一然)의 『삼국유사(三國遺事)』에서는 이 설화를 다음과 같이 부연하고 있다.

신모(神母)는 본래 중국 황실의 딸로 이름은 사소(娑蘇)이다. 일찍이 신선의 술법을 체득하여 우리나라에 와서 머물면서 오랫동안 돌아가지 않았더니 아버지인 황제가 솔개의 발에 편지를 매어 부쳐 이르기를, "솔개가 머무는 곳을 따라가서 집을 삼아라"고 했다. 사소가 편지를 받고 솔개를 놓았더니 날아서 이 산에 이르러 머무르므로 따라와서 이곳을 집으로 삼고 땅신선이 되었다. 이 때문에 산 이름을 서연산(西鳶山)이라고 했다. 신모가 오랫동안 이 산에 자리를 잡고 나라를 보위하니 신령한 이적(異蹟)이 매우 많았다. 이 산은 나라가 창건된 이래로 언제나 세 개 신당(神堂)의 하나가 되었으며 그 차례도 여러 산천 제사의 윗자리를 차지했다……신모가 처음으로 진한(辰韓)에 이르러 신령한 아들을 낳아 동쪽 나라의 첫 임금을 삼았으니 대체로 혁거세(赫居世)와 알영(閼英) 두 성인의 시초가 된다. 그러므로 계룡(鷄龍)이니 계림(鷄林)이니 백마(白馬) 등으로 일컫는 바 닭은 서쪽 방위에 속하기 때문이다. 신모는 일찍이 하늘 신선들을 부려 비단을 짜게 하고 붉은 물감을 들여 관복을 만들어 남편에게 주었다. 나라 사람들이 이로 말미암아 처음으로 그의 영험을 알게 되었다.[45]

『삼국사기』와 『삼국유사』의 기록 사이에는 약간의 상위(相違)가 있다. 『삼국사기』에서는 선도성모가 머문 산을 선도산이라고 했는데 『삼국유사』에서는 서연산(西鳶山)이라고 부르고 있다. 그리고 『삼국사기』에서는 선도성모가 남편 없이 아이를 잉태했다고 했는데 『삼국유사』에서는 남

45　一然, 『三國遺事』, 卷第5, 「感通」, 第7. 이상호 역본(서울: 까치, 1999), pp.416~420.

편이 있는 것으로 말하고 있다. 그러나 남편 없이 아이를 잉태했다는 이야기가 전형적인 시조 탄생 신화의 패턴에 가깝다. 즉 은(殷) 민족의 시조모인 간적(簡翟), 주(周) 민족의 시조모인 강원(姜嫄) 모두 남편 없이 임신하여 각기 민족의 시조인 후직(后稷) 등을 낳았다는 식으로 이야기가 구성되어 있기 때문이다. 이러한 이야기 패턴은 모계 사회의 현실을 반영하는 것이기도 하고 왕권을 신성화하기 위한 의도에서 이루어진 것이기도 하다. 주목해야 할 것은 선도성

현조(玄鳥)와 간적(簡翟) 자매, 『열녀전(列女傳)』.

모가 중국 황실의 딸이며 선도(仙道)를 체득하여 신선이 된 인물이라는 내용이다. 선도성모를 중국 황실의 딸로 설정한 것은 송대(宋代) 문인의 의도인지 김부식의 의도인지 알 수 없지만 일단은 신라 왕실의 권위와 정당성을 확보하기 위한 설화적 윤색으로 보인다. 이러한 의미에서 선도성모는 부모 없이 알에서 태어난 시조 박혁거세의 결락(缺落)된 신성(神聖) 계보(系譜)를 보완하기 위해 후대에 부가된 존재일 수도 있다.

한편 이와는 달리 역사적, 현실적 맥락에서 선도성모가 당시 유이민(流移民) 집단의 정치적 세력의 상징일 가능성도 배제할 수는 없다.[46] 박

---

46 선도성모의 중국으로부터의 도래 시기가 진한(辰韓) 때라는 이야기가 일정한 현실을 반영할 수도 있다. 즉 진(秦)-한(漢)의 교체기에 중국으로부터 많은 유이민(流移民)이

혁거세 탄생 당시 신라는 육촌(六村)이라는 여러 세력 집단의 연합체였는데 이들 세력 집단들 중 유력한 집단에서 박혁거세라는 임금이 추대되었다고 볼 때 이 유력한 집단을 당시 대륙에서 도래한 유이민 집단으로 볼 가능성도 있는 것이다. 그럴 경우 중국 황실의 딸[유이민 집단의 상징]이 신라의 시조를 낳았다는 일종의 왕권 설화가 자연스럽게 형성될 수 있을 것이다.

그러나 이러한 과정이 한 이야기 속에서 자연스럽게 이어지지 않고 분리되어 있으며 선도성모와 박혁거세라는 별다른 존재의 연결을 김부식이라는 사대성이 강한 인물이 맡고 있다는 점에서 선도성모 설화는 신라 왕권의 정당화를 위해, 결락된 신성 계보를 보완하기 위해 후대에 윤색, 허구되었다는 앞서의 분석에 무게를 두고 싶다.

도교의 정치적 전유와 관련하여 다시 주목해야 할 것은 시조모인 선도성모가 선도를 터득한 여선이라는 점이다. 간적, 강원 등 종래의 시조모는 신화적 인물이었으나 신화가 도교로 전변되는 후대에 이르러 여신은 여선으로 변모하게 되는데 선도성모는 과거의 여신을 대신한 여선의 몸으로서 시조모의 역할을 맡고 있는 것이다. 결국 신라 민족의 정체성이 선도성모라는 도교적 인물의 신이한 능력과 행적에 의해 신성하고 정당한 실체인 양 미화, 규정되고 있음을 알 수 있다.

『해동이적』

주지하듯이 『해동이적』은 조선 현종(顯宗) 때의 문인 홍만종(洪萬宗, 1643-1725)이 지은 신선 전기집이다. 홍만종은 중국의 신선 전기집인 『열선전』과 『신선전』 등에 실린 신선들과는 달리 조선에도 고유한 신선

한반도에 들어와 정착한 것으로 추정되기 때문이다.

이 존재해왔다는 자각에서 『해동이적』을 짓게 된다. 홍만종은 조선의 저명한 도인 북창(北窓) 정렴(鄭磏)의 후손인 동명(東溟) 정두경(鄭斗卿)으로부터 사상적 영향을 많이 받았는데 정두경의 사상은 신선가적, 민족주의적 성향이 짙었다.[47] 가령 그의 「금강산(金剛山)」 시에서 이러한 성향의 일단을 엿볼 수 있다.

> 東海三神在, 동해의 삼신산이 이곳에 있으니
> 中原五嶽低. 중원의 오악도 낮아 보인다.
> 群仙爭窟宅, 뭇 신선들 자리 잡고 싶어 안달이니,
> 王母恨居西. 서왕모도 서쪽에 거주함을 한탄하리.

정두경은 중국에서 역대로 선망했던 봉래(蓬萊), 방장(方丈), 영주(瀛洲)의 이른바 삼신산(三神山)이 조선에 있다고 생각하고 그중의 하나인 금강산이 서왕모(西王母)와 같은 유명한 신선들이 거주하는 곤륜산(崑崙山)보다도 훌륭한 산이라고 예찬함으로써 조선을 오히려 중국보다도 도교의 본 고장으로 인식하고 있다. 즉 그에게 있어서 도교는 조선의 정체성과 자긍심의 원천임을 알 수 있다.

정두경을 사사(師事)했던 홍만종이 동일한 사상을 지니게 되는 것은 자연스러운 일이다. 홍만종은 『해동이적』의 제사(題詞)에서 다음과 같이 천명한다.

우리 동방은 천하에서도 으뜸가는 산수를 갖고 있다. 세칭 삼신산이 모

---

47 정렴, 정두경 등 온양(溫陽) 정씨(鄭氏) 일문 가학(家學)의 신선가적, 민족주의적 성향에 대해서는 정재서, 「溫城世稿를 통해 본 朝鮮朝 丹學派의 이념적 성격」『도교 문화연구』(1997), 제11집 참조.

두 이 나라 안에 있다. 그래서 세상을 버리고 자취를 감추는 선비들은 선문(禪門)에 기탁하기도 하고 산림에 은거하기도 하며 시중에 혼거(混居)하기도 하면서 그 영이(靈異)한 자취가 또렷하게 여러 사람에게 전해지고 있다. 빼어난 땅에 뛰어난 인물이 난다는 말이 과연 거짓이 아니다.

(我東方山水, 甲於天下. 世稱三神山, 皆在域中. 故遺世遯迹之士, 或托於禪門, 或隱於山林, 或混於城市, 逞逞有靈異之蹟, 傳於耳目. 地靈人傑, 果不誣也.)[48]

홍만종 역시 삼신산이 조선에 존재한다는 믿음 위에서 이 땅의 풍토가 신선을 배출하기에 적합하다는 사실을 강조한다. 그리하여 총 32칙(則) 38인에 달하는 신선 전기집을 찬술하게 되는 것이다. 『해동이적』에 실린 신선들은 시대 순으로 열기(列記)되어 있는데 우선 맨 앞에 단군(檀君), 혁거세(赫居世), 동명왕(東明王) 등 고조선과 신라, 고구려의 건국주들이 배치되어 있고 다음으로 사선(四仙), 옥보고(玉寶高) 등 통일신라 시대 이전의 신선들, 그리고 가락국(駕洛國)의 신선인 참시(旵始)를 사이에 두고, 김가기(金可記), 최치원(崔致遠) 등 통일신라 시대의 신선들, 강감찬(姜邯贊), 권진인(權眞人) 등 고려 시대의 신선들, 마지막으로 김시습(金時習)부터 곽재우(郭再祐)에 이르기까지 조선 시대의 신선들이 차례로 기록되어 있다. 여기서 주목해야 할 사실은 조선 시대에 지어진 신선 전기집의 첫머리를 민족의 시조인 단군으로 장식하고 있다는 점이다. 이 점으로부터 조선 도교의 자생설을 표명하고자 하는 홍만종의 의도를 읽을 수 있다. 홍만종은 『삼국유사』에 실린 단군 신화를 인용하여 단군의 행적을 서술한 후 특히 긴 수명에 초점을 맞추어 단군의 장생을

---

48 洪萬宗, 『海東異蹟』(서울: 乙酉文化社, 1982), 李錫浩 譯, p.10.

논한다.

　　광성자(廣成子)가 1200세, 팽조(彭祖)가 800세까지 살았다. 그러나 이
　　것은 다 필부가 수양하여 수명을 연장한 것이다. 그런데 유독 단군은 인
　　군(人君)으로서 1508년의 연세를 누릴 수 있었다. 또한 그의 탄생과 죽음
　　이 매우 영이스러우니, 실로 사람이라고 말할 수 없지만, 역시 사람이라
　　고 말하지 않을 수도 없다. 그래서 나는 일찍이 단군은 복희씨(伏犧氏)를
　　닮았고, 동명왕은 헌원씨(軒轅氏)를 닮았다고 생각했다.
　　(廣成子年一千二百歲, 彭祖年八百歲, 然皆以匹夫修養延年. 獨檀君以仁
　　君能享年一千五百八 歲, 且其始終極其靈異, 則固不可謂之人也, 亦不可不
　　謂之人也. 故余嘗以爲檀君類伏犧氏, 東明 王類軒轅氏.)[49]

　광성자(廣成子), 팽조(彭祖) 등 중국의 저명한 고선(古仙)들과 비교하
여 단군이 더 훌륭하고 그 지위가 신화적 인물인 복희씨(伏犧氏)에 상응
한다는 언급은 주체적 민족의식의 발로(發露)로 여겨진다. 홍만종의 이
러한 반존화(反尊華)적 도교 사상은 그가 찬술한 사서인 『동국역대총
목(東國歷代總目)』에서 단군을 "처음 출현한 신령스러운 임금(首出之神
君)"으로 고양하는 데에 이른다.
　아울러 『해동이적』의 정렴 조(條)에서는 정렴이 중국의 도사와 문답
한 일화를 소개하고 있는데 예(例)의 자주적 취지가 두드러져 눈길을
끈다.

　　훗날 중국에 들어가 봉천전(奉天殿)에서 도사를 만났다. 도사가 묻기

49　洪萬宗, 위의 책, p.21.

북창(北窓) 정렴(鄭磏)의 『용호비결(龍虎秘訣)』.

를, "귀국에도 도사가 있습니까?" 하므로 선생께서는 거짓으로 대답하기를, "우리나라에는 삼신산이 있어 한낮에도 신선이 하늘로 올라가는 것을 항상 볼 수 있으니, 무엇이 그리 귀할 게 있겠소." 라고 했다. 도사는 크게 놀라, "어찌 그럴 수가 있소?" 했다. 선생은 즉시 『황정경(黃庭經)』, 『참동계(參同契)』, 『도덕경(道德經)』, 『음부경(陰符經)』 등의 도경(道經)을 들어, 신선이 되는 계제를 밝게 설명하니, 도사는 굽실거리며 슬그머니 피하여버렸다.

(後觀上國, 遇道士於奉天殿. 道士曰, 東國亦有道流乎. 先生紿曰, 東國有三神山, 白日昇天, 尋 常見之, 何足貴乎. 道士大驚曰, 何至於此. 先生卽舉黃庭參同道德陰符等經, 洞陳作僊階梯. 道士踏踏辭避.)[50]

정렴은 일찍이 중국의 대표적 단경(丹經)인 『참동계(參同契)』의 난삽함을 비판하고 조선의 수련가들을 위해 입문서인 『용호비결(龍虎秘訣)』을 지을 정도로 자의식이 강한 도인이었다.[51] 우리는 정렴의 조선 도교

에 대한 이러한 주체적 의식이 후손인 정두경에게 계승되어 제자인 홍만종의 역사의식과 민족의식에 깊은 영향을 주었음을 다시 확인할 수 있을 것이다.

3. 천황제(天皇制)와 신도(神道)

일본은 백제와의 교섭을 통해 도교 문화를 받아들이기 시작했는데 한국과 마찬가지로 교단도교는 존재하지 않았으나 도교와 관련된 사상, 민속, 신앙 등이 문화 속에 적지 않은 흔적을 남기고 있다. 특히 천황제(天皇制), 신도(神道), 음양도(陰陽道), 수험도(修驗道) 등에서 도교의 강한 영향을 확인할 수 있다. 천황제의 경우 신관(神觀), 법구(法具), 신도의 경우 신격(神格), 법술(法術) 등의 차원에서 구체적 영향 관계가 사료되며 음양도는 음양오행설 및 도교가 일본에서 토착화된 사례로 보아도 무리가 없고, 수험도는 산악숭배라는 특징을 도교와 공유하고 있다. 여기에서는 과거에 일본 도교학에서 논의된 내용을 참조하면서 천황제와 신도에서의 정치적 전유를 살펴볼 것인데 그것은 양자가 일본의 국가 정체성, 민족의식 등과 가장 긴밀히 상관되어 있기 때문이다.

천황제

일찍이 후쿠나가 미쓰시(福永光司)는 일본을 대표하는 최고의 상징적 존재인 천황의 실체가 도교와 깊은 관련이 있음을 논증함으로써 일본 학계에 파문을 일으켰다. 그의 논점을 간략히 정리하면 다음과 같다. 일본의 천황이라는 명칭은 도교에서의 최고신인 천황대제(天皇大帝)로부터 유래한 것이다. 천황대제는 북두성을 신격화한 천상의 신으로서 6세기 후반 원시천존(元始天尊)이 출현할 때까지 도교의 최고신이었다. 일

요괴를 쫓는 음양사(陰陽師) 아베노 세이메이(安倍晴明), 도쿄
국립박물관.

본에서 천황이라는 명칭
이 최초로 사용된 실례는
스이코(推古) 천황 당시
(607년)에 쓰여진 것으로
추정되는 법륭사(法隆寺)
금당(金堂) 약사상((藥師
像))의 광배(光背) 명문
(銘文) 즉 '池辺大宮治天
下天皇'이라는 글귀에서
찾아볼 수 있다. 이와 아
울러 천황을 진인(眞人)
으로 호칭한 경우도 발견되는데 덴무(天武) 천황의 시호가 '천정중원영
진인(天渟中原瀛眞人)'이었다. 여기에서 '영진인(瀛眞人)' 중의 '영(瀛)'은
삼신산 중의 '영주(瀛洲)'를 의미하는데 일찍부터 일본을 도교 낙원인 삼
신산으로 생각하고 있었음을 알 수 있다. 후쿠나가는 천황의 왕권을 상
징하는 중요한 신기(神器)인 칼과 거울도 도교에서 유래한 것으로 보고
있다. 아닌 게 아니라 도교에서(특히 唐代 도교) 칼과 거울은 최고신의
권력을 상징함과 동시에 그것을 위임받은 지상의 제왕 혹은 천사(天師)
의 권능을 표시하는 법구이기도 했다.[52] 그러나 이러한 관점은 좀더 고
찰이 필요할 것이다. 칼과 거울은 도교에서만의 신기가 아니다. 한국의
현행 무속에서조차 칼과 거울〔명도〕이 법구로서 사용되고 있음을 볼 때
고대 일본의 제왕이 아마테라스오미카미(天照大神)나 히미코(卑彌呼)의
예에서 보듯 무군(巫君)의 성격을 지니고 있다면 천황의 칼과 거울이 토

---

52   福永光司, 『道敎と日本思想』(東京: 德間書店,1986), pp.94-112.

착 무속에서 유래한 신기일 수도 있기 때문이다. 후쿠나가는 이밖에도 천황과 자색(紫色)과의 관계, 일본의 국호인 야마토(大和), 『고사기(古事記)』 서문에서의 '혼원(混元)' 등에 대한 탐색을 통해 천황제가 성립되는 과정에서 도교의 개념과 술어를 다수 차용했음을 논증했다.[53]

신도

신도는 신화, 토착 신앙 등으로부터 발전한 일본 고유의 종교이다. 무라오카 노리쓰구(村岡典嗣)의 『일본신도사』에 의하면 신도는 불교, 유교 등 외래 사조와의 교섭을 거치면서 고대-중세-근세 전기-근세 후기로 4단계의 변천 과정을 밟는다.[54] 도교와의 본격적인 교섭은 제2기인 중세 신도부터 시작되는데 이 글에서는 제2기의 요시다(吉田) 신도와 이세(伊勢) 신도, 그리고 제4기의 신도학자 히라타 아쓰타네(平田篤胤)에 의해 도교 설화가 어떻게 전유되었는지를 살펴보고자 한다.

요시다 신도는 경도(京都) 요시다 신사(神社)의 사관(祠官) 우라베 가네토모(卜部兼俱, 1435-1511)에 의해 성립되어 중세 후기의 종교계, 사상계에 커다란 영향을 미쳤을 뿐만 아니라 후세의 신도 이론 형성에 대해서도 상당한 작용을 했던 교설이다. 우라베는 음양도의 영향을 강하게 받았는데 음양도의 핵심에는 이미 도교가 자리 잡고 있었기 때문에 사실상 도교가 우라베의 교설 형성에 중요한 역할을 한 셈이라 하겠다. 가령 신도에서의 많은 신들에 대한 분류 체계인 삼원오대전신록(三元五大傳神錄)에는 도교의 신들 및 그 체계가 수용되고 있으며 신도 사상에도 음양오행설의 영향이 두드러진다. 그리고 도교 북두신앙(北斗信仰)의 수

---

53 福永光司, 위의 책, pp.112-120.
54 村岡典嗣, 『일본신도사』(서울: 예문서원, 1998), 박규태 옮김, p.19. 그러나 이 책에서는 도교와의 교섭 관계는 다루고 있지 않다.

일본의 이즈모 신사
(出雲神社).

용이 뚜렷한데 우라베가 제작한 『신지도령부인(神祇道靈符印)』에 실린 부적들은 도경(道經)인 『태상현령북두본명연생진경주(太上玄靈北斗本命延生眞經註)』 등으로부터 차용된 것들이 많다.[55]

　중세 신도의 대표적 교설 중의 하나인 이세 신도 역시 자가(自家)의 설을 논리화하는 과정에서 다양한 사상들을 수용했고 이들 중 도교가 가장 큰 역할을 했다. 가령 경전인 『신도오부서(神道五部書)』, 『대원신일비서(大元神一秘書)』 등의 사상, 신관을 형성하는 데에 『도덕경』, 『장자』 등의 도가서가 많은 영향을 미쳤던 것이다.[56]

　근세 후기 신도의 저명한 학자인 히라타 아쓰타네(平田篤胤, 1776-1843)는 중국 신화, 도교 설화 등을 대량으로 원용한 후 그것을 신도의 입장에서 완전히 재해석했다. 그에게는 『적현태고전(赤縣太古傳)』, 『삼오본국고(三五本國考)』, 『황제전기(黃帝傳記)』, 『대부상국고(大扶桑國

55　出村龍日, 「中世神道と道教」 『アジア諸地域と道教』(東京: 雄山閣, 2001), pp.313-342 참조.

56　高橋美由紀, 「伊勢神道の形成と道家思想」 『道教と日本』(東京: 雄山閣, 1997), pp.33-62 참조.

考)」,『천주오악여론(天柱五嶽餘論)』,『삼신산여고(三神山餘考)』등의 도교 관련 저작이 있는데 그는 이들 저작에 등장하는 반고(盤古), 복희(伏犧), 소호(少昊), 전욱(顓頊), 동왕공(東王公) 등의 중국 신화, 도교적 인물들의 정체가 고대 일본의 신이라고 주장하고 곤륜산(崑崙山), 오악, 삼신산 등 『산해경(山海經)』,『습유기(拾遺記)』등에 등장하는 중국 신화, 도교적 명산들도 일본에 실재하는 것으로 간주했다. 다만 황제의 경우 일본의 신으로 여기지 않는 대신 일본의 최고신이 천황진인(天皇眞人)을 시켜 그에게 진일지도(眞一之道)를 전수했다고 주장했다.[57] 히라타의 이러한 아전인수(我田引水)적인 중국 신화, 도교 설화 수용은 그의 이른바 '세계포용론(世界包容論)'을 입증하기 위한 취지에서 이루어진 것이다. '세계포용론'이란 세계 각국이 고대 일본의 신들에 의한 개척의 산물이고 일본이 세계의 근본이라는 주장인데 결국 이 주장은 후일 일본의 아시아 침략과 정복을 정당화하는 이론으로 기능하게 된다.

맺는 말

지금까지 한 · 중 · 일 3국을 두고 각각 2가지 사례를 중심으로 도교 설화의 정치적 전유 현상에 대해 살펴보았다. 이상 검토한 6가지 사례는 비록 개별성을 띠긴 하지만 나름대로 각국에서 대표성을 지닌 사례들로 도교 설화의 정치적 전유에 대해 범례가 될 수 있을 것이다. 이제 검토의 결과들을 종합하여 비교해보면 다음과 같다.

중국의 경우 황제 설화를 통하여 우리는 중국 민족이 이상화한 인물

---

57 楠山春樹,「平田篤胤と道教」『道教と日本』, pp.125-151 참조. 이러한 발상은 한국 도교에서도 엿보인다. 가령 이능화(李能和)는 황제가 청구(靑邱)에 가서 자부선생(紫府先生)으로부터 『삼황내문(三皇內文)』을 전수받았다는 『포박자(抱朴子)』「지진(地眞)」편의 기록을 들어 한국 도교의 우월성을 강조한다. 李能和, 『朝鮮道敎史』(서울: 普成文化社, 1977), 李鍾殷 譯註, pp.33-52 참조.

의 형상화에 신선이란 득도자의 이미지가 크게 기능했음을 알 수 있었다. 아울러『규염객전』을 통하여 도교적 초월자의 신성성이 왕조의 혈통을 미화하고 나아가 왕권의 정당성을 고취했음을 살펴볼 수 있었다.

한국의 경우 선도성모 설화를 통하여 왕조의 정통성이 외부의 큰 세력, 이른바 대타자(大他者)라 할 수 있는 중국의 왕권에 의해 성립되는 사례를 엿볼 수 있었는데『해동이적』은 이와 반대로 민족 정체성이 자생적으로 이루어지는 상황을 보여주고 있었다. 이 두 가지 사례 모두 도교 설화의 적극적인 수용을 통해서임은 물론이다.

일본의 경우 천황제, 신도 공히 국가 정체성을 확립하는 과정에서 도교 설화를 차용 혹은 활용하고 있으나 천황제와 중세 신도에서는 그 수준이 단순한 수용에 그쳤던 것이 근세의 히라타에 이르러서는 일본 중심으로 완전히 개편되어 제국주의로 변용되었음이 유별나다.

결론적으로 우리는 한·중·일 3국에서 도교 설화의 정치적 전유가 공통된 현상임을 확인함과 동시에 각국 간의 편차도 인지할 수 있었다. 특히 한국의『해동이적』과 일본의 히라타의 경우는 상당히 유사하면서도 궁극적인 차이점이 있어서 흥미롭다. 가령 삼신산이 자국내에 있다는 인식, 도교가 자생했다는 주장 등은 양자가 공유하는 생각이다. 그러나『해동이적』의 경우 도교적 초월자들의 활동 범주가 대개 자국과 자민족에 머물러 있는 데 비해 히라타의 경우는 타국과 타민족에게까지 확장되어 있다는 점이 큰 차이이다. 이것은『해동이적』에서의 도교 설화의 정치적 전유가 자기방어적인 견지에 서 있었다면 히라타의 경우는 팽창주의의 노선을 걸었음을 시사한다. 고대 일본에서는 불교를 수용할 당시 본지수적설(本地垂迹說)의 입장을 취했으나 근세에 이르러 도교 수용에 대해 완전히 전도된 방향을 택하여 타자에로 확장, 망라하는 자세를 취하게 되었음은 흥미로운 사실이다. 이러한 사실은 후일 성립된 일본 제국주의가 당대 정치 현실 및 세계 정세만의 산물이 아니라 스스로의 사상적 추이(推移) 속에서 형성되기도 한 것임을 말해준다. 한국의 경우 『해동이적』 이후 형성된 것으로 추정되는 『환단고기(桓檀古記)』, 『규원사화(揆園史話)』, 『부도지(符都誌)』 등 이른바 재야 사서(史書)에서도 확대주의적 성향의 도교 설화 전유 현상이 엿보인다. 하지만 이러한 현상이 제국주의 이데올로기를 담지하고 있다고 보기는 어렵다. 어디까지나 그것은 강대한 중국으로부터, 혹은 근대 무렵 외세로부터 정체성과 존립을 위협받는 극한적 상황에서 과잉된 혹은 선제(先制)적인 자기 방어 의식의 표현으로 보아야 할 것이다.

제4부

한국 재야 역사 설화에 대한
비교학적 검토

제8장 『환단고기(桓檀古記)』의 중국 신화, 도교적 상상력

1. 진위 문제

한국에서의 국사에 대한 인식은 두 가지 계통으로 첨예하게 대립되어 있다. 한 가지는 강단의 학자들로 형성된 정통 사학에서의 인식이고 또 한 가지는 민간의 역사 애호가들로 이루어진 재야(在野) 사학(史學)에서의 인식이다. 정통 사학은 현전(現傳) 기록과 유물을 토대로 국사의 체계와 내용을 구성했지만 재야 사학은 이것을 부인하고 이른바 비전(秘傳)의 기록에 근거하여 현행 국사의 범주를 훨씬 넘어서는 견해를 제시한다. 물론 학문적으로는 전자가 공인되어 있고 후자는 공식적으로 존재하지는 않는다. 그러나 한 나라의 역사에 대한 인식이 이처럼 판이하다는 것은 다른 나라에서 유례를 찾아보기 힘든 현상이며 이로부터 우리는 공식 역사에 대해 끊임없이 의문을 제기하여 인식의 각을 세워온 재야 사학의 근거가 무엇인지에 대해 탐문해볼 필요성을 느끼게 된다.

재야 사학에서 주로 빙거(憑據)하고 있는 자료들은 『환단고기(桓檀古記)』, 『규원사화(揆園史話)』, 『부도지(符都誌)』 등 민간에서 전승되어 왔다고 주장하는 설화성이 강한 사화류(史話類)의 전적들이다. 이 책들이 담고 있는 내용은 한민족(韓民族)의 신성한 기원과 영광스러운 상고사에 관한 것들이 대부분이며 특히 중국에 대해 강한 민족주의적 성향을 표출하고 있다. 그런데 이 책들은 모두 근대 이후 심지어는 현대에 출현했다는 사실을 한 특징으로 하고 있다. 『환단고기』 등이 근대 이후에 출현한 이유로는 다음의 두 가지 경우를 생각해볼 수 있을 것이다. 한 가지는 조선 시대까지 중화주의에 반하는 이러한 책들이 금서(禁書)로 규정되어 비전되어오다가 근대 이후 비로소 공개될 수 있었던 경우이다. 이를 '금서 비전설(禁書秘傳說)'이라고 부르기로 한다. 또 한 가지는 근대의 수난기에 민족적 자부심을 고취, 앙양하기 위해 대종교(大倧敎)를 위시한 민족주의 진영에서 위서(僞書)로서 제작했을 경우이다. 이를 '근대 위작설(近代僞作說)'로 부르기로 한다. 강단 사학에서는 후자의 경우로 간주하고 이들 전적을 위서(僞書)로 규정하여 사료적, 문헌적 가치에 대해 회의적인 태도를 보였으나 재야 사학은 이에 강력히 반발하여 진위(眞僞) 문제를 둘러싸고 일대 논전(論戰)이 벌어진 바 있다.[1]

『환단고기』 등의 진위 문제는 이 글에서 논의할 주제는 아니나 현재 이들 전적을 연구 대상으로 삼고 있는 한 전혀 도외시할 사안이라고 볼 수 없으므로 몇 마디 섭급(涉及)하고자 한다. 먼저 이 글에서는 이들 전적이 앞서의 두 가지 경우 모두와 관련되어 찬술(撰述)되었다는 입장을 취하고자 한다. 후자 곧 '근대 위작설'의 경우와 관련하여 가령 강단 사학에서는 『환단고기』 등에 표현된 근대 한문 용어 및 신문 용어를 문제 삼는다. 이러한 지적은 이 책들이 후대에 지어진 것임을 입증하는 강력한 증거이다. 비록 그러한 용어들이 고대에도 출현한 적이 있으니 문제될 것 없다는 반론도 있긴 하나 용어의 적의성(適宜性) 여부는 컨텍스

---

1   자세한 논전 경위 및 내용에 대해서는 이승호, 「한국 선도문헌의 연구사 소고」 『선도문화』(2009), 제6집 참고.

트를 고려하여 파악해야 하는데『환단고기』등에서의 용례는 결코 고대 전적에서의 그것과 같지 않다. 그것은 근대적 컨텍스트를 내함(內含)한 표현이다.

위작과 관련하여 보다 근본적인 문제 제기는 이 책들의 일부 내용이 설사 근대 아닌 고대에 이루어졌다 할지라도 처음부터 이미 조작되었을 가능성이다. 가령『환단고기』의 본문을 조금만 훑어보면 이 책의 일부가 중국 전적에 대한 상당한 소양을 바탕으로 직조(織造)된 것이라는 점을 알 수 있다. 예컨대『단군세기(檀君世紀)』에서의 "풀이 바람에 쏠리듯 덕화가 새로워지는구나."라는 구절은『논어(論語)』「안연(顏淵)」편을 즉각 떠올리게 하며,[2] 역시『단군세기』에서의 "천하(天河)에 사는 신령한 거북이가 그림을 지고 나타났는데 마치 윷판과 같았다."는 구절은「하도(河圖)」,「낙서(洛書)」의 출현을 생각하게 하고, 다시『단군세기』에서의 "큰 가뭄이 들어 단군 고불이 몸소 삼신에게 비를 내려 달라고 빌었는데…… 기도가 끝나자 큰비가 선 자리에서 수천 리에 내렸다."는 구절은 성탕(成湯)의 기우(祈雨) 고사를 연상시키며,『태백일사((太白逸史)·신시본기(神市本紀)』에서의 "배불리 먹고 흥겨워하여 배를 두드리고 놀았으며 해가 뜨면 일어나고 해가 지면 쉬었으니"라는 구절은 요(堯) 시절의 격양가(擊壤歌)와 함포고복(含哺鼓腹) 고사(故事)를 떠올리게 하고,『태백일사(太白逸史)·삼한관경본기(三韓管境本紀)』에서의 "임금의 마음은 위태롭게 되고 뭇사람의 마음은 미약하게 될 것이로다."라는 구절은『서경(書經)』을 생각하게 하는 등,[3]『환단고기(桓檀古記)』의 일부가 성서(成書) 과정에서 문장 구성 나아가 개념 구성에 이르기까지 중국 전적에 상당히 의존하고 있음은 의문의 여지가 없다.

---

2 『論語』「顏淵」: "君子之德, 風. 小人之德, 草. 草上之風, 必偃."
3 『書經』「大禹謨」: "人心惟危, 道心惟微. 惟精惟一, 允執厥中."

그러나 이러한 지적이 『환단고기』 등이 전면적으로 위조되었다는 사실을 의미하지는 않는다. 이 글에서는 후자 즉 '근대 위작설'을 긍정하면서 전자 곧 '금서 비전설'도 부인하지 않는 입장을 취하고 있다고 했다. 조선 시대 당시 관방(官方)의 역사관에 반하는 민간 사서의 존재는 태종(太宗) 때에 『진역유기(震域遺記)』, 『삼성훈경(三聖訓經)』, 『지공기(誌公記)』 등을 금서로 규정하고 수서령(收書令)을 내린 역사적 사실로서도 입증된다. 이들 민간 사서의 일부는 여전히 비전 혹은 구전되어 도가나 불가 계통 인물들의 역사의식에 영향을 미친 것으로 추리된다. 조선 전기 단학파(丹學派) 도인들과 이를 계승한 정두경(鄭斗卿), 홍만종(洪萬宗) 등의 역사의식이 반존화(反尊華)적인 것은 이미 밝혀진 사실이다.[4] 아울러 금서가 된 민간 사서는 조선 말기까지 비전 혹은 구전되어 내려오다가 망국 이후 대종교 등 민족주의 계통의 인물들에 의해 재편집의 형식으로 찬술되었을 것이다. 비전된 고서 혹은 구전된 지식을 재편집하는 과정은 곧 새로운 체계화의 과정이다. 이를 위해 결락(缺落)된 부분에 대한 보완의 필요에서 사적(私的) 견해가 일부 개입되었을 가능성이 있고 문장을 시의(時宜)에 맞게 윤색하다 보니 상술한 근대 한문 용어 및 신문 용어가 삽입되었을 것이다. 바로 이 부분이 앞서 말한 중국 전적에 의한 직조 행위와 더불어 『환단고기』 등의 일부 내용을 위작으로 간주하지 않을 수 없게 만드는 요인이다.

그럼에도 불구하고 이 책들이 완전히 위작일 수 없는 이유로는 다음의 두 가지를 들 수 있다. 한 가지는 조선 시대에 민간 사서에 대한 수서령(收書令)이 내렸다 할지라도 그것들이 모두 인멸될 수는 없었을 것이라는 점이다. 일부는 비전 혹은 구전되어 내려왔을 것이고 그것들이

4   정재서, 『한국 도교의 기원과 역사』(서울: 이화여자대학교출판부, 2006), pp.193-208.

분명히 『환단고기』 등의 편집을 통하여 반영되었을 것이다. 그 내용은 이미 고대에 위조된 부분과 상고 시대부터 실제로 전승되어온 역사 설화로 이루어져 있었을 것이다. 다른 한 가지는 『환단고기』 등이 민족주의 진영에 의해 전면적으로 위조되었다면 당시의 상황으로 비추어볼 때 일본에 대한 역사적, 문화적 우월감이나 대항의식과 관련된 내용이 상당 부분을 차지해야 하나 이 부분이 거의 없고 오히려 당시 동병상련(同病相憐)의 처지에 있던 중국에 대한 비판적 서술이 중심을 이루고 있는데 이는 이 책들 자체는 근대에 편성되었다 할지라도 그 내용의 중요한 부분은 오히려 과거 중화주의가 군림했던 시기에 성립된 것이라는 방증이 될 수 있다.[5]

결과적으로 이 글에서는 『환단고기』 등이 근대에 민족주의 계통의 인물에 의해 편성되었고 당시 혹은 고대에 일부 내용이 위조되었을 가능성을 긍정하면서도 일부 내용은 비전 혹은 구전의 방식을 통해 실제로 전승되어온 역사 설화일 가능성 역시 배제할 수 없다고 생각한다. 따라서 『환단고기』 등의 사료적, 문헌적 가치를 전면 부인하는 태도는 온당치 않다. 중국의 경우 『산해경(山海經)』 같은 신화서도 고고학, 민속학, 문헌학 등의 도움을 받아 은대(殷代) 역사와 문화를 밝히는 데에 요긴하게 원용된 사례가 있는데 하물며 자생의 사료 부족을 절감하는 국사와 상고 문화 연구의 경우 모래더미에서 한 톨의 사금을 채취하는 심정으로 이들 재야 사서가 함장(含藏)하고 있을 사실(史實)을 발견, 활용할 수 있도록 노력해야 할 것이다.

이상은 『환단고기』 등의 진위 문제에 대한 이 글의 입장이다. 하지만

---

5 반대로 재야 사서의 취지가 항일이 아니라 오히려 친일 민족주의라는 시각도 있다. 박광용, 「대종교 관련 문헌에 위작 많다―규원사화와 환단고기의 성격에 대한 재검토」, 『역사비평』(1990), 제10호. pp.215-219.

이 글에서의 이들 재야 사서에 대한 검토는 사료적, 문헌적 가치와는 별도의 가치에 대한 인식에서 출발한다. 이 글에서는 이 책들에 담긴 역사적 지식이 아니라 신화, 도교적 상상력을 대상으로 중국의 그것과의 비교를 통하여 이동(異同)의 양상을 탐색하고 나아가 변이(變異)와 수용(受容)의 메커니즘을 논의하게 될 것인데 궁극적인 목표는 『환단고기』등에 내재된 민족적 집단 심성, 곧 '망탈리테(mentalité)'의 추출에 있다. 이러한 작업은 이 책들의 진위 여부와 관계없이 신화, 도교적 상상력과 한국 문화의 정체성, 그리고 그 정체성을 유지하기 위한 상상력의 정치학에 대한 탐구와 긴밀히 상관되어 있다.

2. 성립 및 내용

『환단고기』를 최초로 공간(公刊)한 운초(雲樵) 계연수(桂延壽, 1864-1920)가 이 책의 성립 및 유전(流轉) 경위에 대해 범례(凡例)에서 밝힌 내용은 다음과 같다. 계연수는 일연(一然)의 『삼국유사(三國遺事)』에 등장한 '고기(古記)'의 이름을 따서 「삼성기(三聖記)」, 「단군세기」, 「북부여기(北夫餘記)」, 「태백일사(太白逸史)」 등 4개의 책을 합본하여 『환단고기(桓檀古記)』라 명명했다고 한다. 이중 「삼성기(三聖記)」는 신라의 고승(高僧) 안함로(安含老, 579-640)가 지었는데 가장(家藏)된 것을 상편(上篇)으로 삼고, 고려의 원동중(元董仲)이 지었는데 태천(泰川) 진사(進士) 백관묵(白寬黙)한테 얻은 것을 하편(下篇)으로 삼은 후, 이 둘을 합쳐 「삼성기전(三聖記全)」이라고 부르기도 했다 한다. 「단군세기(檀君世記)」는 고려 공민왕(恭愍王) 때의 수문하시중(守門下侍中) 행촌(杏村) 이암(李嵒, 1297-1364)이 지은 것을 앞서의 백관묵으로부터 얻었으며 『북부여기(北夫餘記)』는 상하편(上下篇)으로 구성되어 있는데 고려 두문동

(杜門洞) 72현(賢) 중의 하나인 휴애거사(休崖居士) 범장(范樟)이 지었다고 한다. 이 책은 「단군세기」와 합본되어 있었는데 진사 이형식(李亨栻)으로부터 구했다고 한다. 「태백일사(太白逸史)」는 조선 중종(中宗) 때의 문신(文臣) 일십당주인(一十堂主人) 이맥(李陌, 1455-1528)이 엮은 것을 해학(海鶴) 이기(李沂)가 소장하고 있었다고 한다. 이들 4개의 책 곧 『환단고기』는 이기의 감수를 거쳐 계연수가 옮겨 적은 후 홍범도(洪範圖), 오동진(吳東振) 등이 자금을 마련하여 1911년에 목판(木版)으로 출간했다고 한다.

『환단고기』로 합본된 4개 책의 내용을 간략히 소개하면 다음과 같다. 먼저 「삼성기」는 환인, 환웅, 단군에 이르는 고조선의 초기 역사를 기록하고 있는데 말미에 연표인 「신시역대기(神市歷代記)」가 있으며 「단군세기(檀君世記)」는 아사달에 도읍을 정한 고조선의 47대 단군들의 치적을 편년체의 형식으로 서술하고 있다. 그리고 「북부여기」는 해모수(解慕漱)로부터 6대에 이르는 북부여, 해부루(解夫婁)로부터 3대에 걸친 가섭원부여(迦葉原夫餘) 곧 동부여의 역사를 싣고 있다. 가장 많은 분량을 차지하는 「태백일사(太白逸史)」는 「삼신오제본기(三神五帝本紀)」, 「환국본기(桓國本紀)」, 「신시본기(神市本紀)」, 「삼한관경본기(三韓管境本紀)」, 「소도경전본훈(蘇塗經傳本訓)」, 「고구려국본기(高句麗國本紀)」, 「대진국본기(大震國本紀)」, 「고려국본기(高麗國本紀)」 등의 여러 편장(篇章)으로 구성되어 있다. 이들 편장에서는 삼신(三神)에 의한 태초의 세계 창조를 위시하여 환국, 배달국, 단군조선, 고구려, 발해, 고려 등의 역사가 환인(桓因), 환웅(桓因), 치우천왕(蚩尤天王), 연개소문(淵蓋蘇文), 대조영(大祚榮) 등의 활약을 중심으로 순차적으로 전개되고 있다. 이중 『소도경전본훈(蘇塗經傳本訓)』만은 성격이 달라 「천부경(天符經)」, 「삼일신고(三一神誥)」, 「참전계경(參佺戒經)」 등 고유 사상이 담긴 경전에 대한 소개로

편성되어 있다.[6]

현재 국내에는 임승국(林承國), 단학회 연구부, 안경전(安耕田) 등에 의해 이루어진 여러 종의 역주본이 출판, 통행되고 있다. 이 글에서는 단학회 연구부 역주본을 바탕으로 논의를 진행했음을 밝혀둔다.[7]

3. 중국 신화적 상상력

『환단고기』에서는 한국 상고사를 기술함에 있어 한국 신화보다도 오히려 중국 신화를 대량으로 인용하여 연대 체계를 보완하고 이른바 주체적 민족사의 내용을 풍부하게 만들고 있다. 『환단고기』에서의 중국 신화 수용을 신화적 인물과 사건을 중심으로 고찰해보면 다음과 같다.

『환단고기』에 등장하는 중국 신화상의 인물 중에서 가장 큰 비중을 차지하고 중국과의 관계에서 공격적 입장을 보여주는 사람은 치우(蚩尤)이다. 아울러 그 내용은 중국 측의 신화 기록과 극명한 대비를 이루기도 한다. 치우에 관한 서술은 『환단고기』의 곳곳에 보여 재야 사학에서 얼마나 이 인물을 중시했는가를 알 수 있다.

또 몇 대를 전하여 자오지환웅(慈烏支桓雄)이 있었는데 신령한 용맹이 뛰어나고 동두철액(銅頭鐵額)으로써 짙은 안개를 일으켰으며 구치(九冶)라는 채광기(採鑛機)를 만들어 광석을 캐어 철을 주조해 병장기를 만들어내니 온 천하가 크게 두려워했다. 세상에서는 이를 치우천왕(尤天王)

---

6   이승호,「한국 선도문헌의 연구사 소고」『선도문화』(2009), 제6집, pp.331-332 참고.

7   실상 『환단고기』를 비롯, 후술할 『부도지』, 『규원사화』 등 재야 사서의 역주본에 대한 문헌학적, 해석적 방면의 검증이 선행되어야 할 것이나 이 책에서는 잠정적으로, 전체 취지에 큰 무리가 없는 한 현행 역주본을 텍스트로 활용했음을 밝혀둔다.

이라 일컬었는데 치우란 속언에 따르면 엄청난 우레 비를 내리게 하여 산과 강을 바뀌게 한다는 뜻이다. 치우천왕은 염농(炎農)이 쇠퇴하는 것을 보고는 드디어 웅대한 뜻을 세워 서쪽에서 천병(天兵)을 여러 번 일으키고 또 삭도(索度)로부터 진군(進軍)하여 회(淮)와 대(岱)의 사이를 차지했다. 헌원후(軒轅侯)가 일어나자 곧장 탁록(涿鹿)의 벌판으로 나아가 헌원을 사로잡아 신하로 삼고 후에 오장군(吳將軍)을 서쪽으로 보내어 고신(高辛)을 쳐서 공을 세우게 했다.[8]

치우천왕(蚩尤天王)이 이에 곧 삼신(三神)에게 제사를 드리고 맹세하여 천하의 태평을 고유(告由)했다. 다시 진군하여 탁록(涿鹿)을 바짝 에워싸고 한 번에 이를 멸했는데 『관자(管子)』에 이르기를 "천하의 임금이 싸움에 임해 한번 분노하자 주검이 들에 가득했다."고 함이 이것이다. 그때 공손(公孫) 헌원(軒轅)이란 자가 있어 토착민의 우두머리였는데 그는 처음 치우천왕이 공상(空桑)에 입성했다는 소문을 듣고 새로운 정치를 펴며 감히 스스로 대신 천자가 되려는 뜻을 가지고 있었…… 치우천왕이 군대의 상태를 더욱 정돈하여 사면으로 진격하니 십 년 동안에 헌원과 더불어 싸우기 일흔세 차례였으나 장수는 피로한 기색이 없고 군사들은 후퇴하지 않았다…… 이 싸움에서 우리 장수 치우비(蚩尤飛)란 사람이 불행히도 급하게 전공을 세우려다 전진(戰陣)에서 죽었는데 『사기(史記)』에서 이른바 "치우를 사로잡아 죽였다."함은 대개 이 사실을 이름이다.[9]

---

8 단학회 연구부 엮음, 「三聖紀全 下篇」『桓檀古記(역주본 · 장구본)』(서울: 코리언북스, 1998), p.26.

9 단학회 연구부 엮음, 「太白逸史 · 神市本紀」『桓檀古記(역주본 · 장구본)』(서울:코리언북스, 1998), pp.122-124.

응룡(應龍). 마창의(馬昌儀)의 『산해경도설(山海經圖說)』.

위(「삼성기전(三聖紀全) 하편(下篇)」)와 아래(「태백일사·신시본기(神市本紀)」)의 기록은 내용에 있어 약간의 상위(相違)가 있다. 위의 치우천왕은 발음이 비슷한 자오지환웅이라고도 하며 황제(헌원)와 탁록에서 싸워 그를 사로잡았다고 했으나 아래의 치우천왕은 탁록을 정벌한 후 황제와 싸워 대치 국면을 이룬다. 그러나 양자 공히 치우천왕이 황제와의 싸움에서 결코 패배하지 않았다는 점에서는 일치한다.

중국 신화에서 치우에 관한 가장 오래된 기록은 『산해경』에 보인다. 『산해경』에서는 모두 네 군데에서 치우에 대해 언급하고 있는데 대부분 치우의 신상에 대한 단편적인 기록이고 황제와의 전쟁을 자세히 묘사하고 있는 곳은 단 한 군데에서이다.

치우가 무기를 만들어 황제를 치자 황제가 이에 응룡(應龍)으로 하여금 기주야(冀州野)에서 그를 공격하게 했다. 응룡이 물을 모아 둔 것을 치우가 풍백(風伯)과 우사(雨師)에게 부탁하여 폭풍우로 거침없이 쏟아지게 했다. 황제가 이에 천녀(天女)인 발(魃)을 내려 보내니 비가 그쳤고 마침내 치우를 죽였다.

(蚩尤作兵伐黃帝, 黃帝乃令應龍攻之冀州之野. 應龍蓄水, 蚩尤請風伯雨師, 縱大風雨. 黃帝乃下天女曰魃, 雨止, 遂殺蚩尤.)[10]

---

10 『山海經』「大荒北經」.

『산해경』은 은(殷) 및 동이계(東夷系) 문화의 내용을 많이 포함하고 있고 이들 종족에 대해 친연성(親緣性)을 지니는 책임에도 불구하고 치우의 패배를 명기(明記)하고 있다. 이를 의식하여 해명이라도 하듯 치우에 대한 아래(「태백일사·신시본기」)의 기록에서는 황제(黃帝)가 죽인 것이 '치우(蚩尤)'가 아니라 '치우비(蚩尤飛)'라는 장수였다고 주장한다.

그렇다면『환단고기』에서 치우의 패배를 끝까지 인정하지 않고 오히려 우세했다고 기술하는 이유는 어디에 있을까? 중국 신화에서 동서 종족 간의 전쟁은 황제와 치우 사이의 투쟁만큼 큰 상징성을 띠는 것이 없었다.『환단고기』에서는 후대의 중국 사가들에 의해 중심과 주변, 문명과 야만, 코스모스와 카오스의 대립으로 묘사되는 이 전쟁의 구도를 해체함으로써 고대 한국의 정점에 위치한 고조선의 위상을 주변에서 중심, 야만에서 문명, 카오스에서 코스모스로 끌어올린다. 아니 복원시킨다는 신념의 작업이 행해진 것이리라.

『환단고기』에는 이외에도 창조 신화의 거인인 반고(盤固), 묘족의 시조인 반호(盤瓠),『산해경』의 숙신국(肅愼國) 등과 관련된 색다른 이야기가 실려 있어 흥미롭다. 먼저 반고에 대한 이야기는 다음과 같다.

『고기(古記)』에 다음과 같은 글이 있다. 파나류산(波奈留山) 아래에 환인씨(桓仁氏)의 나라가 있었는데 천해(天海)의 동쪽 땅이고 역시 파나류국이라 일컬었다. 그 땅 넓이가 남북은 5만 리, 동서는 2만여 리인데 통틀어 환국이라고 한다…… 그래서 환인은 환웅(桓雄)에게 천부인(天符印) 세 개를 주며 말하기를 "지금 인간이나 만물이 이미 제 할 바가 모두 이루어져 있으니 그대는 수고로움을 아끼지 말고 무리 3천을 거느리고 가서 하늘을 트고 가르침을 세워 세상살이를 다스리고 되게 하여 자손 만대의 홍범(洪範)이 되도록 하라."고 했다. 그때 반고(盤固)라는 이

반고(盤固), 『천지인귀신도감(天地人鬼神圖鑑)』.

가 기이한 술수를 좋아하여 환웅과 길을 나누어 가기를 청하니 환인이 이를 허락했다. 드디어 반고는 재물과 보화(寶貨)를 싣고 십간(十干)과 십이지(十二支)의 신장(神將)을 거느리고 공공(共工), 유소(有巢), 유묘(有苗), 유수(有燧) 등과 함께 삼위산(三危山) 납림동굴(拉林洞窟)에 이르러 임금이 되었는데 이를 제견(諸畎)이라 이르니 이가 곧 반고가한(盤固可汗)이다.[11]

이야기의 앞부분은 『삼국유사(三國遺事)』에서 "『고기(古記)』에 이르기를 '옛날에 환국(桓國)이 있었다(昔有桓國)……'"라고 시작하는 언급의 형식을 취하여 단군 신화의 증익(增益)된 내용을 서술하고 있다. 그리고 천지창조의 거인 반고(盤固)가 이곳에서는 한 술사(術士)가 되어 환인(桓因)의 명을 받고 신장(神將)들을 거느리고 나와 견융(犬戎) 종족의 임금이 된다. 이 이야기는 중국 신화의 여러 내용을 직조하여 이루어진 것으로 보인다. 신격화된 십간(十干)은 은대(殷代)에 이르러 십일(十日) 신화가 역법으로 정착한 것이고 공공(共工)은 염제(炎帝) 계통의 수신(水神), 유소(有巢)는 곧 유소씨(有巢氏)로서 최초로 집을 지은 사람이고, 유수(有燧)는 곧 수인씨(燧人氏)로서 최초로 불을 일으킨 사람이며

---

11   단학회 연구부 엮음, 「三聖紀全下篇」『桓檀古記(역주본·장구본)』(서울: 코리언북스, 1998), pp. 22-23.

유묘(有苗)는 묘족(苗族)의 선조를 의미하는데 이들 신화적 존재들이 반고(盤固), 견융(犬戎) 등과 특별한 인과 관계 없이 결합된 것이다. 이 이야기가 직조되었을 가능성을 암시하는 증거는 반고 신화가 삼국 시대 서정(徐整)의 『삼오역기(三五歷記)』와 『오운역년기(五運歷年記)』 이전의 문헌에 출현하지 않는다는 사실이다. 아울러 서정의 책들조차 오래 전에 일실(逸失)되어 동진(東晉) 갈홍(葛洪)의 『침중서(枕中書)』, 양(梁) 임방(任昉)의 『술이기(述異記)』 『예문유취(藝文類聚)』 『태평어람(太平御覽)』 등 후대의 서적에 그 내용이 산견(散見)되고 있는 실정이고 보면 사실상 반고에 대한 정보를 얻을 수 있는 시점은 삼국 시대 이후로 더 내려간다고 볼 수 있다. 아울러 반고는 게르만 신화의 이미르, 인도 신화의 푸루샤, 바빌론 신화의 티아맛 등과 마찬가지로 거인신체 화생신화 유형에 속하는 존재인데 이러한 신화 유형은 오래 전에 인도 방면에서 중국의 남방으로 전래, 정착된 것으로 추정되고 있다.[12] 이러한 입장에서 보면 『환단고기』의 반고가한(盤固可汗) 이야기는 먼 옛날의 역사가 아니라 서방에서 전래되어 위진(魏晉) 이후의 자료에 남아 있는 반고 기록을 근거로 제작되었을 가능성이 높다 할 것이다.

다음으로 묘족의 시조인 반호(盤瓠)와 관련된 이야기를 살펴보기로 하자. 이 이야기에서는 반호가 직접 등장하는 것이 아니라 반호 관련 신화의 일부분이 언급된다.

치우천왕은 염농(炎農)이 쇠퇴하는 것을 보고는 드디어 웅대한 뜻을 세워 서쪽에서 천병(天兵)을 여러 번 일으키고 또 삭도(索度)로부터 진군(進軍)하여 회(淮)와 대(岱)의 사이를 차지했다. 헌원후(軒轅侯)가 일어나자

---

12 반고 신화의 성립, 특징 등에 대한 상세한 분석은 정재서, 『앙띠 오이디푸스의 신화학』 (서울: 창작과비평사, 2010), pp.42-58, 83-99 참조.

곧장 탁록(涿鹿)의 벌판으로 나아가 헌원을 사로잡아 신하로 삼고 후에
오장군(吳將軍)을 서쪽으로 보내어 고신(高辛)을 쳐서 공을 세우게 했다.

이 이야기는 앞서 인용한 바 있지만 「태백일사·신시본기」에도 똑같
은 내용이 보인다. 여기서 주목해야 할 부분은 마지막의 "오장군(吳將
軍)을 서쪽으로 보내어 고신(高辛)을 쳐서 공을 세우게 했다."는 내용이
다. 이 오장군이 반호 신화에 등장한다.

옛날 고신씨(高辛氏) 때에 견융(犬戎)의 도적이 있어 임금이 그들의 침
략을 걱정하여 정벌했으나 이기지를 못했다. 이에 천하에 모집하기를 능
히 견융의 오장군(吳將軍)의 머리를 가져오면 황금 천근과 만호(萬戶)의
식읍(食邑)을 내리고 작은 공주를 아내로 삼게 해준다고 했다. 그때 임금
은 개 한 마리를 기르고 있었는데 털빛이 오색이고 이름을 반호(槃瓠)라
고 했다. 명령이 내려진 후 반호가 마침내 사람의 목을 물고 대궐로 왔
다. 여러 신하들이 이상하게 여겨 살펴보니 곧 오장군의 머리였다.

(昔高辛氏有犬戎之寇, 帝患其侵暴, 而征伐不克. 乃訪募天下, 有能得犬
戎之將吳將軍頭者, 購黃金千鎰, 邑萬家, 又妻以少女. 時帝有畜狗, 其毛五
彩, 名曰槃瓠. 下令之後, 槃瓠遂銜人頭造闕下. 群臣怪而診之, 乃吳將軍首
也.)[13]

반호가 오장군을 죽여 견융을 물리친 공으로 결국 공주와 결혼하고
그들 사이의 자식이 퍼져 오늘날 남방 소수민족인 묘(苗), 요(瑤), 동족
(侗族)의 시조가 되었다는 것이 유명한 반호 신화의 내용이다. 앞의 내

---

13 「後漢書」「南蠻傳」.

용에 의하면 치우가 파견해서 고신씨(高辛氏)를 정복했다는 오장군은 반호에게 살해되어 패한 것이 되고 치우와 오장군은 오히려 묘족 등 남방 소수민족과 근린(近隣) 관계에 있는 동이 종족이 아니라 그들의 적대자인 견융인 셈이다. 이러한 모순을 어떻게 설명해야 할 것인가? 『환단고기』의 편자가 치우의 전공(戰功)을 과장하는 과정에서 반호 신화가 실려 있는 『후한서(後漢書)』「남만전(南蠻傳)」이나 『수신기(搜神記)』의 문구를 전체적인 맥락을 고려하지 않고 단장취의(斷章取義)했거나 반대로 이러한 중국의 전적들에서 본래의 반호 신화를 왜곡했을 가능성 등 몇 가지의 설명을 시도해볼 수 있다. 후자의 경우와 관련해서는 현전하는 반호 신화에서 중국의 제왕인 고신씨의 애견이 남방 소수민족의 시조가 되었다는 내용 자체가 상당히 중화주의적 혐의를 지니고 있다는 견해를 부언(附言)할 수 있겠다. 화이트(D. G. White)는 이러한 입장에서 반호 신화가 중국의 이이제이(以夷制夷) 책략을 함축하고 있다고 주장한다.[14]

다음으로 『산해경』의 숙신국(肅愼國)과 관련된 이야기를 살펴보자. 숙신국은 고대에 압록강 중류, 백두산 일대에 있었던 나라로 고대 한국의 문화, 경역과 관련하여 주목을 받아온 나라이다. 『산해경』에는 이 숙신국에서 자라는 특이한 나무에 대한 기록이 있다.

숙신국(肅愼國)이 백민(白民)의 북쪽에 있다. 이름을 웅상(雄常)이라고 하는 나무가 있는데 성인이 대를 이어 즉위하게 되면 이 나무에서 옷을 만들어 입었다.

(肅愼之國在白民北, 有樹名曰雄常, 先入伐帝, 于此取之.)[15]

---

14 D. G. White, *Myths of the Dog-Man*(Chicago & London: The University of Chicago Press, 1991), p.198.

15 『山海經』「海外西經」.

그런데 『환단고기』의 곳곳에서는 이 숙신국에서 자란다는 웅상(雄常) 나무에 대해 다음과 같이 서술하고 있다.

> 원년(元年) 경인에 단군 도해(道奚)가 5가에게 명하여 열두 명산들 가운데 가장 훌륭한 곳을 골라 국선소도(國仙蘇塗)를 세우도록 했다. 수두에는 단수(檀樹)를 빽빽하게 둘러 심고 그 가운데 가장 큰 나무를 골라 환웅상(桓雄像)으로 모셔 제사지내며 나무를 웅상(雄常)이라 이름했다.[16]

> 원화(源花)는 여랑(女郎)을 일컫는 말이고 남자의 경우 화랑(花郎) 또는 천왕랑(天王郎)이라 했다. 위에서 명하여 오우관(烏羽冠)을 하사했는데 관을 처음 쓸 때는 의식을 치렀다. 이때 큰 나무를 봉하여 환웅신상(桓雄神像)으로 삼아 거기에 절했는데 세간(世間)에서 신수(神樹)를 이르되 웅상(雄常)이라 하니 상은 늘 계신다는 뜻이다.[17]

『환단고기』에서는 웅상 나무가 숙신국에만 존재하는 것이 아니고 고대 한민족 내지 동이 종족들이 그들의 시조인 환웅(桓雄)의 신상(神像)으로 모셨던 신성한 나무로 설명하고 있다. 그리하여 '웅상(雄常)'을 문자 그대로 "환웅이 늘 계신다."는 뜻으로 풀이한다. 이러한 신목의 존재는 추후 고고, 민속학적 탐색을 기다려야 할 일이지만 종래 『산해경』의 숙신 관련 기사(記事)에서 풀리지 않던 구절에 대한 해석의 한 가능성으로 남겨둘 필요가 있을 것이다. 그러나 고유한 신목 이름을 굳이 생경한

---

16 단학회 연구부 엮음, 「檀君世紀」『桓檀古記(역주본·장구본)』(서울: 코리언북스, 1998), p.50.

17 단학회 연구부 엮음, 「太白逸史·三神五帝本紀」『桓檀古記(역주본·장구본)』(서울: 코리언북스, 1998), p.105.

한문으로 작명했을까? 그리고 신성한 시조의 이름을 피휘(避諱)하지 않고 노골적으로 거명할 수 있을까? 하는 의구심이 없는 것은 아니다. 원래 그러한 신상이 있었던 것이 아니라 반대로 숙신국의 '웅상(雄常)'이라는 한문 이름에 착안하여 환웅의 신상을 상상했을 가능성도 생각해볼 수 있다. 이러한 환유적 서사 전략은 『환단고기』 도처에서 발견된다.

『환단고기』에서는 일찍이 중국에서 성군으로 추앙되었던 신화적 인물들에 대한 묘사도 적지 아니 있는데 이들에 대해서는 대체로 격하하는 입장을 보이고 있다. 가령 요(堯), 순(舜), 우(禹)에 관한 서술을 보면 다음과 같다.

> 단군왕검(檀君王儉)은 당요(唐堯)와 같은 시대였는데 요의 덕이 더욱 쇠하여져서 서로 땅을 다투어 쉴 틈이 없었다. (치우)천왕이 곧 우순(虞舜)에게 명하여 토지를 나누어 다스리게 하고 군사를 보내어 주둔하여 함께 당요를 정벌하기로 약속하자 요의 세력이 곧 꺾여 순에게 의지하여 목숨은 보전하고 나라를 물려주었다. 이에 순의 부자와 형제가 다시 한 집에 돌아왔으니 대개 나라를 다스리는 도는 효제(孝悌)를 우선으로 삼는 것이다. 9년 동안의 홍수로 인하여 많은 백성들에게 피해가 미쳤으므로 단군왕검이 태자 부루(夫婁)를 보내어 순과 더불어 약속해서 도산(塗山)으로 초청하여 회의를 열었는데 순이 사공(司空) 우(禹)를 보내어 우리의 오행 치수의 법을 전수받아 공을 이루었다. 이에 감우소(監虞所)를 낭야성(琅邪城)에 설치하여 구려(九黎)의 분조(分朝)를 결정했는데 곧 『서경(書經)』에서 이른바 "동쪽으로 순행하여 섶을 태우며 멀리 산천의 신에게 제사를 지내고 드디어 동후(東侯)를 뵈었다." 함은 이를 말한 것이다. 신국(辰國)은 천제가 다스리는 곳이므로 낭야 순행은 5년에 한 번이요 순은 제후이므로 신한(辰韓)에 조근(朝覲)함이 네 번이었다……. 갑술년에 태

순(舜), 「고대민간복우도설(古代民間福佑圖說)」.

자 부루가 칙명으로 도산에 사자로 가는데 가는 도중에 낭야에서 보름 동안 머무르며 백성들의 생활 형편을 들으니 순이 또한 사악(四岳)을 거느리고 와서 치수의 모든 일을 알렸다.[18]

유가(儒家) 경전에서 묘사하고 있는 성군으로서의 이미지와는 딴판으로 요는 순에게 순순히 선양(禪讓)한 것이 아니라 순의 군사적 위협에 의해 어쩔 수 없이 나라를 넘긴 것으로 되어 있다. 아울러 순은 치우천왕의 지시를 받아 요를 정벌하거나 단군왕검이 설치한 감우소(監虞所)에 의해 통제를 받으며 주기적으로 고조선에 입조(入朝)하는 일개 제후로 묘사되어 있다. 순과 관련하여·특기할 만한 내용은 "이에 순의 부자와 형제가 다시 한 집에 돌아왔으니 대개 나라를 다스리는 도는 효제(孝悌)를 우선으로 삼는 것이다."라는 언급이다. 이 언급은 은연중 순의 불효와 형제간 불목을 암시하는 듯하다. 이러한 암시는 순을 효의 화신으로 극찬한 유가 경전의 묘사와는 정반대여서 주목된다. 『환단고기』에서는 또한 우가 치수를 위해 천하 제후를 소집했다는 이른바 도산회의를 단군왕검의 지시에 의해 열린 회의로 기술하여 개최 주체를 달리 말하고 우는 제후인 순의 신하로서 회의에 참석한 것으로 묘사하여 그 지위를 격하시켰다. 그리고 우가

---

18 단학회 연구부 엮음, 「太白逸史·三韓管境本紀」 『桓檀古記(역주본·장구본)』(서울: 코리언북스, 1998), pp.150-152.

태자 부루(夫婁)로부터 오행(五行) 치수(治水)의 법을 전수받아 치수의
공을 이루었다고 기술했는데 이 역시 중국 측의 기록에는 없는 내용으
로 이른바 '대우치수(大禹治水)'라는 표현으로 칭송되어온 우의 치수 노
력을 폄하하는 내용이다. 이 부분에 대해서는 더 자세한 묘사가 있다.

　　태자가 도산에 이르러 회의를 주관하는데 불한을 시켜 우사공(虞司
空)에게 알리기를 "나는 북극 수정(水精)의 아들인데 너희 후가 나를 청
하여 물과 토지를 다스리는 가르침을 받아 백성들을 구제하기를 간절
히 원한다 하니 삼신께서 내가 가서 돕는 것을 기뻐하시므로 왔노라."했
다. 드디어 천왕이 사시는 땅의 전문(篆文)으로 새겨진 천부왕인(天符王
印)을 보이면서 다음과 같이 말했다. "천부왕인을 차면 험한 것을 지나
더라도 위태롭지 않을 것이며 재앙을 만나더라도 해를 입지 않으리라.
또 신침일매(神針一枚)로는 물의 깊고 얕음을 잴 수 있어서 변화가 무궁
할 것이리라. 또 황구종보(皇矩悰寶)로는 요해처의 물을 다스려 영원히
평안할 것이리라. 이 세 가지 보배를 그대에게 주노니 천제의 큰 가르침
을 어김이 없어야 큰 공을 이룰 수 있으리라." 이에 우사공이 삼륙구배
(三六九拜) 하고 나아가 말하기를 "천제의 칙명을 힘써 행할 것이옵고
우리 우순의 태평을 열게 하는 정사를 도와 삼신께서 참으로 지극히 기
뻐하시도록 보답하겠습니다." 했다. 그리고 태자 부루로부터 금간(金簡),
옥첩(玉牒)을 받았는데 대개 오행 치수의 요결이었다. 태자가 구려의 백
성들을 도산에 모으고 순임금에게 명하여 곧 우공(虞貢)의 사례를 알렸
는데 지금 소위 우공(禹貢)이 바로 이것이다.[19]

19　위의 책, p.152.

우가 고조선의 태자 부루로부터 홍수를 다스리는 세 가지 신물인 천
부왕인(天符王印), 신침(神針), 황구종보(皇矩倧寶) 등과 오행(五行) 치수
(治水)의 요결(要訣)을 새긴 금간(金簡), 옥첩(玉牒) 등을 배수(拜受)했다
는 서술에 이르러 고조선의 중국에 대한 문화적 우월감의 표현은 절정
에 달한다. 대홍수 평정 이후 우가 중국 각지를 구획하고 산물을 기록
한 『우공(禹貢)』이 사실은 제후인 순에게 명하여 그러한 내용을 알려준
우공(虞貢)에서 유래한 것이라는 설명도 흥미롭다. 이러한 설명 역시 동
음이의어(同音異議語)를 통한 환유적 서사 방식의 소산(所産)으로 간주
된다.

4. 도교적 상상력

도교는 설화주의적 경향이 강하고 주변 문화의 성격을 다분히 지니고
있기 때문에 『환단고기』와 같은 재야 사서에서 수용하기 쉬운 소재라
할 것이다. 가령 도교의 기원과 관련하여 『환단고기』에서는 다음과 같
은 주장을 펼친다.

『삼황내문경(三皇內文經)』은 자부선생(紫府先生)이 헌원(軒轅)에게 주어서 그로 하여금 마음을 깨끗이 씻어 의(義)로 돌아오도록 한 것이다. 선생이 일찍이 삼청궁(三淸宮)에 살았는데 궁은 청구궁(靑丘宮) 대풍산(大風山)의 남쪽에 있다. 헌후(軒侯)가 몸소 치우천왕(蚩尤天王)에게 조알(朝謁)했는데 이름 높고 번영한 나라를 지나다가 이런 높은 가르침을 받게 된 것이다. 『삼황내문경』의 글은 신시(神市)의 녹도문(鹿圖文)으로 적어 세 편으로 나누어 만들었던 것이다. 후에 사람들이 미루어 부연하고 주를 달아 따로 신선음부(神仙陰符)의 설을 지어 놓았다. 주나라와 진나라 이래로는 도가를 믿는 무리들이 『황제내문경』을 많이 의탁하여 간혹 연단 먹는 것과 숱한 방술 따위가 어지러이 섞여 세상에 나오니 많은 사람들이 미혹에 빠지고 말았다.[20]

초기 도교의 중요한 경전 중의 하나인 『삼황내문(三皇內文)』이 중국에서 만들어진 것이 아니고 황제가 치우천왕을 뵈러 가는 길에 자부 선생이라는 도인으로부터 얻은 것이라는 이야기이다. 이 이야기는 갈홍(葛洪)의 『포박자(抱朴子)』에 근거를 두고 있다.

옛날에 황제(黃帝)가 동쪽으로 청구(靑丘)에 이르러 풍산(風山)을 지나 자부선생(紫府先生)을 뵙고 『삼황내문(三皇內文)』을 받아 그것으로 온갖 신들을 부렸다.

(昔黃帝東到靑丘, 過風山, 見紫府先生, 受三皇內文, 以劾召萬神.)[21]

---

20 단학회 연구부 엮음, 「太白逸史·蘇塗經傳本訓」『桓檀古記(역주본·장구본)』(서울: 코리언북스, 1998), p.163.
21 葛洪, 『抱朴子·內篇』, 卷18, 「地眞」.

자부 선생이 삼청궁(三淸宮)에 살고 있고, 황제가 치우천왕을 뵈러 가는 길에 이런 가르침을 받게 되었다는 이야기는 증익(增益)된 내용이다. 『환단고기』에서는 여기서 한 걸음 더 나아가 중국 사람들이 『삼황내문(三皇內文)』을 부연하고 풀이하는 과정에서 신선설이 나오고 주(周), 진(秦) 이후의 연단술(鍊丹術)과 방술(方術)이 이로부터 비롯되었다고 주장함으로써 전국 시대에 연(燕), 제(齊) 일대에서 발생한 신선 사상의 기원을 고조선 문화에 두고 있다. 흥미로운 것은 조선 말기, 근대 초기의 도교학자 이능화(李能和)에게도 이와 비슷한 인식이 보인다는 사실이다.

> 대저 우리 선민들은 모두 신시씨(神市氏)가 거느리고 강림하신 삼천무리〔三千團部〕의 후예로 태어난지라 환인(桓因), 환웅(桓雄), 왕검(王儉) 삼신께서 나라를 처음 세우고 백성을 편히 살게 한 공덕을 잊지 않고 기리므로 백성들이 그 영산을 가리켜 삼신산(三神山)이라 하는 것은 당연한 일이다. 그리고 이 삼신의 신풍성속(神風聖俗)이 멀리 중국에까지 전파되니 중국 사람들이 삼신의 덕화를 사모하여 숭상하므로 동북신명지사(東北神明之舍)라는 이름이 생겼다. 그러더니 끝내는 점점 황탄으로 흘러 이상한 얘기로 변하여 괴이한 설이 생겨나게 되고 연나라, 제나라 방사(方士)들의 입에 오르내리게 되었다.[22]

환인, 환웅, 왕검 등 3명의 신인이 웅거한 삼신산을 중국 사람들이 신비화한 나머지 신선설이 생겨났다는 이능화의 주장은 『환단고기』의 주장과 비교할 때 근거 자료에서는 상위(相違)가 있으나 논리 전개 방식은 비슷하다.

---

22 이능화, 『조선도교사』(서울: 보성문화사, 1977), 이종은 역주, p.39.

중국 도교가 고조선 문화에서 파생되었다는 이러한 주장은 한국에 중
국 도교의 기원이 되는 근원적인 도교 같은 것이 있다는 생각을 전제
로 하는 것이다. 그렇다면 『환단고기』에서는 그러한 도교를 어떻게 표
현하고 있는가? 우선 도교의 근본 목적이 '성선(成仙)'에 있다고 보고 가
장 중심 되는 자양(字樣)인 '선(仙)'과 관련하여 살펴볼 때 고구려 시대
에 활약했다고 하는 을밀선인(乙密仙人)에 대한 다음의 기록이 눈에 들
어온다.

> 평양(平壤)에 을밀대(乙密臺)가 있는데 여러 대를 전하여 내려오기를
> 을밀선인(乙密仙人)이 세운 것이라고 한다. 을밀은 안장제(安臧帝) 때에
> 조의(皂衣)로 뽑혀서 나라에 공(功)이 있었는데 본래 을소(乙素)의 후예
> (後裔)였다. 집에 있으면서 글을 읽고 활쏘기를 익히며 삼신을 노래하고
> 낭도(郎徒)를 받아들여 수련하며 의(義)와 용(勇)으로 봉공(奉公)했는데
> 당대(當代)에 조의 을밀을 따르는 무리가 3천 명이었다.[23]

을밀선인의 행적을 보면 중인(衆人) 중에서 선발되었다든가, 따르는
무리가 있다든가 하는 점에서 신라의 화랑을 연상시킨다. 고구려의 조
의가 신라의 화랑과 비슷한 고대 한국의 청년결사(靑年結社)였다는 주
장은 정인보(鄭寅普), 신채호(申采浩) 등에 의해서도 제기된 바 있다.[24]
『환단고기』에서는 이어서 을밀선인의 낭도들이 불렀다는 노래를 소개하
고 있는데 그 내용의 일부를 보면 다음과 같다.

---

23 단학회 연구부 엮음, 「太白逸史 · 高句麗國本紀」『桓檀古記(역주본 · 장구본)』(서울: 코리
    언북스, 1998), p.210.
24 鄭寅普,「義僧將騎虛堂大師紀蹟碑」『詹園文錄』(서울: 연세대학교 출판부, 1967), p.769.

고운(孤雲) 최치원(崔致遠).

하늘 위 하늘 아래 오직 내가 살아 있음이여, 따무르자(多勿)로 우리나라를 일으켜보세. 살아 있으므로 무위(無爲)로써 일에 임(臨)하고 나라를 일으키므로 말 없는 가르침을 행하세.

참목숨이 크게 태어나 성품(性品)이 광명(光明)하게 트임이나니 집에서는 효도(孝道)요 나와서는 충성(忠誠)이라오. 밝은 빛으로 온갖 선(善)을 행하고 효도하고 충성하므로 온갖 악은 짓지 마세.[25]

그런데 이러한 내용은 최치원(崔致遠)이 「난랑비서(鸞郎碑序)」에서 말한 신라 화랑의 취지와 완전히 일치한다. 최치원은 화랑인 난랑을 기리는 비문에서 화랑의 실체를 '현묘(玄妙)', '선(仙)' 등 도교 용어를 써서 묘사하면서 그 취지를 이렇게 설명하고 있기 때문이다.

나라에 현묘(玄妙)한 도가 있으니 그것을 풍류(風流)라고 한다. 그 가르침을 마련한 근원은 『선사(仙史)』에 상세히 실려 있으니 그것은 실로 세 가지 가르침〔유(儒), 불(佛), 도(道)〕을 다 포함하고 있어 뭇사람들을 교화시킨다. 예컨대 들어와 집안에서 효도(孝道)하고 나가서 나라에 충성(忠誠)하는 것은 공자(孔子)의 취지이고 무위(無爲)의 일에 처하고 말하지 않는 가르침을 행하는 것은 노자(老子)의 주장이며 모든 악을 저지

25 단학회 연구부 엮음, 「太白逸史·高句麗國本紀」『桓檀古記(역주본·장구본)』(서울: 코리언북스, 1998), pp.210-211.

르지 않고 모든 선(善)을 받들어 실행하는 것은 석가(釋迦)의 교화이다.

(國有玄妙之道, 曰風流. 設教之源, 備詳仙史, 實乃包含三教, 接化群生. 且如入則孝於家, 出則忠於國, 魯司寇之旨也. 處無爲之事, 行不言之敎, 周柱史之宗也. 諸惡莫作, 諸善奉行, 竺乾太子之化也.)[26]

이 내용은 원광법사(圓光法師)가 제시한 화랑의 '세속오계(世俗五戒)'와도 상통하는 면이 있다. 이렇게 본다면『환단고기』에서 말하는 고대 한국의 근원적인 도교는 '선(仙)'과 관련된 용어로 표현되며 유, 불, 도 3교의 취지를 다 포함하고 있고 중국의 방사나 도사 대신 신라에서는 화랑, 고구려에서는 조의라는 존재가 그 임무를 수행하고 있다. 무엇보다도 이 종교가 중국의 도교와 다른 것은 최고신으로서 노자나 옥황(玉皇)을 숭배하는 대신 환인, 환웅, 단군의 삼신을 모신다는 점과 개인 완성에 치중하는 중국 도교와는 달리 공동체에 대한 의무를 방기하지 않는다는 점이다. 이러한 의미는 바꾸어 말하면『환단고기』에서 상고 한국의 주체 이념으로서 끊임없이 강조하는 삼신에 대한 숭배 의식 및 사상이 특성상 3교 중 도교의 취지에 가장 가깝다고도 할 수 있다. 그래서 '선(仙)'이라는 용어를 빌려 표현한 것이리라. 이와는 달리 정인보, 신채호 등은 이 '선(仙)'이라는 용어 자체가 한국 고신도(古神道)의 제단을 수호하던 무사인 '선비'의 이두식(吏讀式) 표기(表記)로부터 유래한 것이라고 주장한 바 있다.[27]『환단고기』에서는 이처럼 고유한 '선(仙)'의 도(道) 곧 '선도(仙道)'와 도교를 구분하는 인식에 따라 심지어 중국의 도교를 비판하거나 배척하는 태도를 보이기도 한다. 고구려의 영류왕(榮留王)과 연개소문(淵蓋蘇文)에 관한 기사(記事)에 그러한 내용이 있다.

---

26 『三國史記』, 卷4,「新羅本紀」.
27 鄭寅普,『朝鮮史研究(上)』(서울: 우리역사연구재단, 2013), 문성재 역주, pp.865-869.

영류왕(榮留王)이 당나라에 사신을 보내어 노자상(老子像)을 구해 와
서는 나라 사람들에게 『도덕경』 강의를 듣도록 하고 또 무리 수십만을
동원하여 장성(長城)을 쌓았는데 부여현(夫餘縣)에서 남해부(南海府)에
이르기까지 천여 리가 되었다. 그때 서부 대인 연개소문이 도교의 강습
을 없애기를 요청하고 또 장성 쌓는 역사(役事)를 그만둬야 한다고 이해
를 따져 아뢰니 제(帝)가 매우 불쾌히 여겨 연개소문의 군사를 빼앗고
그에게 장성을 쌓은 일을 감독하게 명하는 한편 몰래 여러 대인들과 더
불어 의논하여 연개소문을 죽이려 했다.[28]

연개소문이 중국 도교의 도입(導入)을 반대했다는 내용인데 이는 역
사 기록과 몹시 위배된다. 『삼국사기(三國史記)』 영류왕(榮留王) 조(條)
의 기사에 중국에서 도사를 보내 『도덕경』을 강론시켰다는 내용은 있
으나 연개소문이 반대했다는 기록은 없으며[29] 오히려 같은 책 보장왕
(寶藏王) 조(條)를 보면 그는 중국 도교의 도입을 적극적으로 주창(主
唱)하고 있다.

보장왕(寶藏王) 2년 봄, 연개소문이 임금께 아뢰기를, "3교는 비유컨대
솥발과 같아 하나라도 빠지면 아니 됩니다. 지금 유교와 불교는 모두 흥
성한데 도교는 그렇지 못하니 천하의 도술을 다 갖추었다고 말할 수 없
습니다. 엎드려 청하옵건대 당에 사신을 보내 도교를 구하여 백성들을
가르치시옵소서."라고 했다. 임금이 대단히 그렇게 여겨 표문(表文)을 올

28 단학회 연구부 엮음, 「太白逸史 · 高句麗國本紀」 『桓檀古記(역주본 · 장구본)』 (서울: 코리
    언북스, 1998), pp. 194-195.
29 『三國史記』, 卷20, 「高句麗本紀」: "七年春三月, 遣刑部尙書沈淑安, 策王爲上柱國遼東郡
    公高句麗國王, 命道士以天尊像及道法, 往爲之講老子, 王及國人聽之. 八年, 王遣人入唐,
    求學佛老敎法, 帝許之."

려 청하니 당(唐) 태종(太宗)이 도사 숙달(叔達) 등 8명을 보내고 『도덕경
(道德經)』을 아울러 하사했다. 임금이 기뻐하며 절을 취하여 그들의 숙
소로 삼았다.

(二年春三月, 蘇文告王曰, 三教譬如鼎足, 闕一不可. 今儒釋並興, 而道
教未盛, 非所謂備天下之道術者也. 伏請遣使於唐, 求道教以訓國人. 大王
深然之, 奉表陳請, 太宗遣道士叔達等八人, 兼賜老子道德經, 王嘉, 取僧舍
館之.)[30]

이러한 상위(相違)는 어떻게 해서 생겼을까? 『환단고기』의 기사는 후
일 당에 대항하여 고구려의 국체(國體)를 지키고자 했던 연개소문의 이
미지에 맞게끔, 친당(親唐)적인 경향을 보였던 영류왕의 정책에 반대하
는 입장으로 내용이 변개(變改)된 것임을 알 수 있다. 그 과정에서 다
음에 나오는 보장왕 조의 기사 내용을 간과함으로써 큰 상위가 생긴
것이다.

『환단고기』에는 을밀선인 이외에도 또 다른 고대 한국의 도교적 인물
로서 여선(女仙)인 선도성모(仙桃聖母)에 대한 기록이 있다.

사로(斯盧) 시조왕은 선도산성모(仙桃山聖母)의 아들이었다. 옛적에
부여 황실(帝室)의 딸 파소(婆蘇)가 있었는데 지아비 없이 임신하자 사
람들에게 의심을 받아 눈수(嫩水)에서 도망하여 동옥저(東沃沮)에 이르
러 또 배를 타고 남쪽으로 내려가서 진한(辰韓) 내을촌(奈乙村)에 다다랐
다.[31]

---

30 위의 책.
31 단학회 연구부 엮음, 「太白逸史 · 高句麗國本紀」『桓檀古記(역주본 · 장구본)』(서울: 코리
    언북스, 1998), p.208.

사로(斯盧) 시조왕은 곧 신라의 시조 박혁거세이다. 선도성모(仙桃聖母)가 박혁거세를 낳았다는 이 내용은 종래의 난생신화(卵生神話)와는 다른 이야기로서 이와 같은 내용은 『삼국유사(三國遺事)』에도 실려 있다. 그러나 『환단고기』와는 큰 차이가 있다.

『삼국유사』에 의하면 선도성모(仙桃聖母)는 선도를 수련한 중국 황실의 딸이었는데 바다를 건너와 신라의 시조 박혁거세를 낳은 것으로 되어 있다. 여기에는 신라 왕실 혈통의 신성성과 정통성을 중국 황실에 기대고자 하는 정치적 의도가 숨어 있다.[32] 『환단고기』에서는 이러한 기도를 용납하지 않고 그녀를 부여 제실의 딸로 설정하고 있다. 이 대목에서 중국에의 정치적 예속을 인정하지 않으려는 『환단고기』의 강렬한 자주적 지향을 엿볼 수 있다. 아울러 고구려, 부여 왕실과 신라 왕실을 혈통적으로 연계시킴으로써 고대 한국의 다양한 종족 구성을 동조동원론(同祖同源論)적으로 설명하려는 시도도 감지된다. 그러나 이러한 '상상적 공동체(imagined community)' 즉 단일 민족에 대한 환상은 상고 시대에 성립되기 어려우며 근대 이후에야 가능한 것이므로 오히려 『환단고기』 일부 내용의 위작 가능성을 점치게 하는 부분이라 하겠다.

맺는 말

이 글에서는 재야 사학의 대표적 텍스트인 『환단고기』에서 중국의 신화, 도교적 상상력이 대량으로 활용되고 있는 점에 착안하여 이러한 수용의 메커니즘과 그 의의에 대해 고찰하고자 했다. 먼저 『환단고기』에서의 신화적 상상력의 수용을 치우(蚩尤), 반고(盤固), 반호(盤瓠), 숙신국(肅愼國) 등의 신화를 중심으로 살펴보았을 때 중국 전적(典籍)에 있

---

32 정재서, 『한국 도교의 기원과 역사』(서울: 이화여자대학교출판부, 2006), p.82.

는 신화 내용을 수용하는 과정에서 다양한 서사 전략이 구사되고 있음을 알 수 있었다. 기본적으로 『환단고기』의 편자는 민족의 상고사를 구성하기 위해 기존의 역사를 "다시 쓰는(rewrite)" 입장에서 출발했는데 이 과정에서 해석의 융통성이 많은 중국 신화, 도교적 상상력을 전유(專有)하여 역사 서술의 변혁을 이룩하고자 했다.

가령 치우 신화에서는 치우의 패배를 인정하지 않고 '치우비(蚩尤飛)'와 같은 존재의 설정을 통하여 기존 전적의 통념을 비껴가려는 시도를 했으며 치우가 불패의 화신으로서 민족 상고사의 영웅임을 부각시키고자 노력했다. 아울러 반고, 반호 신화 등의 수용에서는 전체 문맥을 고려하지 않은 탓에 다소 모순이 노정되기도 했는데 이는 앞서 말한 바 『환단고기』의 '근대 위작설(近代僞作說)'을 지지하는 좌증(左證)이 될 것이다. 숙신국의 웅상(雄常)에 대한 신수(神樹) 해석은 『산해경』에 대한 새로운 해석의 여지를 부여함과 동시에 문자의 환유적 기능에 기댄 서사 전략으로도 보인다.

다시 요(堯), 순(舜), 우(禹) 등 성군 신화를 중심으로 살펴보았을 때 중화주의적, 유가적 관점을 취하지 않고 주변부 타자의 시선에서 중국의 성군을 탈신성화하여 파악하고 있음을 알 수 있다. 아울러 텍스트에 대한 '거슬러 읽기(reading against)'의 방식이 원용되어 『서경(書經)』 등 중국 고대 경전의 기록을 기존 경학자들의 주석에 의존하지 않고 독자적인 시각에서 재해석했는데 이를 통해 고조선 문화의 주체성과 우월성을 확보하고자 했다. 특히 요의 성군으로서의 이미지, 순의 효자로서의 자질, 우의 치수의 공적 등 유가의 정치, 도덕론의 기반이 되는 신화를 해체한 것은 『죽서기년(竹書紀年)』, 『한비자(韓非子)』 등 중국 내부에서의 수정주의적 관점과 『장자(莊子)』 등 도가의 반유가(反儒家)적 언설을 적극 활용한 것으로 중화주의를 격하하고 주변 문화를 제고하는 데에 유력한 작용을 한 것으로 여겨진다.

다음으로 『환단고기』에서의 도교적 상상력의 수용을 신신실의 기원, 도교의 개념, 고대 한국의 선인(仙人) 등을 중심으로 살펴보았을 때 중국의 양대 종교문화 중의 하나인 도교의 기원을 고조선 문화에 두고 있었으며 고대 한국의 도교 곧 선도(仙道)가 중국 도교와는 다른 차원에서 독자적인 숭배 신격(神格)과 사회 윤리를 갖는 것으로 설명하고 있었다. 이 과정에서도 중국의 사례를 단장취의(斷章取義)하여 자설(自說)에 유리하게끔 인용하거나 언어적 전치(轉置, displacement) 등의 방식을 통하여 한국 도교의 정체성을 드러내고자 했다.

결론적으로 『환단고기』에서의 중국 신화, 도교적 상상력에 기댄 역사 서술은 민족의 상고사를 다시 쓰는 과정에서 상상력이 풍부한 중국의 문화 자료들을 전유함으로써 재야 사학에서 기도하는 민족 서사의 공간을 보다 쉽게 확장하고자 하는 유효한 방식이라 할 것이다. 아울러 이러한 서사 전략의 이면에는 민족사의 결핍과 공백에 대한 보완의 욕망이 주변과 중심의 문화적 차별 구도를 해체함으로써 충족될 수 있다는 신념이 자리 잡고 있음을 알 수 있다.

제9장 『부도지(符都誌)』와 『규원사화(揆園史話)』의 중국 신화, 도교적 상상력

1. 진위 문제

『부도지(符都誌)』와 『규원사화(揆園史話)』는 『환단고기(桓檀古記)』와 더불어 재야 사서에 속하는 전적들로 진위 문제에서 역시 자유롭지 못한 형편에 있다. 이들의 진위 문제에 대해서는 기본적으로 앞서 『환단고기』에 대해 취했던 태도 곧 '금서 비전설(禁書秘傳說)'과 '근대 위작설(近代僞作說)'을 모두 긍정하는 입장임을 전제하고자 한다. 우선 『부도지』의 경우 내용이나 이야기 전개에 있어 『환단고기』, 『규원사화』 등 여타 재야 역사 설화집과는 다른 양태를 보이고 있어 특별히 언급할 필요를 느낀다. 『부도지』는 특이하게도 모티프나 구조에서 『성경』의 「창세기」와 상당히 유사한 모습을 보이고 있어 주목을 요한다. 이 점은 일찍이 이 책을 역주한 김은수(金殷洙)에 의해 지적된 바 있다.

『부도지』에 의하면 지유(地乳)가 나는 낙원 마고대성(麻姑大城)에 살던 원초적 인간들이 포도를 맛본 후 착한 천성을 잃고 죽음을 면치 못하는 존재가 된다. 이를 부끄러워한 인간들이 성을 나가 다시 근본으로 되돌아 올 것을 기약하게 된다. 이러한 이야기는 에덴 동산에 살던 아담과 이브가 선악과를 따먹고 원죄를 지어 죽어야 할 운명을 짊어진 채 밖으로 추방된 후 속죄를 통해 천국으로의 귀환을 기약한다는 「창세기」의 스토리와 구조적인 면에서 거의 일치한다. 모티프를 비교해보면 지유는 가나안 복지의 젖과 꿀, 포도는 선악과인 사과에 상응하고 마고가 천수(天水)를 부어서 물이 넘쳐 사람들이 많이 죽었다는 사건은 마치 노아가 당한 대홍수의 상황과 비슷하다. 심지어 기독교의 용어와 흡사한 단어가 등장하는 대목도 있다.

> (읍루씨가) 진리가 사단(詐端)의 지역에 떨어진 것을 슬프게 생각하여 마침내 명지(明地)의 단(壇)에 천부(天符)를 봉쇄하고 곧 입산하여 복본의 대원(大願)을 전수(專修)하며 백 년 동안 나오지 아니하니 유중(遺衆)이 통곡하였다.
> (浥婁氏……悲痛眞理之墜於詐端之域, 遂封鎖天符於明地之壇, 乃入山專修復本之大願, 百年不出, 遺衆大哭.)[33]

> 어찌 사단(詐端)에 굴종하여 스스로 소자(小者)가 되어 패리지중(悖理之中)에서 모독을 당하는 것을 참을 수가 있겠는가?
> (何忍屈從於詐端, 自爲小者而瀆於悖理之中乎.)[34]

여기서의 사단(詐端)은 기독교에서의 악의 근원인 사탄을 연상시킨다. 『부도지』 전체를 통하여 진하게 느껴지는 유일신, 원죄 의식, 낙원 추방 등의 관념은 동아시아 문화권에서는 낯선 것으로 우리는 이 책에 기독교적 취지가 농후히 담겨 있음을 부인하기 어렵다. 오죽하면 역자 김은수가 도리어 『부도지』의 사상이 서방으로 전래되어 기독교의 뿌리가 되

---

33 朴堤上, 『符都誌』(서울: 기린원, 1989), 金殷洙 譯解, 제26장, p.75.
34 朴堤上, 『小符都誌』(서울: 기린원, 1989), 金殷洙 譯解, 제31장, p.90.

었다고 주장할 정도이겠는가?[35] 이 책은 이외에도 여신 마고의 창조신적 권능이 그리스 신화의 대모신 가이아(Gaia)와 흡사한 바 있고 우주의 4원소를 기(氣), 화(火), 수(水), 토(土)로 보는 것이 그리스 자연철학에서의 4원소인 공(空), 화(火), 수(水), 토(土)와 상응한다. 또 소옹(邵雍)의 상수학(象數學)과 전통음악학인 율려론(律呂論)을 바탕에 깔고 있긴 하지만 수와 음악을 만물 생성의 근본 원리로 보는 관점이 피타고라스의 입장과 비슷한 것 등 그리스 신화 및 자연철학의 영향도 감지되고 무여율법(無餘律法), 해인(海印) 등의 용어에서 보이듯 불교적 색채도 가미되어 있다.

우리는 이러한 정황의 소이(所以)를 두 가지 가능성에서 추측해볼 수 있다. 한 가지는 『부도지』가 원본이 아니고 박금(朴錦)이라는 근대 지식인이 과거의 기억에 의지해서 다시 쓴 책이기 때문에 박금 자신의 근대 이후 학습 내용이 첨가되었을 가능성이다. 이 경우 기독교, 그리스 철학, 불교 등의 지식은 원본 내용을 설명하는 과정에서 반영된 것으로 볼 수 있다. 다른 한 가지는 이 책 자체가 전통 사상과 기독교 교리가 결합된 종교적 취지를 전파할 목적으로 저술되었을 가능성이다. 근대 이후 개신교에서 갈라져 나와 교주를 우상화하는 일부 교파에서 『성경』을 『정감록(鄭鑑錄)』 등 전통적인 비기(秘記)와 결합시켜 말세론, 구세주 출현 등의 내용을 담은 예언서를 조작한 사례가 여럿 있다. 그러나 『부도지』는 예언서로서의 성격이 약하기 때문에 두 번째 가능성은 희박하다 하겠다. 첫 번째 가능성은 충분히 긍정되는데 그러한 현상은 중국에서도 소수민족의 신화, 전설을 채록할 때에 종종 발견된다. 우리의 무속신화가 본래는 토착적 내용뿐이었겠으나 후대에 전래된 불교, 도교의 영

---

35 朴堤上, 『符都誌』(서울: 기린원, 1989), 金殷洙 譯解, 「序文」, p.9.

향을 받아 그러한 요소를 상당히 지니고 있는 현상과도 비견될 수 있다. 즉 예로부터 전승되어온 고유한 성분이 근대에 이르러 형식, 내용상 일정 정도 개편을 겪었거나, 아니면 작자가 의도적으로 고유한 성분과 외래적, 근대적 내용을 적절히 배치하여 거의 새 책에 가깝게 창작했거나 이 둘 중의 하나인 셈이다.

『규원사화』의 경우 내용에 있어서 『환단고기』의 역사 설화적 성격과 크게 다른 것이 아니므로 진위 문제에 대한 토론을 생략하기로 한다. 결국 『부도지』와 『규원사화』 역시 앞서 『환단고기』의 진위 문제 검토에서 얻어진 결론인 '금서 비전설'과 '근대 위작설'에 의한 설명 범주를 크게 벗어나지 않는 것으로 보인다.

2. 성립 및 내용

『부도지』

『부도지(符都誌)』(서울: 기린원, 1989)의 역자 김은수(金殷洙)의 「서문」에 의하면 『부도지』는 신라 눌지왕(訥祗王) 때의 충신 박제상(朴堤上)이 저술한 우리나라 상고사에 관한 책으로 원명은 『징심록(澄心錄)』이라고 한다. 『징심록』은 크게 상교(上敎), 중교(中敎), 하교(下敎)의 세 부분으로 구성되어 있는데 각 교는 다시 5지(誌)씩 포함하여 모두 15지로 이루어져 있었다고 한다. 『부도지』는 이 중 상교에 속한다. 이 책은 다시 박제상의 아들 백결선생(百結先生)이 『금척지(金尺誌)』를 추가하고 조선 시대에 이르러 김시습(金時習)이 지은 『징심록추기(澄心錄追記)』를 더하여 모두 17편이 영해(寧海) 박씨 문중에서 비전되어오다가 6.25 때 실전되었던 것을 후손 박금(朴錦, 1895-?)이 1953년에 원본 중의 일부인 『부도지』를 기억하여 다시 써냈다고 한다. 실제적인 저자 박금은 일제 때 동아일보 기자로서 만보산(萬寶山) 사건을 취재한 언론인이었다고 한다. 만약 이러한 성립 과정이 사실이라면 현존하는『부도지』는 신라 이래 비전되어온 상고사 자료『징심록』의 극히 일부분에 불과한 셈이니 안타까운 일이다.『부도지』의 내용은 특이한 점이 많아 비교적 상세히 소개해보면 다음과 같다.

『부도지』는 총 33장으로 이루어져 있는데 그 내용은 인간들이 마고성에서 여신 마고의 다스림 속에 안락하게 지내던 시기와 성을 나가 종족별로 흩어져 이동과 투쟁 속에 살던 시기의 두 부분으로 크게 나누어 살펴 볼 수 있다. 첫 번째 시기의 내용을 보면 태고에 소리 속에서 여신 마고(麻姑)와 마고대성(麻姑大成), 실달성(實達城), 허달성(虛達城) 등이 생겨나고 이후 천지 만물이 창조된다. 마고는 천인(天人)과 천녀(天女)를 낳았고 이들이 다시 사람을 낳았는데 인간들은 지유(地乳)를 마시고 불로장생을 누린다. 제1장부터 제4장까지의 내용이 이에 해당된다. 두 번째 시기의 내용을 보면 일부 사람들이 포도를 따먹고 심성이 혼탁해지고 마고성 안의 지유가 고갈되자 모든 종족이 풀과 열매를 먹고 타락한다. 이에 황궁씨(黃穹氏)가 여신 마고 앞에 사죄하고 복본(復本)을 서약한 후, 청궁씨(靑穹氏), 백소씨(白巢氏), 흑소씨(黑巢氏) 등과 함께 각기 종족을 이끌고 성을 나간다. 천산주(天山州)로 이주한 황궁씨는 근본을 깨닫게 해주는 천부삼인(天符三印)을 아들 유인씨(有因氏)에게, 유인씨는 다시 환인씨(桓因氏), 환인씨는 다시 환웅씨(桓雄氏)에게 전하고 각 세대마다 세상을 이롭게 하는 문명의 조치를 베푼다. 환웅씨는 율법 4조를 제정하여 백성들을 다스리고 아들 임검씨(壬儉氏)는 마고성을 본 딴 부도 곧 신시(神市)를 건설하여 태평성대를 이룩한다. 이때 천산의 남쪽에서 요(堯)가 일어나 당도(唐都)를 세우고 부도에 대립하자 임검씨가 유호씨(有戶氏)를 보내 설유했는데 요가 유호씨의 아들 순(舜)을 꾀어 항거하므로 다시 유호씨가 요의 당도를 정벌한다. 그러자 우(禹)가 순을 죽이고 하(夏)를 세워 대립한다. 유호씨는 그후 서방으로 가 마고와 천부(天符)의 이치를 전한다. 다시 임검씨는 아들 부루씨(夫婁氏)에게 천부삼인(天符三印)을 전하고 부루씨는 아들 읍루씨(浥婁氏)에게 그것을 전하였는데 그는 입산하고 세상에 나오지 않아 천부삼인의 전승이 이에 끊어진다. 그후 기자(箕子)가 망명해 와서 요순의 법을 행하고 핍박하므로 사례벌(斯禮伐) 선도산(仙桃山) 성모의 아들인 혁거세(赫居世)가 임금이 되어 이에 대항한다. 그는 천부소도(天符小都)를 건설하고 율여화생법(律呂化生法)을 수증(修證)하는 등 부도 회복에 온힘을 다한다. 이후 탈해왕(脫解王) 때에 나라 이름을 서라국(徐羅國)으로 고치고 석씨(昔氏), 김씨(金氏)가 왕위를 이어나간다. 제5장부터 제33장까지의 내용이 이에 해당된다.

『규원사화』

『규원사화(揆園史話)』는 조선 숙종 원년(1675)에 북애자(北崖子) 혹은 북애노인(北崖老人)이라는 별호를 지닌 불우한 사인(士人)에 의해 쓰여진 책으로 추정되고 있다. 이 책은 1975년에 신학균(申學均)에 의해 최초로 번역된 후 학계 및 일반에 비상한 관심을 불러일으킨 바 있다.[36] 『규원사화』의 내용은 이 책의 체재에 따라 「조판기(肇判記)」, 「태시기(太始記)」, 「단군기(檀君記)」, 「만설(漫說)」 등의 네 부분으로 나누어 살펴볼수 있다.

먼저 「조판기」는 혼돈 상태에서 주신인 환인(桓因)이 세상을 창조하는

---

36 北崖, 『揆園史話』(서울: 명지대 출판부, 1975), 申學均 역주. 같은 해에 『규원사화』의 내용을 바탕으로 발표된 한영우 교수의 논문도 큰 반향을 일으켰다. 韓永愚, 「17世紀의 反尊華的 道家史學의 成長」『한국학보』(1975), 제1집.

신화 내용을 담고 있다. 환인은 환웅천왕(桓雄天王)을 불러 여러 가지 일을 분부하는데 첫째, 하늘과 땅을 열게 하고, 둘째, 만물을 번성하게 하고, 셋째, 사람을 만들어내게 하고, 넷째, 천부인(天符印) 3개를 주어 풍백(風伯), 우사(雨師), 운사(雲師) 등을 거느리고 태백산에 하강하게 한다. 이 환웅천왕이 곧 신시씨(神市氏)이다. 다음으로 「태시기」는 신시씨의 치세를 말한다. 그는 치우씨(蚩尤氏)에게 무기를 만들게 하고 고시씨(高矢氏)에게 농사짓는 법을 가르치게 하며, 신지씨(神誌氏)에게는 글자를 만들게 한다. 이중 치우씨는 중국의 유망(楡罔)이 쇠약해졌을 때 쳐들어가 제위에 오르며 도전자인 헌원(軒轅)을 패배시킨다. 다음으로 「단군기」는 제1세 왕검(王儉)으로부터 제47세 고열가(古列加)에 이르는 고조선 임금들의 치적에 대해 말하고 있다. 여기서는 먼저 환검(桓儉), 단군(檀君), 왕검(王儉), 임검(壬儉) 등의 어휘에 대한 고증을 한다. 왕검은 임검성에 도읍을 정하고 아들 부루, 신지씨, 고시씨, 치우씨 등으로 하여금 각 분야를 주관하게 하여 교화가 사방에 미친다. 그리고 이들을 남국(藍國), 숙신(肅愼), 청구국(靑丘國), 개마국(蓋馬國) 등의 제후로 삼는다. 한편 환인, 환웅, 환검의 삼신을 숭배하는 풍속이 중국에 건너가 신선설이 된다. 이후 제2세 부루로부터 제46세 보을(普乙)에 이르기까지 중국과의 대외관계, 국내 정치, 특별한 사건 등을 기술한다. 국세가 쇠퇴하여 마지막 임금인 제47세 고열가가 아사달에 들어감으로써 나라가 없어진다. 마지막으로 「만설」에서는 우리 역사에 대한 주체적인 소회를 피력한다. 고대의 찬란한 시절을 회고하는가 하면 현재의 사대주의를 통박하는 등 시종 비분강개한 어조이다.

3. 중국 신화적 상상력

『부도지』

『부도지』에서 가장 주목해야 할 중국 신화적 상상력의 수용은 요, 순, 우 등 중국 성군신화에 관한 내용과 관련이 있다. 제17장부터 제25장까지는 이들과의 투쟁, 그리고 비판 등에 관한 언설로 가득 차 있는데 그 발단은 다음과 같다.

이때에 도요(陶堯)가 천산(天山)의 남쪽에서 일어났다. 일차로 출성(出城)한 사람들의 후예였다. ……오행(五行)의 법을 만들어 제왕(帝王)의 도를 주창하므로 소보(巢父)와 허유(許由) 등이 심히 꾸짖고 그것을 거절하였다. 요가 곧 관문 밖으로 나가, 무리를 모아 묘예(苗裔)를 쫓아냈다. 묘예는 황궁씨의 후예였으며 그 땅은 유인씨(有因氏)의 고향이었다. ……요가 곧 9주(九州)의 땅을 그어 나라를 만들고 스스로 5중에 사는 제왕이라 칭하여 당도(唐都)를 세워 부도(符都)와 대립하였다. 그때 거북이 등에 지고 나왔다는 부문(負文)과 명협(蓂莢)이 피고 지는 것을 보고 신의 계시라 하여 그것으로 인하여 역(曆)을 만들고 천부(天符)의 이치를 폐하여 부도의 역을 버리니

소보(巢父)와 허유(許由),
『천지인귀신도감(天地人鬼神圖鑑)』.

이는 인세(人世) 두 번째의 큰 변이었다.

(是時, 陶堯起於天山之南, 一次出城族之裔也……自作五行之法, 主唱帝
王之道, 巢父許由等, 甚責而絶之. 堯乃出關聚徒, 驅逐苗裔, 苗裔者, 黃穹
氏之遺裔, 其地有因氏之鄕也……堯乃劃地九州而稱國, 自居五中而稱帝,
建唐都, 對立符都. 時見龜背之負文, 蓂莢之開落, 以爲神啓, 因之以作曆,
廢天符之理, 棄符都之曆, 此人世二次之大變.)[37]

요를 마고성 시절 가장 먼저 타락한 사람들의 후예라고 함으로써 그
의 출신을 폄하하고 있다. 오행의 법 곧 오행론은 중국의 전통적인 우주
론인데 이에 대해서도 비판적이다. 마고성의 원리는 4원소설에 입각해
있기 때문이다. 요의 선양을 거절한 은사(隱士) 소보(巢父), 허유(許由)의
고사를 교묘히 차용하여 요의 왕도정치를 비판하고 묘족(苗族)을 동족
으로 간주하여 그들을 축출하고 중원에 왕국을 건설한 요의 행위를 못
마땅하게 보고 있다. 아울러 요가 부
문(負文), 명협(蓂莢) 등에 의해 역법
을 제정한 일을 큰 변고로 규정하고
있다. 중앙 토(土)의 작용을 중시한
오행론, 묘족 축출, 표준 역법의 제정
등은 모두 중국 중심주의의 확립과
관련된다. 『부도지』에서의 요에 대한
앞서의 비판적 언술은 전설상 최초의
왕조인 당(唐)의 성립이 이러한 불온
한 의도와 상관된다고 보기 때문에

명협(蓂莢).
산동(山東) 창산현(蒼山縣)의 화상석(畵像石).

---

37 朴堤上, 『符都誌』(서울: 기린원, 1989), 金殷洙 譯解, pp.56-57.

이루어진 것이다. 『부도지』에서는 요의 뒤를 이은 순에 대해서도 평가절
하를 멈추지 않는다.

이에 임검씨가 그것을 심히 걱정하여 유인씨의 손자 유호씨의 부자로
하여금 환부(鰥夫)와 권사(權士) 등 100여인을 인술하고 가서 그를 깨우
치도록 하였다. 요가 그들을 맞아 명령에 복종하고 공순하게 대접하여
하빈(河濱)에서 살게 하였다. ……그때 요가 유호씨의 아들 유순(有舜)의
사람됨을 보고 마음 가운데 딴 뜻이 있어 일을 맡기고 도와주며 두 딸
로 유혹하니 순이 곧 미혹하여졌다. 유순이 일찍이 부도의 법을 행하는
환부가 되어 마침내 (능력이) 미치지 못하여 절도가 없더니 이에 이르러
요에게 미혹을 당하여 두 딸을 밀취(密娶)하고 어리석게도 요에 붙어 협
조하였다.

(於是壬儉氏甚憂之, 使有因氏之孫有戶氏父子, 率鰥夫權士等百餘人, 往
而曉之. 堯迎之而復命恭順, 使居於河濱……時堯見有戶氏之子有舜之爲
人, 心中異圖, 任事以示協, 以其二女誘之, 舜乃迷惑. 有舜曾爲符都執法之
鰥夫, 過不及而無節, 至是爲堯之所迷, 密娶其二女, 暗附協助.)[38]

『부도지』에서 고조선, 신라 종족의 조상인 황궁씨 종족은 사실상 동이
계 종족을 지칭한다. 순은 요와는 달리 그 출신이 황궁씨 종족에 속하는
유호씨의 아들로 설정되어 있다. 이것은 본래 "순은……동이(東夷) 사람
이다.(舜……東夷之人也.)"[39]라는 맹자의 언급을 염두에 둔 것이다. 동이
출신으로 중국에 들어가 제왕이 된 순을 『부도지』에서는 거의 배신자와
같은 수준에서 통렬히 비판하고 있음을 보라. 원래 순은 부도의 법을 집

---

38 위의 책, pp.60-61.
39 孟軻, 『孟子』「離婁(下)」: "舜生于諸馮, 遷于負夏, 卒于鳴條, 東夷之人也."

행하는 환부(鰥夫)였으나 능력이
부족한 사람이었는데 결국 요의
두 딸 아황(娥皇)과 여영(女英)의
미인계에 걸려 아버지와 동족을
배반하고 요에 빌붙었다는 것이
다. 이것은 중국 경전의 순에 대
한 기록과는 정면으로 배치되는
내용이다. 『서경(書經)』의 기록을
보자.

아황(娥皇)과 여영(女英), 『백미도(百美圖)』.

　(요)임금께서 말씀하시기를,
"아아, 사악(四岳)이여! 내가 왕
위에 오른 지 70년 동안 그대
는 나의 명을 잘 받들어주었소. 이제 나의 자리를 그대에게 물려줄까 하
오." 사악이 아뢰기를, "덕이 없어 임금 자리를 욕되게 할 것입니다." 또
이르기를, "밝게 밝히시어 민간에 숨어 있는 사람 중에서 등용하십시
오." 여러 사람들이 임금님께 아뢰었다. "홀아비가 민간에 있는데 우순
(虞舜)이라는 사람입니다." 임금께서 말씀하시기를, "그렇지. 나도 들었
소. 누구요?" 사악이 아뢰기를, "장님 자식으로 아비는 어리석고, 어미는
간악하며, 아우인 상(象)은 오만한데, 능히 화해롭게 하되 효로써 대하
고 잘 다스리어 간악한 데 이르지 않게 하였습니다." 임금께서 말씀하시
기를, "내 그를 시험하리라. 그에게 내 딸을 주고 두 딸을 잘 다스리는지
보리라." 두 따님을 위수(위수)의 물굽이로 내려 보내어 우씨 집 며느리
로 삼게 하시곤 "공경하라."고 말씀하시었다.

　(帝曰, 咨, 四岳. 朕在位七十載, 汝能庸命, 巽朕位. 岳曰, 否德忝帝位.

日, 明明揚側陋. 師錫帝曰, 有鰥在下, 曰虞舜. 帝曰, 俞 予聞, 如何. 岳曰, 瞽子, 父頑, 母嚚, 象傲, 克諧, 以孝烝烝乂, 不格姦. 帝曰, 我其試哉. 女于 時, 觀厥刑于二女. 釐降二女于위내, 嬪于虞. 帝曰, 欽哉.)[40]

중국 경전에서 일반적으로 순은 장님인 아버지 고수(瞽瞍)와 계모, 이복동생 상(象)의 학대에도 불구하고 효를 다한 성인으로 묘사되고 있으나 『부도지』에서는 정반대로 서술되고 있음을 우리는 이미 살펴보았다. 순뿐만이 아니다. 아들을 학대했던 완악(頑惡)한 아버지 고수도 『부도지』에서 전혀 다른 모습으로 등장한다.

이보다 먼저 유호씨가 부도에 있을 때에 칡을 먹고 오미(五味)를 먹지 아니하였으므로 키는 열 자요, 눈에서는 불빛이 번쩍였다. 임검씨보다 나이를 100여 살이나 더 먹었으며 아버지와 할아버지의 직업을 이어 임검씨를 도와 도를 행하고 사람들을 가르쳤다.

(先時有戶氏在於符都, 採葛而不食五味, 身長十尺, 眼生火光. 年長於壬 儉氏百餘歲, 承父祖之業, 助任儉氏而行道教人.)[41]

고수 곧 유호씨는 완악하기는커녕 비범한 도인으로 임검씨의 신임을 한몸에 받아 사악한 요의 세력을 징치(懲治)하는 훌륭한 인물이다. 흥미로운 것은 『서경』에서 순을 지칭했던 홀아비 '환(鰥)'이라는 글자가 『부도지』에서는 부도의 법을 집행하는 관직인 '환부(鰥夫)'로 탈바꿈되어 있다는 사실이다. 이는 순식간에 의미를 전도하여 경전의 취지를 무력화시키는 고도의 패러디가 아닐 수 없다. 중국의 성군이자 유교의 이상

40 권덕주 · 전인초 역주, 「堯典」『書經』(서울: 평범사, 1976), pp.55-56.
41 朴堤上, 『符都誌』(서울: 기린원, 1989), 金殷洙 譯解, pp.60-61.

적 인물인 요와 순에 대한 『부도지』에서의 폄훼(貶毀)는 다음 글에서 절정에 달한다.

이때 유호씨가 수시로 경계하였으나 순은 "예, 예" 하고 대답만 하고는 고치지 않았다. 그는 끝내 요의 촉탁을 받아들여 현자를 찾아 죽이며 묘족(苗族)을 정벌하였다. 유호씨가 마침내 참지 못하여 꾸짖고 그를 토벌하니 순은 하늘을 부르며 통곡하고 요는 몸을 둘 땅이 없으므로 순에게 양위하고 자폐(自閉)하였다. 유호씨가 이르기를, "……알지 못하고 범하는 자는 혹 용서하여 가르칠 수도 있으나 알고 범하는 자는 비록 지친(至親)이라도 용서할 수 없다." 하고 곧 차자(次子) 유상(有象)에게 명하여 권사(權士)를 이끌고 무리를 모아 죄를 알리고 그를 치게 하니 수년 동안 싸워서 마침내 당도(唐都)를 혁파(革罷)하였다. 요는 유폐 중에서 죽고 순은 창오(蒼梧)의 들에 도망하여 도당(徒黨)이 사방으로 흩어졌다. 요의 무리 우(禹)가 순에게 아버지를 죽인 원한이 있으므로 이에 이르러 그를 추격하여 죽여 버렸다. 순의 두 처(妻)도 역시 강물에 투신하여 자결하였다.

(是時, 有戶氏隨警隨戒, 舜唯唯而不改, 終受堯囑, 追戮賢者, 仍又伐苗, 有戶氏遂不能忍耐, 論責討之. 舜呼天哭泣, 堯置身無地, 遂讓位於舜而自閉. 有戶氏曰……且不知而犯者, 容或誨之, 知而犯者, 雖至親不可得恕. 乃命次子有象, 率權士聚衆, 鳴罪而攻之, 戰及數年, 遂革其都. 堯死於幽閉之中, 舜逃於蒼梧之野, 徒黨四散. 堯之徒禹, 與舜有殺父之怨, 至是追擊殺之. 舜之二妻亦投江自決.)[42]

42 위의 책, pp.62-63.

결국 요는 유폐된 끝에 자멸하고 순은 골육인 아버지 유호씨와 동생 상의 토벌을 받아 파멸하게 된다. 중국 진적에서의 순과 농생 상과의 불화, 즉 상의 일방적 학대가 『부도지』에서는 종족을 배반한 순을 징치한다는 대의명분에 의한 정당한 행위로 바뀌어져 있다. 그 후 우의 순 살해 그리고 두 왕비의 자살 등 잇단 비극의 스토리는 『죽서기년(竹書紀年)』, 『한비자(韓非子)』 등에 담긴, 유가 이상주의에 대해 수정주의적 관점을 표명한 언설의 편린(片鱗)들을 수용하면서 주변 민족의 입장에서 중국 상고사 다시 쓰기를 시도한 결과로 보아도 좋을 것이다. 『부도지』에서의 이러한 역사 언술은 종래 유가에 의해 완벽하게 이상화된 요, 순, 우 등 성군들의 이미지에 균열을 가하고 다른 해석의 가능성을 제공한다. 예컨대 완악한 아버지와 계모, 의붓동생의 끝없는 학대를 견뎌내면서 효를 실천하고 임금이 된 순의 인간승리는 주변 민족의 입장에서 보면 사실상 종족과 집안을 등지고 적에게 투항한 패륜 자식과의 갈등을 반대 측에서 미화한 것에 불과하다는 생각을 할 수도 있을 것이다. 아울러 요, 순, 우 등 성군들이 사이좋게 왕위를 양보했다는 이른바 선양(禪讓) 담론의 이면에 피로 얼룩진 폭력의 악순환이 있었다는 발상을 가능하게 할 것이다. 궁극적으로 『부도지』는 중국 성인들에 대한 이러한 탈신성화 작업을 통하여 억압된 주변 민족의 역사를 복원하고 정체성을 고양시킴에 있어 반사적, 상대적인 효과를 의도하고 있는 것이다.

『규원사화』

『규원사화』에서 전개된 중국 신화적 상상력은 『환단고기』에서의 그것과 일치하는 내용이 많다. 특히 치우에 대한 서술은 환웅천왕과 단군의 유능한 신하 혹은 제후로서 전쟁에 능하였고, 염제(炎帝)의 세력이 쇠퇴했을 때 기병하여 중원의 지배자 황제와의 싸움에서도 승리하였으나 부

장이 죽어서 중국 측에서는 치
우를 죽인 것으로 오인했다는
내용까지 일치한다. 다만 이들
재야 역사 설화에서의 염제 신
농씨(神農氏)에 대한 인식을 두
고 토론의 여지가 있다. 『규원
사화』에는 염제 신농씨에 관한
다음과 같은 기록이 보인다.

염제(炎帝) 신농씨(神農氏), 고구려 오회분(五盔墳)
5호묘 벽화.

　　이때 치우씨가 하늘을 우
　러러 형상을 보고 사람의 마
　음을 살피니 중국의 왕성한
　기운이 점점 번창하고 또 염
제의 백성이 굳게 단결하고 있기 때문에 이를 다 죽일 수 없다는 것을
알았다. 더구나 사람이 각각 제 임금을 섬기는 것인데 쓸데없이 죄 없는
백성을 죽일 수 없구나 하고 되돌아 왔다.[43]

　『규원사화』 등에서는 염제 신농씨를 치우 나아가 동이계 종족의 적
대적인 존재로 파악하고 있다. 그러나 중국 신화학에서 황제계와 염제
계는 대립적인 관계로 인식되고 있으며 치우는 이중 염제의 후예로 분
류되고 있다.[44] 염제는 베트남의 시조신으로 숭배될 만큼 주변 민족과

43　북애, 『규원사화』(고양: 한뿌리, 2005), 고동영 옮김, p.38.
44　『遁甲開山圖』: "炎帝之後" 자세한 내용은 袁珂, 『山海經校注』(臺北: 里仁書局, 1982),
　　　pp.215-216의 주석 참조. 염제와 치우 계통의 신들에 대한 논의는 정재서, 『앙띠 오이디
　　　푸스의 신화학』(서울: 창작과비평사, 2010), pp.154-158 참조.

는 친연성을 지니는 신이며 고
구려 고분벽화에도 자주 출현
할 정도로 고대의 우리 민족에
게 인기가 높았던 신이었다. 따
라서 재야 역사 설화에서 이 신
을 치우와 적대적인 관계로 설
정한 것은 중국 신화의 상식으
로 보나 고구려 문화와의 상관
성으로 보나 논리적 모순이 있
는 것으로 보인다.

『규원사화(揆園史話)』의 『산해경(山海經)』 '조선(朝鮮)'
관련 기록.

『규원사화』에서는 특히 중국
의 신화서인 『산해경』 신화에
대한 수용이 두드러진다. 다음
과 같이 이 책의 구절을 직접 인용하기도 한다.

동해의 안쪽, 북해의 모퉁이에 조선이라는 나라가 있다. 하늘이 그 사
람들을 길렀고 물가에 살며 남을 아끼고 사랑한다.

(東海之內, 北海之隅, 有國名曰朝鮮. 天毒其人, 水居, 偎人愛之.)[45]

『규원사화』에서는 '천독(天毒)'의 경우 종래 주석가들이 '천축(天竺)'과
같은 의미로 해석했던 것에 대해 '독(毒)'을 '육(育)'의 뜻으로 풀이함으
로써 새로운 독해의 가능성을 열어놓았다.[46]

---

45 『山海經』「海內經」. 이 구절은 북애, 『규원사화』(서울: 한뿌리, 2005), 고동영 옮김, p.72
에 인용되어 있으나 번역은 필자가 직접 하였다.
46 '毒'에 대한 주석 '育也'는 원문에 보인다.

이외에도 당시 고조선의 서쪽 변경을 자주 소란하게 했던 알유(猰貐)라는 나라 혹은 종족에 대한 언급이 자주 보인다.

이때 단군의 교화가 사방에 두루 퍼졌다. 북으로는 대황(大荒), 서로는 알유(猰貐), 남으로는 해대(海岱), 동으로는 창해(蒼海)에 이르렀다.[47]

나라를 다스린 지 40여 년에 알유(猰貐)의 난이 있었다. 알유란 험윤(玁狁)의 족속이다. 홍수는 다행히 면하고 물과 땅은 잘 다스려 정리되었으나 마을은 한산하고 쓸쓸했다. 이 틈을 타서 알유가 동쪽을 향해 침입하니 그 세력이 제법 거셌다. 곧 부여에게 안팎의 군사를 모아 평정하게 했다.[48]

험윤(玁狁)은 흉노 계통의 변방 종족이다. 그러나 알유는 본래 『산해경』에서 다음과 같은 모습으로 나타나는 괴물이다.

다시 북쪽으로 200리를 가면 소함산(少咸山)이라는 곳인데 초목은 자라지 않으나 푸른 옥돌이 많이 난다. 이곳의 어떤 짐승은 생김새가 소 같은데 몸빛이 붉고 사람의 얼굴에 말의 발을 하고 있다. 이름을 알유(猰㺄)라고 하며 그 소리는 어린 아이 같고 사람을 잡아먹는다.

(又北二百里, 曰少咸之山, 無草木, 多青碧. 有獸焉, 其狀如牛, 而赤身, 人面, 馬足, 名曰猰㺄, 其音如嬰兒, 是食人.)[49]

---

47 북애, 『규원사화』(서울: 한뿌리, 2005), 고동영 옮김, p.69.
48 위의 책, p.76.
49 『山海經』「北山經」.

알유(猰㺄). 마창의(馬昌儀)의 『산해경도설(山海經圖說)』.

알유가 약수(弱水) 가운데 사는데…… 그 생김새는 추(貙) 비슷하며 용의 머리를 하고 사람을 잡아먹는다.

(窫窳居弱水中……其狀如貙, 龍首, 食人)[50]

소함산(少咸山)의 알유와 약수(弱水)의 알유는 생김새는 다르나 모두 사람을 잡아먹는 흉수(凶獸)이다. 그런데 약수는 서쪽에 있고 그곳에 사는 알유는 후일 동이의 영웅 예(羿)에 의해 제거된다.[51]

『규원사화』에서는 혹시 알유의 이러한 신화적 이미지를 바탕으로 서쪽 변경을 침탈하는 야만적인 종족을 알유로 명명했던 것은 아닐까 추측해 볼 수 있다. 이밖에 『규원사화』에는 상서로운 신화적 동물의 출현에 대한 기록도 종종 보인다.

처음 부루(夫婁)가 임금 자리에 오를 때 우순(虞舜)이 남국(藍國)과 인접한 땅을 영토로 삼은 지 수십 년이었다. 부루가 모든 가(加)에게 그 땅을 쳐서 무리들을 모두 쫓아내게 했다……이때 신령스러운 짐승이 청구(靑邱)에 있었는데 털은 희고 꼬리가 아홉이었다.[52]

---

50 『山海經』「海內南經」. '貙'는 범같이 생겼는데 크기가 개만한 맹수.
51 劉安, 『淮南子』「本經訓」: "羿誅鑿齒于疇華之野……上射十日而下殺猰㺄."
52 북애, 앞의 책, p.96.

신사년은 여을(餘乙) 임금
원년이다. 이상한 짐승이 태
백산 남쪽에 나타났는데 꼬
리는 아홉이고 털은 흰데 늑
대 같았으나 물건을 해치지
는 않았다. 이 해에 제후들을
크게 모아 놓고 진번후(眞番
侯)에게 상을 주었다.[53]

여기에서 주목할 것은 이 신
령스러운 동물들이 꼬리가 아
홉 개 달렸다는 공통점을 지녔

구미호(九尾狐). 『괴기조수도권(怪奇鳥獸圖卷)』.

다는 사실이다. 이와 관련된 가장 오래 된 기록은 『산해경』에 있다.

다시 동쪽으로 300리를 가면 청구산(靑邱山)이라는 곳인데 그 남쪽에
서는 옥이, 북쪽에서는 청호(靑䒵)가 많이 난다. 이곳의 어떤 짐승은 여
우같은데 아홉 개의 꼬리가 있으며 그 소리는 마치 어린애 같고 사람을
잘 잡아먹는다. 이것을 먹으면 요사스러운 기운에 빠지지 않는다.

(又東三百里, 曰靑邱之山, 其陽多玉, 其陰多靑䒵. 有獸焉, 其狀如狐而
九尾, 其音如嬰兒, 能食人, 食者不蠱.)[54]

청구산(靑邱山)의 꼬리 아홉 개 달린 여우는 곧 구미호(九尾狐)를 말
한다. 구미호는 식인성 때문에 후대에 가서 사악한 동물로 간주되었지

53 위의 책, p.103.
54 『山海經』「南山經」.

만 고대에서는 풍요와 다산 그리고 번영을 가져다주는 상서로운 동물로 인식되었다. 특히 그러한 이미지는 아홉 개의 꼬리와 상관된다. 『규원사화』에서의 꼬리 아홉 개 달린 서수(瑞獸)들에 대한 기록은 직, 간접적으로 청구산의 구미호에 연원을 두고 있다고 봐야 하겠다. 이와 같이 『산해경』에 근거를 두고 서술하는 비슷한 용례는 다른 곳에서도 찾아볼 수 있다.

경인년은 벌음(伐音) 임금 원년이다. 훈화(薰華)를 뜰 아래 심어서 정자를 만들었다.[55]

이러한 기록 역시 다음과 같이 『산해경』으로부터 비롯된 것이다.

군자국(君子國)이 그 북쪽에 있다. (그 사람들은) 의관을 갖추고 칼을 차고 있으며 짐승을 잡아먹는다. 두 마리의 무늬 호랑이를 부려 곁에 두고 있으며 그 사람들은 사양하기를 좋아하여 다투지 않는다. 훈화초(薰華草)라는 식물이 있는데 아침에 나서 저녁에 시든다.

(君子國在其北, 衣冠帶劍, 食獸, 使二大虎在傍, 其人好讓不爭. 有薰華草, 旱生夕死.)[56]

『산해경』의 군자국은 종래 고대의 우리나라를 지칭하는 것으로 알려져왔다. 예의 바른 군자의 나라, 훈화초 곧 무궁화꽃이 피는 나라는 고대 중국의 우리나라에 대한 중요한 이미지들이었다. 『규원사화』에서는 그중의 한 가지, 훈화초 이미지를 취하였다.

---

55 북애, 앞의 책, p.102.
56 『山海經』「海外東經」.

『규원사화』에는 다른 재야 역사 설화집에 비하여 이처럼『산해경』을 직, 간접적으로 활용한 예가 많아 주목을 요한다. 잘 알려져 있듯이『산해경』은 동이계 고서(古書)로서[57] 이 책에는 고대 한국 문화와 관련된 내용이 적지 않다. 아울러 이 책은 역사서가 아니라 신화집이기 때문에 그 내용을 두고 변용의 폭이 넓다. 특히 이 책은 중국의 정통 경서나 사서와는 계통이 다른, 다소 황탄불경(荒誕不經)한 내용을 담고 있기 때문에 주변 문화의 입장에 유리한 자료들이 많다.『규원사화』에서는 상술한 점들에 착안,『산해경』신화를 대량으로 상호텍스트화하여 역사 설화를 직조했는데 역사 자료가 상대적으로 빈곤한 재야 사가(史家)들의,『산해경』을 활용한 이러한 반언술(反言述, counter discourse) 행위는 나름의 유효성을 지닌다 하지 않을 수 없다.

4. 도교적 상상력

『부도지』

『부도지』에서의 도교적 취지는 우선 태초에 세상과 민족의 탄생을 주관했던 큰 여신 마고(麻姑)의 명호에서 찾아볼 수 있다. 마고는 중국 신화상의 여신은 아니고 후대의 도교 설화에 등장하는 여선(女仙)이다. 일찍이 조비(曹丕)의『열이전(列異傳)』에서 보이고 갈홍(葛洪)의『신선전(神仙傳)』에서도 보이는데 새 발톱 같이 긴 손톱을 가진, 바다가 뽕나무 밭으로 변하는 것을 세 번이나 보도록 오래 산 여선으로 유명하다.[58] 그

---

57 이에 대해서는 손작운(孫作雲), 부사년(傅斯年) 등이 언명한 바 있다. 孫作雲, 「后羿傳說叢考」『中國上古史論文選集(上)』(臺北: 華世出版社, 1979), p.458. 傅斯年, 「夷夏東西說」(서울: 우리역사연구재단, 2011), 정재서 역주, p.170 등 참조.

58 葛洪, 『神仙傳』, 卷7, 「麻姑」: "麻姑自說, 接待以來, 已見東海三爲桑田. 向到蓬萊, 水又淺于往昔, 會將略半也. 豈將復還爲陵陸乎?"

제4부 한국 재야 역사 설화에 대한 비교학적 검토 261

마고(麻姑). 청(淸) 임훈(任薰)의 「마고헌수도(麻姑獻壽圖)」.

러나 이러한 도교적 취지와는 무관하게 우리나라의 전국 곳곳에 마고 설화가 분포하여 이 여신의 성격을 두고 학계에서는 진작부터 많은 토론이 있어 왔다.[59] 대체로 이 여신을 우리 토착의 대모신(大母神)에서 유래한 신격(神格)으로 보는 데에는 큰 이론(異論)이 없는 듯하다. 필자의 견해로는 이 여신의 고유한 우리 말 명칭이 후대에 전입되어온 여선 마고와 발음상 비슷하여 이후에 줄곧 그렇게 표기되고 불리지 않았나 싶고[60] 여선 마고의 도교적 성격 또한 본래의 신화적, 무속적 본질에 통합되어 오늘날의 마고와 같은 성격과 기능을 지닌 여신이 되지 않았나 생각된다.

마고 다음으로 살펴보아야 할 도교적 상상력은 지유(地乳)이다.

---

59 마고 전설에 대한 총체적 논의는 김혜정, 「한국 마고의 전승 양상과 신적 성격」(서울: 고려대 대학원 국문학과 박사학위논문, 2013) 참조.

60 국선(國仙), 선교(仙敎) 등 한국 고대 문헌에 등장하는 '선(仙)'이란 글자가 화랑도나 고유의 수련체계를 표현하기 위해 도교의 신선 '선(仙)'의 발음과 의미를 중의적으로 차용해왔다는 가설은 이미 정인보, 신채호 등에 의해 제기되었고 현재 한국 도교학계에서도 받아들여지는 추세에 있다. 마고할미의 명명에 대한 이러한 관점은 조현설, 「마고할미, 개양할미, 설문대할망」『민족문학사연구』(2009), 제41집, p.142 주 4 참조.

성중(城中)에 지유(地乳)가 처음으로 나오니 궁희(穹姬)와 소희(巢姬)가 또 네 천인(天人)과 네 천녀(天女)를 낳아 지유를 먹여 그들을 기르고 네 천녀에게는 여(呂)를, 네 천인에게는 율(律)을 맡아보게 하였다.

(城中地乳始出, 二姬又生四天人四天女, 以資其養, 四天女執呂, 四天人執律.)[61]

성중의 모든 사람은 품성(稟性)이 순정(純精)하여 능히 조화(造化)를 알고 지유(地乳)를 마시므로 혈기(血氣)가 맑았다……그 수명(壽命)이 한이 없었다.

(城中諸人, 稟性純精, 能知造化, 飲啜地乳, 血氣淸明……其壽無量.)[62]

태초에 인간들은 오곡과 과일을 먹지 아니하고 마고성의 유천(乳泉)에서 솟아나는 지유를 먹어 맑은 성품을 유지하며 불로장생할 수 있었다고 한다. 불사약과 같은 이 지유의 상상력은 어디에서 유래한 것일까? 『열자(列子)』를 보면 우 임금이 길을 잃고 종북국(終北國)이라는 미지의 나라에 도착했는데 그 나라의 한가운데에는 신비한 샘이 있었다고 한다. 그 광경은 다음과 같다.

사방이 모두 평평한데 둘레에만은 높은 산이 있었다. 나라의 한가운데에도 산이 있는데 산 이름을 호령(壺嶺)이라 하였다. 모양은 입이 좁은 항아리 같았다. 꼭대기에는 굴이 있는데 모양이 둥근 고리 같았으며 이름을 자혈(滋穴)이라 하였다. 거기서 물이 솟아나고 있는데 그 이름을 신분(神瀵)이라 하였다. 냄새는 난초(蘭草)나 산초(山椒)보다 좋고 맛은 막

---

61 朴堤上, 『符都誌』(서울: 기린원, 1989), 金殷洙 譯解, p.23.
62 위의 책, p.27.

걸리나 단술보다도 좋았다. 한 개의 샘물이 네 가지로 갈라져서 산 아래
로 흘러내려 온 ㅣ나라를 두루 적시어 어느 곳이고 모두 거치지 않은 데가
없었다. 땅 기운은 조화되어 병에 의한 죽음이 없었다. 사람들의 성질은
부드러워 사물을 따르며 다투지도 않고 싸우지도 않았다……그나라 풍
속은 음악을 좋아하여 서로 어울리어 번갈아 노래하며 하루 종일 풍악이
끊이지 않았다. 배고프거나 고단하면 신분을 마셨는데 힘과 뜻이 화평하
여졌다.

　(四方悉平, 周而喬陟. 當國之中有山, 山名壺嶺, 狀若甑甀. 頂有口, 狀
若員環, 名曰滋穴. 有水湧出, 名曰神瀵. 臭過蘭椒, 味過醪醴. 一源分爲四
埒, 注於山下, 經營一國, 亡不悉遍. 土氣和, 亡札厲. 人性婉而從物, 不競
不爭……其俗好聲, 相攜而迭謠, 終日不輟音. 飢惓則陰神瀵, 力志和平.)⁶³

　마고성의 지유는 도교 낙원인 종북국의 신분(神瀵)과 비슷한 점이 많
다. '지상선경(地上仙境)' 등으로 표현되는 우리나라의 민간신앙이나 신
종교에서의 낙원은 도교 낙원으로부터 그 개념과 기능을 빌려오는 경우
가 많은데 『부도지』의 낙원인 마고성의 경우에도 그러할 가능성을 생각
해 볼 수 있으며 지유는 그 중의 한 예라 할 것이다. 그런데 지유보다도
더욱 도교 낙원의 상상력이 농후한 것은 삼신산(三神山)에 대한 묘사이
다. 『부도지』에서는 제14장부터 제16장까지에 걸쳐 삼신산에 대해 순차
적으로 묘사하고 있는데 그 내용은 다음과 같다.

　제족이 방장산(方丈山) 방호(方壺)의 굴(堀)에서 칠보(七寶)의 옥을 채굴
하여 천부를 새기고 그것을 방장 해인(海印)이라 하여 칠난(七難)을 없애

---

63 列禦寇,「湯問」『列子』(서울: 을유문화사, 2000), 김학주 옮김, pp.190-192.

264　동아시아 상상력과 민족 서사

고 돌아갔다. 이로부터 매 10
년마다 반드시 신시(神市)를
여니 이에 어문(語文)이 같아
지고 천하가 하나로 되어 인
세(人世)가 태화(太和)하였다.

(諸族採七寶之玉於方丈方
壺之堀, 刻天符而謂之方丈海
印, 辟除七難而歸. 自此每十
歲必開神市, 於是語文同軌,
一準天下, 人世太和.)[64]

봉래산(蓬萊山), 청대(淸代)의 그림 「봉래선경(蓬萊仙境)」.

제족이 봉래산(蓬萊山) 원
교봉(圓嶠峯)에서 오서(五瑞)
의 열매를 얻으니 즉 잣나무 열매였다. 봉래 해송(海松)이라 하여 은혜롭
게 오행(五幸)을 얻고 돌아갔다. 이로부터 사해가 산업이 일어나서 교역
이 왕성하게 되므로 천하가 유족(裕足)하였다.

(諸族取五瑞之實於蓬萊圓嶠之峯, 卽栢子也. 謂之蓬萊海松, 惠得五幸而
歸. 自此四海興産, 交易殷盛, 天下裕足.)[65]

신시(神市)에 온 사람들은 영주(瀛州) 대여산(岱輿山) 계곡에서 삼영근
(三靈根)을 얻으니 곧 인삼이었다. 그것을 영주 해삼(海蔘)이라 하였으
며 능히 삼덕(三德)을 보전하고 돌아갔다……그러므로 방삭초(方朔草)
라 하니 세상에서 불사약이라 하는 것이 이것이다……대저 삼근영초(三

64 朴堤上, 『符都誌』(서울: 기린원, 1989), 金殷洙 譯解, pp.49-50.
65 위의 책, pp.53-54.

根靈草)의 인삼과 오엽서실(五葉瑞實)의 잣과 칠색보옥(七色寶玉)의 부인(符印)은 진실로 불함삼역(不咸三域)의 특산이요, 사해 제족의 천혜(天惠)였다.

(來市者又取三靈之根於瀛州岱輿之谷, 卽人蔘也. 謂之瀛州海蔘, 能保三德而歸……故曰方朔草, 世謂之不死藥是也……大抵三根靈草之人蔘, 五葉瑞實之柏子, 七色寶玉之符印, 眞是不咸三域之特産, 四海諸族之天惠.)[66]

삼신산은 『열자(列子)』와 『사기(史記)』 등에 모습을 드러낸 도교의 대표적인 낙원이다. 그곳은 "여러 신선들과 불사약이 모두 있고 모든 사물과 짐승들이 다 희며 황금과 은으로 궁궐을 지은(諸僊人及不死之藥皆在焉, 其物禽獸盡白, 而黃金銀爲宮闕.)"[67] 낙원이긴 하지만 "배를 대려 하면 바람이 문득 끌어가 버려 끝내 아무도 도달할 수 없다고 한다(臨之, 風輒引去, 終莫能至云.)[68]는 범인이 접할 수 없는 신성한 공간이다. 그러나 『부도지』에서 삼신산은 신시의 주민이면 누구나 갈 수 있고 그곳에서 나는 특산물의 혜택을 입을 수 있는 개방된 지역이다. 중국에서 발해의 삼신산을 상상할 때는 타자로서 이상향의 이미지에 휩싸이게 되지만 『부도지』에서는 동이계 종족을 삼신산의 주체로 자임(自任)하는 관계로 보다 실제적인 상상력을 발휘하게 된다. 인삼, 잣, 옥 등의 실물이 불사약을 대신하고 있는 것은 이 때문이다. 물론 이러한 실물들이 재앙을 물리치고 행운을 가져오는 등 초자연적인 효능을 지니고 있는 것은 사실이지만 아무래도 중국에서 보는 타자로서의 환상과는 거리가 있다.

『환단고기』를 비롯해 『부도지』, 『규원사화』 등 재야 역사 설화집에서

---

66 위의 책, p.55.
67 司馬遷, 『史記』 「封禪書」.
68 위의 책.

는 한결같이 삼신산의 소재를 우리의 고대 경역(境域)에 둔다는 점에서는 일치한다. 그러나 삼신산의 도교 낙원으로서의 실체를 인정하느냐, 아니면 허구적으로 보느냐에 대해서는 서로 입장이 다르다. 『부도지』에서는 전술한 바와 같이 도교 낙원의 이미지를 충분히 계승하여 실체를 긍정한다. 이에 반해 『환단고기』나 『규원사화』에서는 삼신산의 존재를 인정하면서도 그 서사 내용은 중국 측에 의해 허구화되고 과장된 것으로 본다. 상고사 복원이라는 동일한 목표를 추구하는 재야 역사 설화집 사이에서도 상상력의 수용에는 이와 같은 편차가 있음에 유의할 필요가 있다.

『규원사화』

『규원사화』에서는 고대 한국의 이상적인 통치가 도교적 이념에 가까운 사상과 관련이 있음을 보여주는 언급들이 자주 발견된다. 가령 단군의 통치 방식에 대한 다음의 글을 보자.

> 옛날 단군이 나라의 기틀을 세울 때 무위(無爲)함을 도로 삼고 평안하고 조용하게 행하며 착한 것을 세우고 악한 것을 없애며 들어와서는 효도하고 나가서는 충성을 하게 한 것은 참으로 교훈이다.[69]

> 단군이 백성들에게 이를 가르치니 그의 신령스러운 덕이 크게 빛났다……후세에 가락국 방등왕(方等王) 때 암시선인(嵒始仙人)[70]이란 사람이 있었다. 칠점산(七點山)으로부터 와서 초현대(招賢臺)에서 왕을 뵙고

---

69 북애, 『규원사화』(서울: 한뿌리, 2005), 고동영 옮김, pp.196-197.
70 『해동이적』 원문에서는 '참시선인(旵始仙人)'으로 되어 있다. '암시선인(嵒始仙人)'은 전사(傳寫) 과정에서 생긴 착오인 듯하다.

"왕이 자연스럽게 다스려야 백성도 자연스럽게 풍속을 이룰 것입니다. 백성을 다스리는 방법이 예부터 있었는데 왕은 어찌 그것을 체득하지 않습니까?" 하니 왕이 큰 소를 잡아 대접했으나 받지 않고 돌아갔다. 이것이 옛 성인을 알아내는 비결이다.[71]

"무위(無爲)함을 도로 삼고", "자연스럽게 다스려야" 등의 언급들은 노자의 무위자연(無爲自然) 사상을 그대로 표현한 것으로 단군의 가르침이 도교적인 취지와 긴밀히 상관되고 있음을 보여준다. 따라서 이러한 도리를 체득한 통치자의 모습과 행적이 도교적 상상력에 의해 묘사됨은 당연한 일일 것이다.

환웅천왕이 세상을 다스린 지 벌써 궐천세이다. 이 분이 곧 신시씨이다. 쑥대 정자와 버드나무 대궐에 살며 자연으로 되는 이치를 널리 펴서 나라를 세운 지 만세나 되었다. 천왕의 말년에는 공들인 일들이 모두 완성되고 사람과 사물이 즐겁게 사는 것을 보고 태백산에 올라갔다. 천부인 3개를 연못가 박달나무 아래 돌 위에 두고 신선이 되어 구름을 타고 하늘로 올라갔다. 그 못을 조천지(朝天池)라 한다.[72]

자연의 이치에 맞게 나라를 잘 다스린 환웅천왕은 최후에 득선(得仙)하여 승천한다. 갈홍(葛洪)의 『포박자(抱朴子)』에서는 통치와 득선 이 두 가지 목표를 동시에 달성하는 것을 인간 최고의 이상으로 삼고 있다.[73]

---

71 북애, 앞의 책, p.79.
72 위의 책, p.55.
73 葛洪, 『抱朴子·內篇』. 卷8, 「釋滯」: "以六經訓俗士, 以方術授知音, 欲少留則且止而佐時, 欲升騰則凌宵而輕擧者, 上士也."

제왕으로서 이러한 경지에 도달한 사람은 황제(黃帝)이고 인신(人臣)으로서 이를 이룩한 사람은 장량(張良)이었다. 『열선전(列仙傳)』을 보면 황제는 세상을 잘 다스린 후 용을 타고 등선(登仙)하였다는데[74] 환웅천왕에 대한 위의 기록은 아무래도 황제 전설에 모델을 두고 있는 듯이 보인다. 그러나 『규원사화』에서는 단순히 도교적 이념만을 추숭(推崇)하지 않는다.

> 나중에 문박씨(文朴氏)가 아사달에 살았는데 그 얼굴은 환하여 젊어 보이고 눈은 모가 나고 제법 단검(檀儉)의 도를 얻었다. 그 후 향미산(向彌山)의 영랑(永郞)과 마한(馬韓)의 신녀(神女) 보덕(寶德) 등은 깨끗함을 얻어 한가로이 속세에 나가 살았다는데 그것은 단조(檀祖)가 만민을 교화시키던 큰 뜻과는 거리가 멀다.[75]

얼굴이 젊어 보이고 눈이 모가 났다는 것은 신선의 표징이다.[76] 문박씨(文朴氏), 영랑(永郞), 보덕(寶德) 등은 신선이 되어 유유자적했지만 그러한 삶이 단군의 뜻과 배치된다는 말은 『규원사화』의 취지가 순연히 도교적인 데 있지 않음을 표명한 것이다. 그렇다면 『규원사화』의 궁극적 취지는 어디에 있는가? 『규원사화』는 그 해답을 최치원(崔致遠)의 「난랑비서(鸞郞碑序)」에서 찾는다. 유, 불, 도 3교의 취지를 포괄하는 우리 고유의 선교(仙敎)는 이념적인 차원과 아울러 실천적인 차원을 함께 중시하는 단군의 본의(本義)를 잘 계승한 것이라고 보는 것이다.

---

74 劉向, 『列仙傳(卷上)』 「黃帝」: "黃帝採首山之銅, 鑄鼎於荊山之下. 鼎成, 有龍垂胡髯下迎, 帝乃升天."

75 북애, 『규원사화』(서울: 한뿌리, 2005), 고동영 옮김, p.95.

76 葛洪, 『抱朴子‧內篇』, 卷20, 「祛惑」: "又仙經云, 仙人目瞳皆方."

최고운은 자상하고 똑똑하여 글을 배우는 데 있어서도 뭇사람 가운데
에서 뛰어났다. 또 옛날과 지금의 일에 대해서도 널리 알 뿐만 아니라
글에도 뛰어났다. 그러니 고운의 말은 정말 옛 성인의 빛나는 교훈을 잘
캐냈다고 할 만하다.[77]

도교적 상상력에 대해 이처럼 제한적 신뢰를 보내는 『규원사화』의 입
장에서 삼신산의 환상은 믿거나 추구해야 할 대상이 아니다. 『규원사화』
에서는 『환단고기』에서와 마찬가지로 삼신산 판타지가 우리의 삼신 신
앙에서 유래하여 중국에서 날조된 것으로 파악하고 이를 다시 수용하는
식자층을 질타한다.

이리하여 해상 육오(六鼇) 등 황당무계한 말이 한가한 사람의 글에서 나
왔는데도 우리나라 선비들은 알지 못하면서 이를 흉내 내어 금강산(金剛
山)은 봉래, 지리산(智異山)은 방장, 한라산(漢拏山)은 영주라 한다. 이것은
중국의 학자들이 뱉은 침을 다시 삼키는 것과 다를 바 없는 것이다.[78]

『규원사화』는 일찍이 학계 일각에서 '반존화(反尊華)적 도가사학(道家
史學)'으로 규정했을 만큼 역사의식이나 이념에서 도교적 상상력이 발
휘된 재야 역사 설화집이라 할 수 있다. 그러나 당시로서는 실증적이었
다 할 만큼 『규원사화』는 실제 상황과 고증에 충실한 책으로서[79] 도교는
그것이 지니는 반가치성, 주변성 때문에 민족사의 정체성을 고양시키기
위해 선별적으로 수용된 것이지 이 책의 기본 입장은 도교적 상상력과

---

77 북애, 앞의 책, p.80.
78 위의 책, p.86.
79 韓永愚, 「17世紀의 反尊華的 道家史學의 成長」『한국학보』(1975), 제1집, p.48.

일정한 거리를 유지하고 있다고 볼 수 있다.

맺는 말

『부도지』와 『규원사화』는 『환단고기』와 더불어 한국의 대표적 역사 설화집들이다. 두 책의 진위 문제는 『환단고기』에서와 마찬가지로 '금서 비전설'과 '근대 위작설'의 두 가지 입장에 의해 설명될 수 있을 것이다. 『부도지』는 마고성 출성 이후 황궁씨로부터 읍루씨에 이르기까지 천부 삼인을 전승하는 7대 동안의 역사에 대해 기록하고 있는데 한민족의 시원을 마고라는 대모신에서 찾고 있는 점이 흥미롭다. 『규원사화』는 주체 사관의 입장에서 고대의 민족문화와 단군조선의 역사를 기술하고 있으며 시종 비분강개한 논조로 문헌 및 어휘 고증을 시도하고 있는 점이 눈길을 끈다.

중국 신화적 상상력의 측면에서 두 책을 들여다보면, 『부도지』의 경우 요순 신화의 해체를 통해 선양 담론의 허구성을 제기함으로써 상고사 다시 쓰기가 가능해졌다고 볼 수 있다. 『규원사화』의 경우 특히 동이계 고서인 『산해경』 신화를 상호텍스트화함으로써 주변 문화 서술의 지평을 넓히고 궁극적으로 반언술의 경지를 성공적으로 이룩했다 할 것이다.

도교적 상상력의 측면에서 두 책을 살펴보았을 때, 『부도지』의 경우 삼신산 설화를 적극적으로 수용하였을 뿐만 아니라 설화 주체의 입장에서 상상력의 풍토성, 다양성을 구현하고자 하였다. 『규원사화』의 경우 자생 선교(仙敎)의 삼교융합적 관점에서 도교적 상상력을 선별적으로 수용하였는데 실증적인 견지에서 삼신산 설화의 허구성을 폭로한 것은 『부도지』와 구별되는 점이어서 주목을 요한다.

제10장 「불함문화론(不咸文化論)」의 중국 신화 수용과 그 문화사적 의의

육당(六堂) 최남선(崔南善, 1890-1957)은 근대의 국학 대사(大師)로 서 학문 각 분야에 많은 영향을 미쳤지만 한국 신화학의 성립에도 중요한 기여를 했다. 육당 신화학에 대한 연구는 육당의 국학 제 분야에 대한 연구에서 그리 큰 비중을 차지하지는 않는다. 가령 조현설의 「만주의 신화와 근대적 담론 구성」,[80] 조윤정의 「최남선의 신화연구와 문학의 관련 양상」,[81] 김영남의 「한국 신화학의 '자기식민지화' 과정 – 공동환상의 창출과 일원적 고대상의 형성」,[82] 황호덕의 「사승이라는 방법, 육당의 존재 – 신화론」[83] 등이 비교적 만근(晩近)에 이루어진 이 방면의 논고들인데 이들 논고에서는 육당 신화학의 정치적, 이데올로기적 관련성을 밝히는 데에 주력하는 양상이다. 그러나 육당의 대표적 문화 담론인 '불함문화론(不咸文化論)'이 비교신화학적 소견을 바탕으로 전개된 것이니만큼 육당 신화학에 대한 주목은 아무리 강조해도 지나치지 않는다 할 것이다. 최근 이른바 '신화의 귀환'이 범세계적 문화 현상이 된 이래 신화학 역

---

80   조현설, 「만주의 신화와 근대적 담론 구성」 『근대의 문화지리: 동아시아 속의 만주/만슈』(동국대학교 문화학술원, 2007).

81   조윤정, 「최남선의 신화연구와 문학의 관련 양상」 『한국현대문학연구』(2007), 제22집.

82   김영남, 「한국 신화학의 '자기식민지화' 과정 – 공동환상의 창출과 일원적 고대상의 형성」 『최남선 다시 읽기』(현실문화, 2009).

83   황호덕, 「사승이라는 방법, 육당의 존재 – 신화론」 『최남선 다시 읽기』(현실문화, 2009).

시 다시 흥기하는 추세에 있으며 특히 비교학적 연구 경향이 강하게 나타나고 있는 현실에서 육당 신화학은 풍부한 시의성(時宜性)을 지닌 신화학적 자산이라 할 것이다.

　이 글에서는 이와 같은 정황에 유념하면서 크게 두 가지 관점에서 육당 신화학에 접근하고자 한다. 첫째, 기존의 연구는 육당 신화학의 정치적, 이데올로기적 의미를 밝히는 데 주력하여 일정한 성과를 거두었으나 정작 육당 신화학의 실질 내용에 대한 검토는 상대적으로 소홀히 하지 않았나 하는 생각이다. 사실상 육당 신화학의 학문적 위상은 치밀한 내용 검토를 통해 정위될 수 있을 것이며 연후에 그 정치적, 이데올로기적 의미도 보다 더 객관성을 확보하게 될 것이다. 이 글에서는 이에 따라 육당 신화학의 중요한 조성 부분인 중국 신화의 내용에 대해 고찰을 시도할 것이다. 둘째, 목하 세계화의 획일적 확산에 대응하여 지역화(localization)의 필요성이 부각되고 국가 간의 합종연횡이 일어나면서 유럽연합(E. U.), 아세안 등 지역 연대의 움직임이 가속화되고 있다. 국내는 물론 중일 학계 일각에서는 한, 중, 일 등 동아시아 국가들의 연대를 목표로 한 이른바 '동아시아 공동체' 논의, 즉 '동아시아 담론'이 제기되고 있다. 이 시점에서 신화학을 근거로 성립된 육당의 초국가적 문화 담론인 불함문화론이 새롭게 재평가될 여지는 없는지 생각해보고자 한다.

　이 글에서는 상술한 두 가지 관점 하에 먼저 논문 「불함문화론」에서 중국의 불함문화를 논의한 4개의 장절(章節)을 통해 육당 신화학에 수용된 중국 신화의 내용을 차례로 검토한 후 육당의 중국 문화관을 살펴보고 불함문화론의 현재적 의미에 대해 고찰하게 될 것이다.

1. 성립 및 내용

성립 경위

「불함문화론」은 육당이 1925년에 탈고했던 것을 『조선급조선민족(朝鮮及朝鮮民族)』(경성: 조선사상통신사, 1927), 제1집에 발표한 논문이다. '불함(不咸)'은 원래 『산해경(山海經)』에서 백두산을 지칭하는 이름으로 처음 등장했던 것인데[84] 육당은 이를 태양 숭배와 관련한 광명, 하늘, 하느님, 천신 등의 표현으로 해독하고 있다. 불함문화론이란 불함산 곧 백두산을 터전으로 성립된 태양 숭배, 천신 숭배의 문화가 조선 민족의 단군 신화 등을 통해 표출되었고 이것이 고대 중국과 일본의 문화에 영향을 주었으며 나아가 유라시아 전역에 확산되었다는 거대한 스케일의 가설이다. 육당은 이러한 불함문화를 인도유럽 계통의 문화, 중국 계통의 문화와 더불어 세계 3대 문화권의 하나로 자리매김하고 있다. 육당의 불함문화론 창안에는 물론 개인의 독보적인 식견이 크게 작용했겠으나 일찍이 1910년대에 조선광문회(朝鮮光文會)를 통해 교유했던 신채호(申采浩), 박은식(朴殷植), 정인보(鄭寅普) 등 당대를 풍미(風靡)했던 국학자들과 나철(羅

『산해경(山海經)』의 '불함(不咸)' 관련 기록.

---

[84] 『山海經』「大荒北經」: "大荒之中, 有山, 名曰不咸. 有肅愼氏之國."

喆) 등 대종교(大倧敎) 관계 인사들의 문화 인식과 상고사 지식이 밑거름이 되었을 것으로 추정된다. 그후 육당은 1922년 무렵 시사주간지 『동명(東明)』에 조선사 연구방법론을 개진하면서 불함문화를 제기했고 1927년 당시 단군 신화를 비롯 조선 상고사를 말살하려 했던 일제 관방학자들의 기도에 대응하는 차원에서 조선 민족문화의 시원(始原) 및 발전 상황과 관련된 불함문화론을 일문(日文)으로 발표하게 된 것이다.[85]

유감스럽게도 불함문화론은 1930년대 이후 만선일체론(滿鮮一體論), 일선동조론(日鮮同祖論) 등의 친일 문화담론으로 연계된다는 혐의를 갖게 되나[86] 이 글에서는 일단 1920년대에 성립된 불함문화론 자체의 경우, 육당 후년의 친일 시비로부터 자유로운 텍스트라는 입장에서 접근하고자 한다.

구성과 내용

『불함문화론』은 총 18장으로 구성되어 있는데 이들은 논리적 전개에 따라 순차적으로 서술되었다기보다 주제별 연관성에 따라 논술되었다. 그 구성과 전반 내용을 살펴보면 다음과 같다.

제1장 「동방문화의 연원」과 2장 「백산(白山)과 천자(天子)」는 불함문화론의 기본 관점, 분석 방법을 서술한 서론이다. 여기에서는 동방 문화의 초석으로서 단군 연구의 중요성을 강조하고 태백산(太白山) 등에 보이는 '백(白)' 곧 '밝'의 태양신화적 의미가 불함문화론의 핵심임을 주장했다.

제3장에서 제17장에 이르는 15장은 본론이라 할 수 있는데 서론에서

---

85 『불함문화론』의 성립 경위에 대한 상세한 내용은 최남선, 『불함문화론』(서울: 우리역사연구재단, 2008), 정재승·이주현 역주의 『해제』 참조. 이하 이 글에서의 『불함문화론』 인용은 이 책에 의거한다.

86 이러한 혐의에 대해서도 쟁론의 여지가 있다. 이에 관해서는 박은숙, 「'滿洲國' 建國精神과 六堂의 不咸文化論」 『한국어문학연구』(2008), 제51집 참조.

제시한 '백' 곧 '밝'의 태양신화적 의미를 아시아 및 세계의 각 지역으로 확대하여 비교언어학, 비교민속학, 비교종교학, 비교신화학 등의 견지에서 논증했다. 본론 중 제4장 「백산(白山)의 음운적 변전(變轉)」, 5장 「금 강산은 작가라산(斫迦羅山)」, 10장 「조선 신도(神道)의 대계(大系)」, 11 장 「건국설화상의 천(天)과 단군(檀君)」에서는 조선의 불함문화, 제6장 「태산부군(泰山府君)과 대인(大人)」, 7장 「신선도(神仙道)의 태반(胎盤)」, 14장 「지나(支那)문화의 동이소(東夷素) 또는 불함소(不咸素)」, 15장 「복 희씨(伏犧氏)와 제(帝) 요순(堯舜)」에서는 중국의 불함문화, 제3장 「일본 의 밝산」, 8장 「대가리와 텡그리와 천구(天狗)」, 9장 「히코와 다카」에서 는 일본의 불함문화, 제16장 「몽고의 악박(鄂博)과 만주의 신간(神杆)」에 서는 몽고와 만주 등의 불함문화, 제12장 「불함문화의 계통」과 13장 「불 함문화의 세계적 투영」에서는 불함문화의 세계적 확장 및 분포에 대해 서술했고 제17장 「조선과 일본과의 祭祀上의 일치」에서는 조선과 일본 의 불함문화를 비교했다.

마지막인 제18장 「불함문화권과 그 설자(楔子)」는 결론으로 '밝'문화 곧 불함문화의 중요성과 세계적 분포, 문화사적 위상과 의의에 대해 천 명함으로써 대미(大尾)를 장식했다.

2. 중국 신화 수용

제6장 「태산부군(泰山府君)과 대인(大人)」에서의 중국 신화 수용

육당은 불함문화론의 핵심 내용이라 할 태양 숭배와 관련하여 광명 을 뜻하는 어휘인 '밝'과 하늘을 뜻하는 '대갈(Taigar)'의 어근 및 의미 범 주를 중국의 태산 신화(泰山神話)에 확대한다. 육당은 태산을 위요한 제 (齊), 노(魯) 지역이 동이의 거주 지역이라는 전제하에 태산을 지칭하

는 '태(泰)', '대(岱)' 등이 '대갈', 태
산을 다스리는 신격인 태산부군(泰
山府君)의 '부군(pukun)'이 '밝은
(parkan)', 태산의 여신인 벽하원군
(碧霞元君)의 '벽'이 '밝' 등의 동이
어(東夷語)로부터 유래했으며 태산
에 대한 제사 의식인 봉선(封禪), 동
악대제(東嶽大帝)에 대한 숭배 의식
등은 동이의 '밝' 제사의 유풍을 계
승한 것이라고 주장한다. 일단 육

동악대제(東嶽大帝),
『중국신선도안집(中國神仙圖案集)』.

당이 태산 일대를 동이 문화권으로 간주한 것은 중국 신화학에서도 긍
정하는 견해로서 문제의 소지가 없다고 본다. 아울러 육당의 어휘 추정
방식 역시 신화 어휘 및 서사가 지니는 '동어반복성(tautology)'의 본질
을 고려할 때 타당성이 없지 않다. 다만 대만의 비교신화학자로서 육당
과는 달리 태음학파에 속하는 두이미(杜而未)는 육당과 비슷한 방식을
구사하여 중국 신화상의 저명한 인명 및 지명을 '달(月亮)'의 고대 어음
(語音)의 다양한 변형으로 파악했는데 환원주의라는 비판을 받고 있는
만큼 육당의 태양학파적인 해석 방식이 그러한 비판으로부터 얼마나 자
유로울지 사항 하나하나에 대해 보다 면밀한 검토가 필요하다 하겠다.
　일례로 육당은 태산부군과 관련하여 다음과 같이 언급한다.

　　태산에 한하여 그 주신(主神)을 부군(府君, pukun)이라 칭하여 그 명칭
　　이 진대(晉代)의 고전(古傳)에도 기재되었는데 부군으로서 산의 신체(神
　　體)를 이름지어 부르는 것은 중국에서 다른 유례가 없으므로 이 역시 동
　　이(東夷)의 원어(原語)를 승계한 것이니 다름 아닌 밝은[parkan]을 번역

한 글자일 것임은 너무도 명백하다.[87]

그러나 부군이 태산에만 쓰였던 용어라는 것은 사실이 아니다. 가령 당(唐) 왕도(王度)의 『고경기(古鏡記)』를 보면 화산부군(華山府君)[88]이라는 표현이 나오는데 이로 미루어 부군은 태산뿐만 아니라 오악(五嶽)의 하나였던 화산에도 쓰였던 것임을 알 수 있다. 부군은 본래 관청〔府〕의 책임자〔君〕로서 한대(漢代)에 군수나 현령 등을 지칭했던 용어인데 산을 다스리는 산신에게도 관장(官長)의 명칭을 부여했던 것이 아닌가 생각된다. 다만 고대 한국의 '부군'이 '밝은'의 차음(借音)임을 긍정한다 하더라도 이 용어가 중국에 들어가 관인(官人)을 지칭하는 용어가 된 것인지, 한대 이후 중국 관인의 용어가 우리에 의해 차음된 것인지 그 선후 관계에 대해서는 고증이 요청된다.

벽하원군의 '벽'이 '밝'의 차음이라는 견해에 대해서도 보다 세밀한 고찰이 필요하다. 태산의 여신인 벽하원군의 원형이 처음 출현하는 것은 동진(東晋) 간보(干寶)의 『수신기(搜神記)』에서이다.

문왕(文王)이 강태공(姜太公)을 관단령(灌壇令)으로 삼았다…… 문왕이 꿈에 한 아름다운 여인을 보았는데 길을 막고 울고 있었다. 그 까닭을 묻자 대답하기를 '저는 태산의 여신으로 시집가 동해 해신의 아내가 되었습니다. 친정으로 돌아가고자 하는데 지금 관단령에 의해 길이 가로 막혔습니다. 그 분은 덕이 있는 사람이라 저의 길을 막는 것입니다. 제가 가게 되면 반드시 큰 비바람이 이는데 그것은 그 분의 덕을 손상하는 일이기 때문입니다.'라고 했다. 문왕이 깨어나 강태공에게 물으니 그날 과

---

87 『불함문화론』, p.76.

88 王度,「古鏡記」: "某是華山府君廟前長松下千年老狸."

278 동아시아 상상력과 민족 서사

연 큰 비바람이 강태공의 고을 밖
으로 지나갔다고 했다. 문왕이 이
에 강태공을 대사마(大司馬)로 임
명했다.

(文王以太公望爲灌壇令,…… 文
王夢一婦人, 甚麗, 當道而哭. 問其
故, 日吾泰山之女,[89] 嫁爲東海婦,
欲歸, 今爲灌壇令當道, 有德, 廢我
行. 我行必有大風疾雨, 大風疾雨,
是毀其德也. 文王覺, 召太公問之.
是日果有疾風暴雨從太公邑外而
過, 文王乃拜太公爲大司馬.)[90]

벽하원군(碧霞元君), 명대(明代)의 그림.

태산의 여신은 최초에 『수신기』
에서 '태산녀(泰山女)'라는 모호한
이름으로 나타난다. 이 여신이 벽하
원군이라는 도교적 존호(尊號)를 받
게 되는 것은 송(宋) 진종(眞宗) 때의 일이다. '벽'이 '밝'의 차음이었다면
이미 『수신기』에서부터 '벽'과 관련된 칭호로 기록되었을 것이다. 군이
송대에 이르러 벽하원군으로 불릴 이유가 없을 것이다. 왜냐하면 이치
상 고대로 올라갈수록 동이계 어음인 '밝'과 가까운 이름으로 불리어야
할 것이기 때문이다.

---

89 '태산지녀(泰山之女)'는 곧 태산신(泰山神)의 딸로서 이에 따라 태산의 여신으로 의역했
    다. 뒤의 '동해부(東海婦)'의 '동해(東海)'도 동해의 해신(海神)을 의미한다.

90 干寶, 『搜神記』, 卷四, 「灌壇令」.

제7장 「신선도(神仙道)의 태반(胎盤)」에서의 중국 신화 수용

육당은 전장(前章)에 이어 태산의 의미에 대해 부연한다. 이(夷), 태(泰), 대(岱)가 어원을 같이한다고 보고 태산 주위에 살던 동이 종족이 『산해경』에서 대인국(大人國) 사람으로 기록되었음을 확인한다. 아울러 태산 주위의 박(博), 봉고(奉高) 등의 지역과 산동 반도의 박산(博山), 백산(白山), 복산(福山) 등 산악의 명칭들이 '밝'의 차음임을 강조한다. 이와 관련된 육당의 언급은 다음과 같다.

> 대갈산의 주위는 신역(神域)일 것이요, 이에 상응하는 유증(遺證)이 있어야 할 것이다. 우선 주목되는 것은 예로부터 태산을 위요(圍繞)하고 박(博)이라 일컫는 도읍이 설치되어 있었음이니 지금의 태안부(泰安府)는 한대에는 박(博), 영(嬴), 봉고(奉高)의 세 현(縣)이 있었던 곳으로서 박(博)과 봉고(奉高)가 '밝'에서 온 명칭임은 물론이며 봉고(奉高)는 동시에 태산을 위한 제읍(齋邑)이란 뜻도 포함시킨 명칭이다…… 이 밖에 산동 반도에 있는 박산(博山), 백산(白山), 복산(福山) 등의 산악과 박평(博平), 박흥(博興), 박현(博縣) 등의 현읍(縣邑) 중에는 아무래도 '밝'과 인연 있는 것이 많으려니와……[91]

흥미로운 것은 부사년(傅斯年)이 은(殷)의 도읍지의 변천을 서술하면서 박(毫), 포고(浦姑), 박(薄), 박(博) 등의 지명이 모두 동일한 발음의 표기임을 주장한 것이다.[92] 부사년은 은이 발해만 일대에서 흥기했고 중원으로 이동함에 따라 상술한 지명을 남겼다고 주장했는데 비록 이들 지명의 실체가 '밝'이라고 하지는 않았지만 동일한 발음의 표기임을 논

---

91 『불함문화론』, p.80.
92 傅斯年, 「夷夏東西說」(서울: 우리역사연구재단, 2011), 정재서 역주, pp.101-115.

증하는 과정은 육당과 흡사하다. 부사년의 해당 논문『이하동서설(夷夏東西說)』(1934)이『불함문화론』(1927)보다 7년 늦게 발표된 것임을 생각할 때 당시 중국 학계의 수준을 뛰어넘는 육당의 견식에 감탄을 금치 않을 수 없다.

다음으로 육당은 산동 앞 바다인 발해(渤海)와 그곳의 섬인 봉래(蓬萊) 역시 '밝'과 관련된 발음임을 말하면서 신선 사상이 동이 종족의 '밝' 문화에서 유래했다고 주장한다. 즉 동이 종족이 '밝'의 바다인 발해를 이상화하여 봉래산 등의 신선 설화를 만들어냈다는 것이다. 육당에 의하면 신선도의 사제인 방사(方士)는 대부분 동이 종족의 무대인 연(燕), 제(齊) 지역 출신인데 그 어원은 한국어의 남자무당을 뜻하는 박수와 관련이 있고 진시황(秦始皇) 때의 방사 서불(徐巿)의 이름도 '밝'에서 유래한 것이다. 이런 이유로 황제(黃帝), 광성자(廣成子) 등 중국 선도의 대가들이 동이의 땅에 와서 가르침을 받았다는 전설이 생겼다고 한다.

육당이 방사의 어원을 박수로 본 것은 신선 사상의 샤머니즘 기원설과 관련하여 설득력이 있다 하겠다.[93] 아울러 신선 사상의 발해만 및 동이 기원설은 성립 과정에서 육당과 친교가 있었던 이능화(李能和)와의 교섭 관계가 예상된다. 이능화는 그의『조선도교사(朝鮮道教史)』에서 환인(桓因), 환웅(桓雄), 단군(檀君)의 삼신을 모신 태백산에 대한 전설이 중국에 흘러들어가 발해만의 삼신산 전설이 생겨났으며 황제 등이 고대 한국에 선도를 배우러 왔다는 전설이 조선 기원설의 증거라고 논증하고자 했다.[94] 신선 사상의 동이 기원설(東夷起源說)에 대해 누가 먼저 영향을 주었는지 확인할 길은 없으나 사실 이러한 생각은 멀리 신라의 최치원(崔致遠)으로부터 정렴(鄭磏) 등 조선 시대의 단학파(丹學派) 도인들

---

93 정재서,『不死의 신화와 사상』(민음사, 1994), pp.65-66.

94 李能和,『조선도교사』(보성문화사, 1977), 이종은 역주, pp.33-52.

에 이르기까지 면면히 이어져 내려온 것이었다.[95]

그러나 신선 사상의 동이 기원설에도 사소한 착오는 존재한다. 가령 육당은 이렇게 말한다.

고대로부터 황제(黃帝)라든가 광성자(廣成子)라든가 하는 선도(仙道) 성자(聖者)들이 텡그리의 변형으로 생각되는 청구(靑丘), 자부(紫府) 등 동이(東夷)의 땅에서 교(敎)를 받았다는 전설의 의미도, 연(燕), 제(齊)가 방사(方士)의 본고장인 이유도…… 모두 용이하게 설명할 수 있다.[96]

이 구절은 재야 사학 측에 의해 빈번히 인용되는, 『포박자(抱朴子)』의 다음과 같은 기록을 염두에 두고 언급된 것이다.

황제(黃帝)가 동쪽으로 청구(靑丘)에 이르고 풍산(風山)을 지나 자부선 생(紫府先生)을 뵙고 『삼황내문(三皇內文)』을 받아 그것으로 온갖 신들을 부렸다.

(黃帝東到靑丘, 過風山, 見紫府先生, 受三皇內文, 以劾召萬神.)[97]

그러나 『포박자』의 글은 이에 그치지 않는다. 황제는 "서쪽으로 중황 자(中黃子)를 뵙고 아홉 가지의 방술을 전수받았으며 공동산(崆峒山)을 지나 광성자(廣成子)로부터 자연의 경전을 전수받았(西見中黃子, 受九加

---

95 신선 사상의 동이 기원설은 결국 도교의 한국 자생설과 상관되는데 가령 조선의 홍만 종은 그의 『해동이적(海東異蹟)』에서 단군을 최고의 신선으로 기록한다. 도교의 한국 자생설과 관련된 논의는 정재서, 『한국 도교의 기원과 역사』(이화여자대학교출판부, 2006), pp.69-92 참조.
96 『불함문화론』, pp.82-83.
97 葛洪, 『抱朴子・內篇』, 卷18, 「地眞」.

之方, 過崆峒, 從廣成子受自然之經.)"⁹⁸을 뿐만 아니라 남쪽, 북쪽으로 가서 그곳의 대신(大神)들로부터도 선도의 비결을 전수받았다고 서술한다. 이렇게 보면 이 구절이 비록 고대 한국 문화와 도교의 상관성을 시사하는 중요한 자료이기는 하지만『포박자(抱朴子)』의 문맥만으로 신선 사상이 동이의 땅에서 발생했다고 주장하기에는 논거가 부족하다. 그리고 광성자가 황제와 더불어 동이의 땅으로 도를 받으러 갔다는 앞서의 언급도 원문의 본의와 다름을 알 수 있다.

제14장 「지나문화(支那文化)의 동이소(東夷素) 또는 불함소(不咸素)」에서의 중국 신화 수용

육당은 동이 문화의 특징으로 천(天) 숭배를 들고 중국 문화에서의 천명(天命), 천자(天子), 천왕(天王) 등의 어휘 및 개념을 이와 관련된 것으로 보고 있으며『설문해자(說文解字)』,『서경(書經)』,『백호통(白虎通)』,『독단(獨斷)』 등의 전적 등에 수록된 관련 구절들을 소개하고 있다. 다시 육당에 의하면 중국에서 천을 신격화한 것으로 태일(太一), 천극(天極), 태일(泰一), 천황(天皇) 등이 있고 태산에는 망질(望秩), 봉선(封禪) 등 천에 제사드리는 의식들이 있는데 모두 동이 배천사상(拜天思想)의 유풍이며 불함문화의 영향이라고 한다. 이와 관련된 육당의 언급은 다음과 같다.

중국의 민간신앙에서 천(天)을 대표함에 북두(北斗)로서 함이 통례인데, 두(斗)에 태일(太一), 태을(太乙), 천극(天極), 천황(天皇)과 한가지로 천강(天罡), 두군(斗君)의 명칭이 있으므로 우리가 천(天)의 본생(本生)으

동황태일(東皇太一), 명(明) 소운종(蕭雲從)의 「구가도
(九歌圖)」.

로서 탕그리나 텡게리 또는 그 유
어(類語)를 상상함이 그다지 무리
가 아님을 알 수 있다.[99]

태일(太一)과 태일(泰一)은 사
실상 동일한 신으로서 중국 신
화에서 이들은 기원적으로 북
두성 숭배와 상관이 있고 그것
의 문화적 기반은 샤머니즘이
라 할 것이다. 무풍(巫風)이 성
했던 초(楚) 지역에 동황태일
(東皇太一)이라는 신이 있었던

것은 이 때문이다. 이렇게 보면 태일은 동이 문화권의 산물이어서 육당
의 논지에서 벗어나지는 않는다. 다만 육당은 이들을 일반적이고도 넓
은 의미의 천 숭배와 관련시키고 있어서 중국 신화상의 태일 개념과는
약간의 상위(相違)가 있지 않나 생각된다.

그리고 육당이 천을 신격화한 일례로 중국 신화상의 천황을 들고 사
실상 조선이 주체인 불함문화의 영향이라고 언급한 이면에는 일본 천황
의 절대성을 와해시키려는 의도가 있지 않나 생각된다.

제15장 「복희씨(伏羲氏)와 제(帝) 요순(堯舜)」에서의 중국 신화 수용

육당은 이 장에서 가장 많이 중국 신화에 대해 언급했다. 육당은 하늘
을 뜻하는 텡그리, 단군 등이 중국에서의 제왕을 뜻하는 황(皇), 제(帝)

---

99 『불함문화론』, p. 156.

로 변모했는데 황으로는 복희가, 제로는 요, 순이 이러한 취지를 대표한다고 보았다. 복희는 동방에서 유래했고 봄을 관장하여 '밝'의 요소를 지니고 있으며 요의 이름인 방훈(放勳)은 '밝은'의 음차이고, 순의 이름은 중화(重華)로 역시 광명의 의미를 함유하고 있어 이들을 단군의 중국적 현시(現示)로 볼 수 있다는 것이다. 아울러 육당은 천지를 개벽한 거인 반고(盤古)는 물론 인도의 푸르샤, 북유럽의 오딘도 '밝은'에 어원을 두고 있는 것으로 파악했고 반고신화는 남방의 반호(槃瓠) 신화와의 상관성을 예로 들어 순수한 한족(漢族) 신화로 보지 않았다. 이와 관련된 육당의 언급은 다음과 같다.

더욱 나아가서 우리들은 중국 신화의 원두(源頭)에 소급하여 명백한 '밝' 전승을 지적할 수 있다. 중국의 개벽(開闢) 설화가 이미 그것인 것이다. 『오운역년기(五運曆年記)』에 의하면 ……이라 하여 중국에서도 소위 거인화생(巨人化生) 설화로써 우주의 창성(創成)을 설명한다. 반고 신화는 그 모티프가 이미 그러하거니와 명칭 역시 인도의 푸르샤, 북유럽의 오딘과 유사함을 보여주고 있다. 그리하여 우리의 견해로서는 이들을 통틀어서 그 총기원을 '밝' 또는 '밝은'에서 구해야 할 것이다. 반고가 한(漢)민족 전유(專有)의 것이 아님은 『후한서』 남만(南蠻) 서남이(西南夷) 열전(列傳) 소재(所載)의 반호(槃瓠) 전설과 『술이기(述異記)』 소재의 남해중(南海中) 반고국(盤古國) 전설에 의해 알 수 있다.[100]

육당은 또한 복희가 뇌택(雷澤)에서 대인의 자취를 밟은 어머니에 의해 탄생됐다는 감생신화(感生神話)를 간적(簡狄), 서언왕(徐偃王) 등의

---

100 『불함문화론』, pp. 159-161.

난생신화(卵生神話)와 더불어 동이계 종족의 고유한 신화로 인식하기도 했다.

상술한 내용을 살펴보면 육당이 상당히 정확하게 중국 신화의 내용과 특성 그리고 근거 자료를 파악하고 있음을 알 수 있다. 다만 몇 가지 내용에서 상위가 있는데 반고 신화가 한족 신화가 아니라는 견해는 탁견이지만 반호 신화와 동일시한 것은 사실과 맞지 않으며 감생 신화를 동이계 종족의 신화만이 갖는 특징으로 본 것도 오류이다. 동이계와 적대 관계에 있던 화하계의 신 황제도 감생 신화에 의해 탄생이 신비화되고 있기 때문이다. 아울러 요를 순과 더불어 동이계 종족의 임금으로 본 것도 논란의 여지가 있다고 본다. 문헌상 요의 세계(世系)에 대한 자세한 기록이 없을 뿐 아니라 최근의 고고 발굴에서는 요의 근거지인 고대 당(唐)의 유지(遺址)를 산서성(山西省) 도사(陶寺) 지역에 비정(比定)하고 있으며 요를 이 지역의 군장(君長)으로 보기도 하기 때문이다.[101]

반고 신화와 관련하여 또 한 가지 흥미로운 사실은 당가홍(唐嘉弘)이 동이 문화에 대한 논술에서 앞서 부사년이 박(亳)과 동음(同音)으로 간주한 포고(蒲姑)의 음변(音變)으로 부고(薄古), 반고(盤古), 반호(槃瓠), 부여(扶餘) 등을 거론한 것이다.[102] 다소 소략한 언급에 그쳤던 육당의 논의가 최근 중국의 학자에 의해 좌증을 확보하게 되었다는 사실은 기묘한 느낌마저 준다.[103] 다만 당가홍은 동이 문화의 터전을 산동 등 내지

---

101 이와 관련된 논의는 王曉毅·丁金龍, 「從陶寺遺址的考古新發現看堯舜禪讓」『山西師大學報(社會科學版)』(2004, 제3기) 참조.

102 唐嘉弘, 「從東夷及其歷史地位-序言」『東夷古國史論』(成都: 成都電訊工程學院出版社, 1989), 逄振鎬 著, p.9.

103 물론 반고 신화는 서방에서 전래되어 삼국 시대 오(吳) 서정(徐整)의 기록 이후 중원에 알려졌다는 것이 학계의 통설이지만 '밝은'에서 유래한 '반고'라는 말로 외래의 창조신을 명명하였거나 외래의 신명(神名)과 '반고'가 발음이 비슷하여 그렇게 불리게 되었을 가능성을 배제할 수는 없다.

에 국한하고 그것이 부여 등으로 파급된 것으로 보는 중원문화 중심론의 입장을 견지하고 있기 때문에 육당의 불함문화론과는 출발점이 다르다는 사실에 유의해야 할 것이다.

3. 육당(六堂)의 중국 문화관

중국 문화의 성립에 대한 다원적 인식

육당은 중국 문화가 중국 영토에서 중국인에 의해 독자적으로 형성되었다는 일원론적 관점을 인정하지 않고 다음과 같이 다원주의적 관점에서 파악한다.

> 중국이란 나라는 민족으로나 문화적으로나 하나의 커다란 침전지(沈澱池)요 합금(合金)의 용광로이다.[104]

물론 중국의 다원주의는 오늘날 미국 문화와 같은 샐러드 디쉬(salad dish)의 형국이 아니라 장기간에 걸쳐 타문화를 융합한 멜팅 팟(melting pot)의 경지이므로 이른바 '다원일체(多元一體)의 격국(格局)'으로 운위된다. 이러한 관점은 근래에 이미 정론(定論)이 되어 있다. 용광로와 같은 문화적 상황에서 중국인 자신은 물(物), 아(我)를 구분하기 어렵겠지만 육당은 중국 문화의 형성에 영향을 준 중요한 외래적 요소로서 동이 문화를 거론한다.

> 중국 문화에 있어서 동이의 유물(遺物)은 요외(料外)로 다량이며 또한

---

104 『불함문화론』, p.143.

그 중요한 부분을 점유하고 있음을 본다.[105]

물론 동이를 산동(山東) 등 중국 내지에 자생했던 종족으로 보는 중국 학계의 일부 견해에 의하면 동이 문화는 외래 문화가 아니라 중국의 토착 문화가 될 것이다. 그러나 육당은 비교언어학, 비교민속학, 비교종교학, 비교신화학적 관점과 분석에 의해 동이가 불함문화의 주역이고 그들의 무대는 본래 중국 밖에 있었다고 보는 입장이므로 동이는 중국의 타자로서 영향을 미친 세력이다. 그러나 그 중요성이 간과되고 있음을 육당은 비판한다.

원래 명백한 듯하면서도 비교적 모호한 것이 중국의 고대사요, 잘 알려져 있는 듯하면서도 의외로 알 수 없는 것이 중국 문화의 성립 경로인데, 특히 그 동이(東夷)와의 교섭에 있어서 더욱 그러함을 본다. 소위 중국 문화란 것이 그렇게 독창적인 것이 아니라, 많은 자료를 그 주위의 민족에게 힘입었음은 이미 알려진 바인데, 우리들이 보는 바로는 중국인들이 가장 문화적 도움을 많이 받았을 동이족(東夷族)과의 교섭을 이상하게도 지금까지 지나치게 등한시(等閑視)하여왔다는 것이다.[106]

부사년(傅斯年) 역시 중국사에서 동이의 역할을 홀시(忽視)했음을 개탄하고 그 원인을 춘추 전국 시기 학자들의 하(夏)—주(周) 정통 의식과 그것을 계승한 사마천(司馬遷)의 편파적 역사 기술에 둔 바 있다.[107] 그러나 오늘에 이르러 동이를 중국의 타자로 보는 입장은 간단치 않다. 민

---

105 『불함문화론』, p.144.
106 『불함문화론』, pp.70-72.
107 傅斯年, 『夷夏東西說』(서울: 우리역사연구재단, 2011), 정재서 역주, p.102, pp.155-156.

족과 문화를 애초부터 흡수와 융합의 결정체로 보는 중국의 견지에서 동이는 이미 근대 이후 중국 민족의 분리 불가능한 조성 부분이기 때문이다. 그러나 꼭 동이가 아니더라도 "중국 문화란 것이…… 많은 자료를 그 주위의 민족에게 힘입었"다는 중국 문화에 대한 육당의 해체론적 관점은 여전히 유효할 뿐 아니라 오늘에 더욱 빛을 발한다.

화이론(華夷論)적 문화사관을 벗어난 자생적 동양학의 제창

동이 문화 곧 불함문화를 근거로 중국 문화에 대해 다원주의적 관점을 견지하는 육당이 중국의 중심주의 곧 화이론을 탈피한 새로운 문화론을 제창하게 되는 것은 당연한 귀결일 것이다.

> 샤먼이건 밝이건 그것이 인도와 중국 두 계통 이외의 제 민족의 문화적 공통 원천으로서 예로부터 동방역사 전개의 근본 동기를 이루고 있다는 측면에서 볼 때, 또한 동방 문화의 정점으로 삼는 중국의 고대 문화가 실은 불함문화로서 대부분의 내용을 이루고 있는 점으로 볼 때, 불함문화에 대한 학자의 태도와 관념은 앞으로 많이 개정되어야 할 줄로 생각한다. 다시 말해서 조선인이건 일본인이건 자기들의 문화 내지 역사의 동기와 본질을 고찰할 경우에, 무턱대고 중국본위로 모색함을 지양하고 자기 본래의 면목을 자주적으로 관찰해야 할 것이며, 한 발 나아가 중국 문화의 성립에 대한 각자의 공동 활동의 자취를 찾아서, 동방문화의 올바른 유래를 밝히는 것이 앞으로 노력해야 할 방향이어야 할 것이다.[108]

동아시아의 문화라 하면 모두가 중국 본위 내지 인도 본위로 보고 또

---

108 『불함문화론』, pp.121-122.

한 가치 지을 것인 것처럼 운위됨을 볼 때마다, 동양학의 진전 없음이 성심(成心)과 선입관(先入觀)에 기인함이 많음을 개탄하지 않을 수 없다.[109]

주목해야 할 것은 육당의 의도가 단순히 화이론적 문화사관을 극복하는 데에 그치지 않는다는 사실이다. 육당은 동아시아 문화를 중국 본위 아니면 인도 본위로 이해하는 것을 비판하는데 세계 3대 문화에서 인도 문화를 유럽 문화와 함께 묶어서 인도유럽 계통의 문화로 통칭한 바 있으므로 육당의 개념에는 서양 문화의 극복도 포함된 것으로 보아도 좋을 것이다. 이렇게 본다면 불함문화를 중심으로 한 육당의 문화론 제창은 중국과 서양의 패권적인 관점을 극복, 지양하고자 하는 제3의 입론이라 할 것이다.

4. 현재적 의미

육당은 불함문화론을 통해 동이 민족의 태양 숭배 문화가 조선, 중국, 일본, 몽고 등 동북아 일대의 기층문화에 큰 영향을 주었으며 그 분포가 중앙아시아를 거쳐 흑해 연안에까지 이른다는 사실을 밝혔는데 이러한 사실은 육당으로 하여금 아시아 제국(諸國)이 문화 공동체라는 깨달음에 이르게 한다.

밝 사상의 학구적 흥미를 자아냄이 어찌 단지 역사적 일면에 그칠 것인가? 만연(漫然)히, 아무 생각 없이 되는 대로 아시아주의(亞細亞主義)

---

109 『불함문화론』, p.200.

를 설(說)하는 자 또한 그 정신적 지주(支柱)로서 이를 한번 돌아볼 필요가 있을 것이다.[110]

근대 무렵 서세동점(西勢東漸)의 시점에서 서양에 대한 저항적 차원, 혹은 제국주의적 시각에서 아시아 제국은 각기 나름의 아시아 공동체론을 제기하게 된다. 가령 중국의 손문(孫文)은 "왕도(王道) 문명을 지키며 서구의 패도(覇道) 문명에 대항하는 아시아 제 민족의 공동전선 결성"을 촉구하는 '대아시아주의'를 제창한 바 있고 일본은 이른바 '대동아공영권(大東亞共榮圈)'의 구상을 침략과 병합으로 현실화시켰으며 이밖에 양계초(梁啓超), 한국의 일진회(一進會), 일본의 오카쿠라 가쿠조(岡倉覺三) 등도 백인들의 제국주의에 대항하기 위한 황인종들의 단합과 동맹을 촉구하는 '범아시아주의'를 설파한 바 있었다.[111] 육당은 이들 아시아주의의 이면에 깔려 있는 정치적, 이데올로기적 욕망을 비판하고 불함문화라는 공통의 문화적 원형질에 근거한 아시아론의 필요성을 제기한 것이다. 육당의 불함문화론은 단순한 정치적 구호가 아니라 착실한 고증에 의해 아시아 문화의 공통 요소를 확인한 것이었다. 최근의 동아시아 담론은 유럽연합(E. U.)이 헬레니즘과 헤브라이즘이라는 공통의 문화를 기반으로 결성된 것임에 착안하여 동아시아 공동체 형성의 전제적 시도로서 공유 문화의 탐색에 역점을 두고 있는 바[112] 육당의 이러한 문제 제기는 근래 활발히 논의되고 있는 동아시아 문화론 및 이에 근거한 동아시아 공동체론에 대해 선구적 의미를 지닐 뿐만 아니라 충분한

---

110 『불함문화론』, pp.197-198.
111 아시아론의 제 양상에 대해서는 정문길 등 편, 『동아시아, 문제와 시각』(문학과지성사, 1995)의 여러 논고 및 『불함문화론』, pp.197-198의 각주 참조.
112 동아시아 공유 문화의 탐색에 관한 논의는 정재서, 「동아시아로 가는 길―한중일 문화유전자지도 제작의 의미와 방안」『중국어문학지』(2009), 제31집 참조.

자양을 제공하고 있다 하겠다.

맺는 말

이 글에서는 그간의 육당 신화학에 대한 논의가 정치적, 이데올로기적 의미를 밝히는 데에 주력했던 반면 실질 내용의 검토에는 다소 소홀했던 점에 주목하여 불함문화론의 전개에 상당 부분 수용된 중국 신화의 내용을 검증하고 이를 통해 육당의 중국 문화관 및 불함문화론의 현재적 의미를 탐색하는 데에 목표를 두었다.

논의의 결과 육당의 중국 신화 수용은 약간의 오인이나 비약이 없지는 않았으나 전반적으로 자료 인용에 문제가 없었고 대단히 전문적인 내용까지 파악하고 있어서 불함문화론 입론의 객관적 근거 제시로서 손색이 없음을 알 수 있었다. 아울러 중국 신화 수용을 바탕으로 보여준 그의 중국 문화관은 일원론을 거부하고 다원주의적 관점에서 중국 문화의 형성을 바라본 것으로서 오늘날 신화학, 고고학에서 정론이 된 중국 문화의 다원적 기원론에 대해 선견(先見)으로서의 지위를 지닌다 할 것이다.

끝으로 불함문화론에 근거한 육당의 아시아 공동체론 역시 근래 풍미하고 있는 동아시아 공동체 논의 혹은 동아시아 담론에 대해 통시적 의미를 선취(先取)한 것으로 평가된다. 물론 불함문화론이 갖고 있는 동이 문화 중심이라는 종족주의적 관념, 논리 전개상의 문제점 등이 제기될 수 있으나 이는 일제 치하 대항담론으로서의 성격을 지닌 불함문화론의 불가피한 시대적 한계로 감안할 수 있으며 후학들이 극복해야 할 문제를 남긴 것이라 하겠다.

육당은 불함문화론을 전개하는 과정에서 중국 신화, 일본 신화, 만주 신화, 몽고 신화 등 인접한 동북아 신화를 비롯 그리스, 게르만 신화 등 서양 신화까지 원용하고 있다. 향후 중국 신화 이외의 다른 신화에까지 검토가 진행되어 육당 신화학에 대한 연구가 본격적으로 실질 내용의 분석 단계에 진입하게 되기를 희망한다.

결론

●●●

이제 그동안 진행된 여러 단계적 논의 각각의 의미를 요약, 종술(綜述)하고 궁극적으로 이 책이 지향하는 의미에 대해 이야기할 시점에 이르렀다.

제1부 〈단원론에서 다원론으로〉에서는, 제1장의 경우 우선 중국 문명 기원론의 양상과 현실을 살펴보았는데 중국 문명의 형성에 대한 인식이 초기에는 오리엔탈리즘(Orientalism)의 지배를 받았다가 나중에는 시노센트리즘(Sinocentrism)으로 복귀하여 현재 '신판 단원론'의 경지에 머무른 것을 우려 섞인 시선으로 바라보았다. 이에 따라 홍산 문화(紅山文化)의 주체를 다원적으로 인식할 것을 제기했고 이와 관련하여 고조선 등 한국 상고 문화의 기원 가능성도 점쳐보았다. 다음으로 제2장의 문명론과 관련된 케이스 스터디에서 한무제(漢武帝)의 전렵(田獵)을 찬미한 「자허부(子虛賦)」, 「상림부(上林賦)」에 담긴 제국 서사의 의미를 고찰했는데 한 제국은 표면상 대일통(大一統)의 '상상적 공동체'의 형식을 취하고 있으나 이면에는 다성(多聲)적, 주변적인 문화 요소들이 공존하고 있음을 확인할 수 있었다.

제2부 〈샤머니즘, 동이계(東夷系) 신화, 도교〉에서는 다원적 기원론의 배경 하에 성립된 중국 문명에서 도교가 어떻게 발생했는가를 탐색함에 있어 제3장의 경우, 먼저 동이계 종족의 원시 종교 샤머니즘의 해원(解

寃)의 무속 원리, 주술적 비상의 무술(巫術) 등이 도교 원리, 도교 법술 등에 개념적, 방법적으로 깊게 영향을 주었음을 논증했고 제4장에서는 동이계 신화가 도교로 전변되는 과정을 조인일체(鳥人一體) 신화의 발생론적 층위와 은(殷), 주(周) 문화 간의 갈등과 억압에서 유래한 보상기제적 층위로부터 살펴보았을 뿐만 아니라 이러한 상황을 도교 전적을 통해 실증적으로 고찰했다. 그 결과 동화제군(東華帝君)을 비롯한 다수의 동이계 신명(神明)을 확인할 수 있었다. 나아가 케이스 스터디인 제5장에서는 샤머니즘의 강력한 영향 하에 성립된 상청파(上淸派) 도교 전적인 『주씨명통기(周氏冥通記)』를 분석했는데 설화주의적 성향이 강한 도교가 소설 원형에 미친 영향을 확인할 수 있었고 샤머니즘을 바탕으로 유교, 불교, 도교가 조화롭게 결합된 세계관을 추출할 수 있었다.

제3부 〈한국 도교 설화에 대한 비교학적 검토〉에서는, 제6장의 경우 한국의 대표적 신선 전기집인 『해동이적(海東異蹟)』에 수록된 내단수련가(內丹修鍊家), 술사(術士), 신인(神人) 등 초월적 존재자들의 설화에 담긴 도교적 상상력을 중국 신선 설화와의 비교 분석했다. 그 결과 중국 도교로부터 많은 영향을 받았으면서도 북두성, 구천응원뇌성보화천존(九天應元雷聲普化天尊) 등의 신명, 『옥추경(玉樞經)』, 『황정경(黃庭經)』 등의 도서(道書)를 선호하고, 강한 삼교합일의 경향, 토착 신명의 반영 등 샤머니즘적 성향이 농후한 것으로 보아 동이계 신화에서 유래한 원시 도교의 모습을 비교적 잘 보존하고 있음을 알 수 있었다. 나아가 제7장에서는 도교 설화의 비교를 일본에까지 확대하여 황제(黃帝) 설화, 선도성모(仙桃聖母) 설화, 신도(神道) 등 한·중·일 3국의 자료를 대상으로 정치적 전유(專有)와 민족 정체성의 의미를 변별적으로 검토했는데 중국은 신선에 이상적인 통치자를 투영하고 한국과 일본은 도교 신명에 의해 왕권을 정당화, 신비화하는 등 정치적 전유 방식이 비슷하나 일본

의 경우 근대에 이르러 도교 설화가 제국주의 논리로 비약한 것이 두드러진 특징이라 할 것이다.

　제4부 〈한국 재야 역사 설화에 대한 비교학적 검토〉에서는 한국의 상고사를 주체적, 민족주의적인 입장에서 기술한 재야 사서, 문화론 등을 중국 신화, 도교적 상상력의 관점에서 비교 검토했는데 그것은 이 자료들이 주로 중국 상고사와 대립되는 관점에서 쓰였기 때문이다. 제8장에서 여러 종의 재야 사서가 합본되어 있는 『환단고기(桓檀古記)』를 검토함에 있어 진위 문제에 대해서는 '금서 비전설(禁書秘傳說)'과 '근대 위작설(近代僞作說)'의 두 가지 입장을 취했다. 『환단고기』에서 주목해야 할 것은 민족의 상고사를 "다시 쓰는" 입장에서 해석의 여지가 많은 중국 신화, 도교적 상상력을 전유하여 역사 서술의 변혁을 도모했다는 점이다. 신화적 인물로는 황제와 투쟁했던 치우(蚩尤)를 특히 부각시켜 동이계 신화의 입장을 역사 기술에 반영했는데 이 과정에서 문자의 환유적 기능에 기댄 서사 전략 등을 구사했다. 아울러 중국의 요(堯), 순(舜), 우(禹) 성군 신화를 그대로 수용하지 않고 『한비자(韓非子)』 등의 수정주의적 관점과 『장자(莊子)』 등의 반유가적 관점을 원용하여 주변부 타자의 시선에서 탈신성화했다. 즉 『서경(書經)』 등의 경서를 "거슬려 읽기"의 방식으로 해체하고 독자적인 시각 곧 주변 문화의 입장에서 재해석하는 과정을 통하여 반사적으로 우리 상고사의 위상을 부각시켰다. 『환단고기』에서는 또한 삼신산(三神山) 신선설의 기원을 고대 한국에 두는 입장을 취하고 최치원(崔致遠), 을밀선인(乙密仙人) 등의 언급을 통해 중국 도교와 변별되는 특성을 자기 완성보다 공동체의 안녕에 비중을 두는 종지(宗旨)로 파악했다. 제9장에서는 『부도지(符都誌)』와 『규원사화(揆園史話)』에 수용된 중국 신화, 도교적 상상력의 문제를 함께 다루었다. 『부도지』의 경우 중국 도교의 여선 마고(麻姑)를 최고 신명으로 설정한 것이

특이한데 이것은 토착의 대모신(大母神)과 결합된 신격(神格)으로 여겨진다. 『부도지』에서도 요, 순, 우 신화를 해체하고 있으나 특히 순과 그의 아버지 고수(瞽瞍)의 관계를 중국과는 완전히 상반된 시각에서 읽고 있어 이채롭다. 요, 순, 우 성군에 대한 부정적인 인식은 모든 재야 사서와 증산교 등 민족 종교에서 공유하는 것인데 이는 중화주의의 기초를 이루는 이상화된 왕조 신화에 대한 주변 문화의 비판적 입장으로 주목할 만하다. 『규원사화』는 중국 고전 중에서 특별히 『산해경(山海經)』의 신화를 다수 수용하여 상고사의 내용을 풍부하게 했다. 가령 고조선 관련 원문에 대해 중국과는 다른 주석을 가하거나 동이 문화 관련 기록들을 환유, 언어적 전치(轉置) 등의 방식을 통해 재해석함으로써 기존의 상고사와는 다른 '반언술'의 주체적 민족사를 쓰고자 했다. 한편 도교적 상상력의 수용에 대해서는 두 책 모두 삼신산 신선설이 고대 한국에서 유래했다고 주장하는 점에서 『환단고기』와 마찬가지 입장을 지니고 있으나 『부도지』의 경우 신선설 자체를 신비화하고 환상을 긍정한다는 점에서 다른 두 책과는 구별된다. 마지막으로 제10장 육당(六堂) 최남선(崔南善)의 저명한 문화 담론인 불함문화론(不咸文化論)에서의 중국 신화 수용과 그의 중국 문화관에 대해 살펴보았다. 육당은 주로 비교언어학적 고증 방식을 사용하여 태양 숭배와 관련된 한·중·일의 신화적 지명 및 인명 등을 고찰했는데 동북아 신화와 서양 신화에 대한 풍부한 지식을 바탕으로 이루어진 해석과 방증은 몇 가지 오독에도 불구하고 대부분 설득력 있는 가설로 수긍될 만하다. 아울러 중국 문화에 대한 다원적 인식, 불함문화론에 근거한 아시아 공동체론의 발상 등은 일제에 대한 대항 담론으로서의 한계를 지니긴 하나 당시로서는 선구적인 것으로 평가된다.

　상술한 연구 결과를 종합하면 다원적인 중국 문명 형성의 토양에서 샤머니즘과 동이계 신화를 바탕으로 도교가 발생했고 이 과정에서 한국 상고 문화는 기원적으로 중국 문명과 상당히 밀접한 관련을 맺었던 것으로 보인다. 이후 중국 신화, 도교를 기초로 한 동아시아 상상력은 중국과 한국의 전통문화에 많은 영향을 미쳤는데 한국의 도교 설화는 중국 도교의 영향을 받았으면서도 상고의 토착적인 요소를 여전히 보존하고 있으며 정치적으로 그것을 전유하여 왕권을 정당화하기도 하였다. 한국 재야 역사 설화의 중국 신화에 대한 탈신성화된 언술은 한국 민족의 정체성을 고취하려는 역사 "다시 쓰기"의 소산이기도 하지만 그 이면에는 상고 대륙의 다원적 문화 상황, 동이계 신화의 도교와의 기원적 상관성 등에 대한 종족의 유전된 기억이 자리하고 있다. 이 기억은 통념적인 중국 문명에 대한 다양한 독해를 위해 유용하다.

근대 초기에 중국은 문명의 서방 기원설에 대항하여 다원론을 주장하며 중국 문명의 고유성을 강조하였다. 그러나 대륙 내부의 문명과 역사에 관한 한 중국은 구심적, 내향적으로 사유하는 경향이 있다.[1] 동아시아 상상력의 원천인 중국 신화와 도교를 '토생토장(土生土長)'의 산물로만 보지 않고 주변 문화의 관점에도 길을 열어놓는 개방적, 다원적 태도를 취한다면 중국 문화에 대한 해석은 훨씬 풍부하고 다양해질 것이며 나아가 동아시아 각국의 문화를 호혜적으로 인식하는 훌륭한 기반이 될 것이다.

이러한 의미에서 중국 문명의 '신판 단원론'에 대해 우려를 던지고 도교의 발생을 주변 문화와의 교섭의 결과로 간주하며 정합적인 중국의 상고 문화에 대해 균열의 시각을 제공하는 이 책의 논점들은 결코 중국 문화를 해체하려는 데에 목적이 있는 것이 아니라 궁극적으로 해석의 가능성을 확대하여 바람직한 문화생태를 이룩함에 필요한 전제로서의 가치를 지니게 될 것이다.

---

[1] 張光直, 「中國古代史的世界舞臺」『歷史』(1988), 제10기, p.25.

참고 문헌

I. 원전

『老子』.

『莊子』.

『列子』.

『山海經』.

『竹書紀年』.

『楚辭』.

『史記』.

『淮南子』.

『十三經注疏』.

『二十五史』.

『正統道藏』.

『藝文類聚』.

『太平御覽』.

『太平廣記』.

『文選』.

『繹史』.

『說郛』.

『廣博物志』.

胡應麟,『少室山房筆叢』.

紀昀,『四庫全書總目提要』.

袁珂,『山海經校注』(臺北: 里仁書局, 1982).

周子良,『周氏冥通記』(北京: 中華書局, 1985).

麥谷邦夫·吉川忠夫,『周氏冥通記研究(譯註篇)』(濟南: 齊魯書社, 2010), 劉雄峰 譯.

蕭天石,『歷代眞仙史傳』(臺北: 自由出版社, 1980).

王明,『太平經合校』(上海: 中華書局, 1960).

_____,『抱朴子內篇校釋』(臺灣: 中華書局, 1985).

楊明照,『抱朴子外篇校箋(上·下)』(北京: 中華書局, 1991).

朱沛蓮 校訂,『唐人傳奇小說』.

金富軾,『三國史記』.

一然,『三國遺事』.

徐居正,『東文選』.

金時習,『梅月堂集』.

李圭景,『五洲衍文長箋散稿』.

李睟光,『芝峯集』.

鄭樂勳,『溫城世稿』.

趙汝籍,『靑鶴集』.

李宜白,『梧溪日誌集』.

洪萬宗,『海東異蹟』.

黃胤錫,『海東異蹟補』.

許楚姬,『蘭雪軒詩集』.

鄭寅普,『薝園文錄』

崔南善,『六堂崔南善全集』

『高麗史』.

『朝鮮王朝實錄』

『韓國文集叢刊』

鄭在書 譯,『山海經』(서울: 민음사, 1985).

劉義慶,『幽明錄』(서울: 살림출판사, 1996), 張貞海 譯.

劉向,『列仙傳』(서울: 예문출판사, 1996), 金長煥 譯.

송정화 · 김지선 譯註,『穆天子傳 · 神異經』(서울: 살림, 1997).

安萬侶,『古事記』(예전사, 1991), 노성환 역주.

黃胤錫 증보,『증보해동이적』(서울: 경인문화사, 2011), 신해진 · 김석태 역주.

단학회 연구부 엮음,『桓檀古記(역주본 · 장구본)』(서울: 코리언북스, 1998).

안경전 역주,『환단고기』(대전: 상생출판사, 2011)

朴堤上,『符都誌』(서울: 기린원, 1989), 金殷洙 譯解.

北崖,『揆園史話』(서울: 명지대 출판부, 1975), 申學均 역주.

북애,『규원사화』(서울: 한뿌리, 2005), 고동영 옮김.

II. 연구서

葛榮晋,『道教文化與現代文明』(北京: 中國人民大學出版社, 1991).

葛兆光,『道教與中國文化』(上海: 上海人民出版社, 1987).

_____,『屈服史及其它: 六朝隋唐道教的思想史研究』(三聯書店, 2003).

卿希泰,『中國道教思想史綱(I)(II)』(成都: 四川人民出版社, 1985).

_____,『道教與中國傳統文化』(福建: 福建人民大學出版社, 1991).

高國蕃,『中國巫術史』(上海: 上海三聯書店, 1999).

顧頡剛,『秦漢的方士與儒生』(上海: 上海古籍出版社, 1978).

_____,『中國上古史研究講義』(北京: 中華書局, 1988).

郭靜雲,『夏商周: 從神話到史實』(上海: 上海古籍出版社, 2013).

宮本一夫(日),『從神話到歷史: 神話時代夏王朝』(桂林: 廣西師範大學出版社,

2014).

藍秀隆, 『《抱朴子》研究』(永和: 文津出版社, 1980).

南懷瑾, 『道家、密宗與東方神秘學』(上海: 復旦大學出版社, 2007).

冷力·范力, 『中國神仙大全』(瀋陽: 遼寧人民出版社, 1990).

盧國龍, 『道教哲學』(北京: 華夏出版社, 1997).

魯迅, 『中國小說的歷史的變遷』(香港: 中流出版社, 1973).

譚達先, 『中國民間文學概論』(臺北: 木鐸出版社, 1983).

陶陽·鍾秀 編, 『中國創世神話』(上海: 上海人民出版社, 1989).

陶奇夫, 『道教: 歷史宗教的試述』(濟南: 齊魯書社, 2011).

杜而未, 『崑崙文化與不死觀念』(臺北: 學生書局, 1977).

杜正勝, 『中國上古史論文選集(上下)』(臺北: 華世出版社, 1979).

鄧啟耀, 『中國神話的思維結構』(重慶: 重慶出版社, 1992).

馬宗軍, 『《周易參同契》研究』(濟南: 齊魯書社, 2013).

馬卉欣, 『盤古之神』(上海: 上海文藝出版社, 1993).

梅新林, 『仙話』(上海: 上海三聯書店, 1992).

牟鐘鑒 等, 『道教通論』(濟南: 齊魯書社出版社, 1991).

巫端書 等, 『巫風與神話』(湖南: 湖南文藝出版社, 1988).

文物出版社, 『新中國考古五十年』(北京: 文物出版社, 1999).

文崇一, 『中國古文化』(臺北: 東大圖書公司, 1990).

聞一多, 『神話與詩』(臺中: 藍燈文化公司, 1975).

逄振鎬, 『東夷古國史論』(成都: 成都電訊工程學院出版社, 1989).

富育光, 『薩滿教與神話』(瀋陽: 遼寧大學出版社, 1990).

謝選駿, 『神話與民族精神』(山東: 山東文藝出版社, 1987).

徐旭升, 『中國古史的傳說時代』(北京: 科學出版社, 1962).

徐苹芳, 嚴文明, 張光直 等, 『中國文明的形成』(北京: 新世界出版社, 2004)

蕭兵, 『楚辭文化』(北京: 社會科學出版社, 1990).

蘇秉琦, 『中國文明起源新探』(香港: 商務印書館, 1997)

小林正美, 『唐代道教與天師道』(濟南: 齊魯書社, 2013).

孫亦平, 『東亞道教研究』(北京: 人民出版社, 2014).

沈平山, 『中國神明概論』(臺北: 新文豐出版社, 1979).

梁啓超, 『古書真僞及其年代』(北京: 中華書局, 1978).

御手洗勝 等, 『神與神話』(臺北: 聯經出版事業公司, 1988).

呂錫琛, 『道家方士與王朝政治』(湖南: 新華書店, 1991).

余欣, 『中古時代的禮儀, 宗教與制度』(上海: 上海古籍出版社, 2012).

列·謝·瓦書里耶夫(俄), 『中國文明的起源問題』(北京: 文藝出版社, 1989).

葉舒憲, 『中國神話哲學』(北京: 中國社會科學出版社, 1996).

_____, 『神話意象』(北京: 北京大學出版社, 2007).

吳光正, 『中國古代小說的原型與母題』(北京: 社會科學文獻出版社, 2002).

吳羽, 『唐宋道教與世俗禮儀互動研究』(北京: 中國社會科學出版社, 2013).

郭大順 等編, 『牛河梁紅山文化遺址與玉器精粹』(北京: 文物出版社, 1997).

王光鎬, 『楚文化源流新證』(武漢: 武漢大學出版社, 1988).

王國良, 『《神異經》研究』(臺北: 文史哲出版社, 1985).

王明, 『道家和道教思想研究』(北京: 中國社會科學出版社, 1984).

_____, 『道教與傳統文化研究』(北京: 中國社會科學出版社, 1995).

王小盾, 『原始信仰和中國古神』(上海: 上海古籍出版社, 1989).

汪涌豪, 『中國遊仙文化』(北京: 法律出版社, 1997).

王青, 『先唐神話, 宗教與文學論考』(北京: 中華書局, 2007).

王秋桂, 『中國民間傳說論集』(臺北: 聯經出版事業公司, 1981).

王憲昭, 『中國少數民族人類起源神話研究』(北京: 中國社會科學出版社, 2012)

王孝廉, 『中國的神話世界』(北京: 作家出版社, 1991).

袁珂, 『中國古代神話』(北京: 中華書局, 1981).

_____, 『中國的神話與傳說(上·下)』(上海: 商務印書館, 1983).

_____, 『中國神話史』(上海: 上海文藝出版社, 1988).

_____, 『中國神話大詞典』(成都: 四川辭書出版社, 1998).

劉魁立·馬昌儀·程薔,『神話新論』(上海: 上海文藝出版社, 1987).

劉敦愿·逢振鎬,『東夷古國史研究』(西安: 三秦出版社, 1990).

柳冬青,『紅山文化』(呼和浩特: 內蒙古大學出版社, 2002).

劉翔 等,『商周古文字讀本』(北京: 語文出版社, 1991).

劉錫誠·王文寶,『中國象徵辭典』(天津: 天津教育出版社, 1991).

劉小萌·定宜莊,『薩滿教與東北民族』(長春: 吉林教育出版社, 1990).

劉亞虎,『神話與詩的演述: 南方民族敘事藝術』(北京: 北京大學出版社, 2006)

劉瑛,『唐代傳奇研究』(臺北: 正中書局, 1982).

柳存仁,『道教史探源』(北京: 北京大學出版社, 2000).

劉仲宇,『正一道教研究』(北京: 宗教文化出版社, 2012).

李劍國,『唐前志怪小說史』(天津: 南開大學出版社. 1984).

李白鳳,『東夷雜考』(濟南: 齊魯書社. 1983).

李炳海,『道家與道家文學』(吉林: 東北師範大學出版社, 1992).

李福清,『中國神話故事論集』(北京: 中國民間文藝出版社, 1988).

李叔還,『道教大辭典』(臺北: 巨流圖書公司, 1979).

李遠國,『中國道教氣功養生大全』(成都: 四川辭書出版社, 1992).

李存山,『中國氣論探源與發微』(北京: 中國社會科學出版社, 1990).

李豊楙,『六朝隋唐仙道類小說研究』(臺北: 學生書局, 1986).

_____,『誤入與謫降』(臺北: 學生書局, 1986).

李學勤,『走出疑古時代』(瀋陽: 遼寧大學出版社, 1997)

印順法師,『中國古代民族神話與文化之研究』(臺北: 華岡出版公司, 1975).

任繼愈,『中國道教史』(上海: 上海人民出版社, 1990).

_____,『《道藏》提要』(北京: 中國社會科學出版社, 1991).

潛明茲,『神話的歷程』(哈爾濱: 北方文藝出版社, 1989).

_____,『中國神話學』(銀川: 寧夏人民出版社, 1994).

張光直,『中國青銅時代』(香港: 三聯書店, 2013)

張金儀,『漢境所反映的神話傳說與神仙思想』(臺北: 國立故宮博物院, 1981).

蔣星煜, 『中國隱士與中國文化』(臺北: 龍田出版社, 1982).

張崇福, 『上清派修道思想研究』(成都: 巴蜀書社, 2004).

張榮明, 『中國古代氣功與先秦哲學』(上海: 上海人民出版社, 2012).

張仁青, 『魏晉南北朝文學思想史』(臺北: 文史哲出版社, 1978).

張振犁, 『中原古典神話流變論考』(上海: 上海文藝出版社, 1991).

赤峰學院 編, 『紅山文化研究』(北京: 文物出版社, 2006).

程樂松, 『即神即心: 真人之誥與陶弘景信仰世界』(北京: 中國人民大學出版社,
    2010).

丁山, 『中國古代宗教與神話考』(上海: 上海文藝出版社, 1988).

鄭土有, 『曉望洞天福地』(西安: 陝西人民教育出版社, 1991).

趙明·薛敏珠, 『道家文化及其藝術精神』(長春: 吉林文史出版社, 1991).

趙益, 『六朝隋唐道教文獻研究』(南京: 鳳凰出版社, 2012).

宗力, 『中國民間諸神』(石家莊: 河北人民出版社, 1987).

周紹賢, 『道家與神仙』(臺北: 中華書局, 1974).

朱越利, 『道經總論』(審陽: 遼寧教育出版社, 1991).

朱義雲, 『魏晉風氣與六朝文學』(臺北: 文史哲出版社, 1980).

朱天順, 『中國古代宗教初探』(上海: 上海人民出版社, 1982).

中國道教協會研究室 編, 『道教史資料』(上海: 上海古籍出版社, 1991).

中國少數民族文學學會, 『神話新探』(貴陽: 貴州人民出版社, 1986).

陳國符, 『《道藏》源流考』(臺北: 高亭書屋, 1975).

陳鈞 編, 『創世神話』(北京: 東方出版社, 1997).

陳錦川, 『氣功傳統術語辭典』(成都: 四川科學技術出版社, 1988).

陳炳良 等, 『神話卽文學』(臺北: 東大圖書公司, 1980).

陳飛龍, 『葛洪之文論及其生平』(臺北: 文史哲出版社, 1980).

陳攖寧, 『道教與養生』(北京: 華文出版社, 1989).

陳永正, 『中國方術大辭典』(廣東: 中山大學出版社, 1991).

陳正焱·林其錟, 『中國古代大同思想研究』(香港: 中華書局, 1988).

詹石窓, 『道教文學史』(上海: 上海人民出版社, 1992).

湯一介, 『魏晉南北朝時期的道教』(臺北: 東大出版社, 1988).

巴瑞特(英), 『唐代道教: 中國歷史上黃金時期的宗教與帝國』(濟南: 齊魯書社, 2012).

馮友蘭, 『中國哲學史(下·補冊)』(臺北: 商務印書館, 1935).

何星亮, 『中國自然神與自然崇拜』(上海: 上海三聯書店, 1992).

學苑出版社編審委員會, 『中國各民族宗教與神話大詞典』(北京: 學苑出版社, 1990).

胡孚琛, 『魏晉神仙道教』(北京: 人民出版社, 1989).

黃勇, 『道教筆記小說研究』(成都: 四川大學出版社, 2007).

黃烈, 『中國古代民族史研究』(北京: 人民出版社, 1987).

宮川尙志, 『中國宗教史研究(Ⅰ)』(京都: 同朋舍出版社, 1983).

橘樸, 『道教と神話傳說』(東京: 改造社, 1948).

吉岡義豊, 『道教經典史論』(東京: 道教刊行會, 1955).

_____, 『道教の研究』(東京: 五月書房, 1988).

吉岡義豊 等, 『道教研究(Ⅰ)(Ⅱ)(Ⅲ)(Ⅳ)』(東京: 昭林社, 1971).

吉川忠夫, 『中國古代人の夢と死』(東京: 平凡社, 1985).

_____, 『中國古道教史研究』(京都: 同朋舍出版社, 1992).

鹿島昇, 『《符都誌》要義: 倭人·東夷·契丹の研究』(東京: 新国民社, 1987).

_____, 『《桓檀古記》要義: 日韓民族共通の古代史』(東京: 新國民社, 1990).

藤野岩友, 『巫系文學論』(東京: 大學書房, 1969).

福永光司, 『道教と日本思想』(東京: 德間書店, 1986).

_____, 『道教思想史研究』(東京: 岩波書店, 1987).

福井康順 等, 『道教(Ⅱ)』(東京: 平河出版社, 1983).

三木 榮, 『朝鮮醫學史及疾病史』. 東京: 自家出版. 1962.

砂山稔, 『隋唐道教思想史研究』(東京: 平河出版社, 1990).

石井昌子,『道敎學の硏究』(東京: 國書刊行會, 1980).

小南一郞,『中國の神話と物語り』(東京: 岩波書店, 1984).

小林正美,『六朝道敎史硏究』(東京: 創文社, 1990).

小野澤精一,『中國古代說話の思想史的考察』(東京: 汲古書院, 1982).

松田 稔,『《山海經》の基礎的硏究』(東京: 笠間書院, 1995).

櫻井龍彦・賀學君 共編,『中日學者中國神話研究論著目錄總匯』(名古屋: 名古
    屋 大學, 1999).

御手洗勝,『古代中國の神タ』(東京: 創文社, 1984).

林巳奈夫,『漢代の神タ』(東京: 角川書店, 1988).

窪 德忠,『道敎史』(東京: 山川出版社, 1977).

_____,『道敎と中國社會』(東京: 平凡社, 1948).

中鉢雅量,『中國祭祀文學』(東京: 創文社, 1989).

村上嘉實,『中國の仙人』(京都: 平樂寺書店, 1986).

秋月觀暎,『道敎硏究のすすめ』(東京: 平河出版社, 1986).

_____,『道敎と宗敎文化』(東京: 平河出版社, 1987).

澤田端穗,『中國の民間信仰』(東京: 平河出版社, 1987).

_____,『中國の呪法』(東京: 平河出版社, 1990).

貝塚茂樹,『中國の神話』(東京: 筑摩書房, 1971).

Barret, Timothy Hugh, *Taoism Under the T'ang*(Antique Collectors Club Ltd,
    2005).

Birrell, Anne, *Chinese Mythology*(Baltimore: The Johns Hopkins University
    Press, 1993).

Bokenkamp, Stephen R., *Early Daoist Scriptures*(University of California
    Press, 1999).

_____, *Ancestors and Anxiety: Daoism and the Birth of Rebirth in China*(Berkeley:
    University of California Press, 2009).

Bokenkamp, Stephen R., *Early Daoist Scriptures*(Berkeley: University of California Press, 1999).

Boltz, Judith M., *A Survey of Taoist Literature*(Berkely: University of California, 1987).

Cahill, Suzanne E., *Transcendence & Divine Passion: The Queen Mother of the West in Medieval China*(Stanford: Stanford University Press, 1993).

Campany, Robert F., *To Live as Long as Heaven and Earth: A Translation and Study of Ge Hong's Traditions of Divine Transcendents*(Berkeley: University of California Press, 2002).

Chang, K. C., *Art, Myth, and Ritual: The Path to Political Authority in Ancient China*(Cambridge: Harvard University Press, 1983).

_____, *The Archeology of Ancient China*(New Haven: Yale University Press, 1986).

Chilson, Clark & Knecht, Peter, *Shamans in Asia*(London: Routledge Curzon, 2003).

Dewoskin, Kenneth J., *Docters, Diviners, and Magicians of Ancient China: Biographies of Fang-shih*(New York: Columbia University Press, 1983).

Dioszegi, V. & Hoppal, M., *Shamanism in Siberia*(Budapest: Akademiai Kiado, 1978), Trans. by S. Simon.

Dore, Henry, *Researches into Chinese Superstitions*(Shanghai: T' usewei Printing Press, 1931), Trans. by D.J.Finn.

Douglas, Mary, *Purity and Danger*(New York: Routledge & Kegan Paul Ltd, 1988).

Eberhard, Wolfram, *Folktales of China*(Chicago: The University of Chicago Press, 1968).

_____, *Legend, Lore, and Religion in China*(San Francisco: Chinese Materials Center, 1979).

_____, *The Local Cultures of South and East China*(Leiden: E.J. Brill, 1968), Trans. by Alide Eberhard.

Eliade, Mircea, *Shamanism*(Princeton: Princeton University Press, 1974), Trans. by Willard R. Trask.

Fabrizio, Pregadio, *Great Clarity Daoism and Alchemy in Early Medieval China*(Stanford: Stanford University Press, 2006)

Geertz, Clifford, *The Interpretation of Cultures*(New York: Basic Books Inc., 1973).

Giradot, N. J., *Myth and Meaning in Early Taoism*(Berkely: University of California, 1983).

Ho, Ping-ti, *An Inquiry into the Indigenous Origins of Techniques and Ideas of Neolithic and Early Historic China, 5000-1000 B.C.*(Chicago: The University of Chicago Press, 1975).

Hendrischke, Barbara, *The Scripture on Great Peace: The Taipingjing and the Beginnings of Daoism*(Berkeley and Los Angeles: University of California Press, 2006).

Hymes, Robert P., *Way and Byway: Taoism, Local Religion, and Models of Divinity in Sung and Modern China*(Berkelry: University of California Press, 2002).

Jay, Saily, *The Master Who Embraces Simplicity*(San Francisco: Chinese Materials Center. Inc., 1978).

Kaltenmark, Maxime, *Le Lie-Sien Tchouan*(Universite de Paris Centre detudes Sinologique de Pekin, 1953).

Katrin, Froese, *Nietzsche, Heidegger, and Daoist Thought*(New York: SUNY Press, 2007).

Keightley, David N., *The Origins of Chinese Civilization*(Berkelry: University of California Press, 1983).

Kohn, Livia, *Early Chinese Mysticism*(Princeton: Princeton University Press, 1992).

＿＿＿, *Taoist Meditation and Longevity Techniques*(Ann Arbor: The University of Michigan Press, 1989).

Kohn, Livia & Roth, Harold D., *Daoist Identity: History, Lineage, and Ritual*(Honolulu: University of Hawaii Press, 2002).

Lagerwey, John, *Taoist Ritual in Chinese Society and History*(New York: Macmillan Publishing Company. 1987).

Littleton, John, *The New Comparative Mythology*(Berkeley: University of California Press, 1982).

Lewis, Mark Edward, *Wrting and Authority in Early China*(Albany; State University of New York Press, 1999).

＿＿＿, *Sanctioned Violence in Early China*(Albany: State University of New York Press, 1990).

Lincoln, Bruce, *Myth, Cosmos, and Society*(Cambridge: Harvard University Press, 1986).

Loewe, Michael, *Ways to Paradise*(London: George Aleen & Unwein Ltd, 1979).

＿＿＿, *Chinese Ideas of Life and Death*(London: George Aleen & Unwein Ltd, 1982).

Martin, Ahem Emily, *Chinese Ritual and Politics*(Cambridge: Cambridge University Press, 1981).

Mcdermott, Joseph P. (ed.)., *State and Court Ritual in China*(Cambridge: Univ. Press, 1999).

Moffett, John P. C., & Sungwu, Cho, *Explorations in Daoism: Medicine and Alchemy in Literature*(London/New York: Routledge, 2007).

Nickerson, Peter, *Taoism, Bureaucracy and Popular Religion in Early Medieval*

China(Cambridge: Harvard University Press, 2008).

Puett, Michael J., *To Become a God*: *Cosmology, Sacrifice, and Self-Divinization in Early China*(Cambridge: Harvard University Press, 2002)

Qian, Zhaoming, *Orientalism and Modernism*(Durham and London: Duke University Press, 1996).

Robinet, Isabelle, *Taoism*: *Growth of a Religion*(California: Stanford University Press, 1997), Trans. by Phyllis Brooks.

Saso, Michael R., *Taoism and the Rite of Cosmic Renewal*(Washington State University Press, 1972).

Schipper, Kristofer, *L'emperur Wou des Han dans la L'egende Taoiste*(Paris : Ecole Francaise Dextreme-Orient, 1965).

_____, *Le Corps Taoiste*(Paris: Librarie Artheme Fayard, 1982).

Seligman, Adam B., Weller, Robert P., Puett, Michael J., Simon B., *Ritual and Its Consequences: An Essay on the Limits of Sincerity*(New York: Oxford University Press, 2008).

_____, *Ancestors and Anxiety: Daoism and the Birth of Rebirth in China*(Berkeley: University of California Press, 2007).

Toshihiko, Izutsu, *Sufism and Taoism*(Tokyo: Iwanami Publishers, 1983).

Weller, Robert P., *Unities and Diversities in Chinese Religion*(Seattle: University of Washington Press, 1987).

White, D. G., *Myths of the Dog-Man*(Chicago & London: The University of Chicago Press, 1991).

Wolf, Arthur P., *Religion and Ritual in Chinese Society*(Stanford: Stanford University Press, 1974).

Zürcher, Eric, *The Buddhist Conquest of China*(Leiden: E.J. Brill, 1972).

公州大 百濟文化研究所,『百濟武寧王陵』(1991).

金洛必,『조선 시대의 內丹思想』(서울: 한길사, 2000).

金烈圭,『韓國神話와 巫俗研究』(서울: 일조각, 1977).

金鐸,『甑山敎學』(서울: 미래향문화, 1992).

金台俊,『朝鮮古代小說史』(서울: 정음사, 1950).

김헌선,『한국의 창세신화』(서울: 길벗출판사, 1994).

노길명,『한국민족종교운동사』(한국민족종교협의회, 2003).

노신,『中國小說史略』(서울: 살림, 1998), 조관희 역주.

라이샤워 · 페어뱅크,『東洋文化史』(서울: 을유문화사, 1991), 金翰奎 等 譯.

柳炳德,『韓國民衆宗敎思想論』(서울: 시인사, 1985).

르네 지라르,『희생양』(서울: 민음사, 2000), 김진식 옮김.

막스 베버,『儒敎와 道敎』(서울: 문예출판사, 1990), 이상률 옮김.

미이시 젠키치,『중국의 천년왕국』(서울: 고려원, 1993), 최진규 옮김.

미하일 바흐찐,『장편소설과 민중언어』(서울: 창작과 비평사, 1988), 전승희
    등 옮김.

裵宗鎬 等,『韓國의 民俗 · 宗敎思想(《東經大典》·《龍潭遺詞》·《鄭鑑錄》)』(서울:
    삼성출판사, 1971).

朴三緖,『한국문학과 도교 사상』(서울: 태학사, 1999).

박영호,『許筠 문학과 도교 사상』(서울: 태학사, 1999).

박종성,『한국 창세서사시연구』(서울: 태학사, 1999).

박희병,『한국 고전인물전 연구』(서울: 한길사, 1992).

傅斯年,『夷夏東西說』(서울: 우리역사연구재단, 2011), 정재서 역주.

北韓 社會科學院 考古學研究所,『古朝鮮問題 研究論文集』(서울: 논장, 1989).

서대석,『한국무가의 연구』(문학사상사, 1981).

孫燦植,『조선조 道家의 시문학 연구』(국학자료원, 1995).

우실하,『동북공정너머 요하문명론』(서울: 소나무, 2007)

_____,『3수 분화의 세계관』(서울: 소나무, 2012)

尹柱弼,『한국의 方外人 문학』(서울: 집문당, 1999).

尹燦遠, 『道敎哲學의 이해: 太平經의 철학체계와 도교적 세계관』(서울: 돌베개, 1998).

李能和, 『朝鮮道敎史』(서울: 보성문화사, 1977), 李鍾殷 譯.

李相澤, 『韓國古典小說의 探究』(서울: 중앙출판사, 1981).

이용주, 『생명과 불사(포박자 갈홍의 도교 사상)』(서울: 이학사, 2009).

이형구, 『발해 연안에서 찾은 한국 고대문화의 비밀』(서울: 김영사, 2004)

이종은, 『한국문학의 도교적 조명』(서울: 보성문화사, 1996).

李鎭洙, 『한국 養生思想 연구』(서울: 한양대학교출판부, 1999).

李孝鎭, 『《玄武經》과 呂洞濱仙法』(선학연구회, 1990).

장주근 저작집 간행위원회. 『제주도 무속과 서사무가 한국 신화의 민속학적 연구』(서울: 민속원, 2013).

鄭珉, 『초월의 상상』(서울: 휴머니스트, 2002).

鄭寅普, 『朝鮮史硏究(上)』(서울: 우리역사연구재단, 2013), 문성재 역주.

鄭在書, 『不死의 신화와 사상』(서울: 민음사, 1994).

_____, 『동양적인 것의 슬픔』(서울: 살림, 1996).

_____, 『도교와 문학 그리고 상상력』(서울: 푸른숲, 2000).

_____, 『한국 도교의 기원과 역사』(서울: 이화여자대학교출판부, 2006).

_____, 『앙띠 오이디푸스의 신화학』(서울: 창작과비평사, 2010).

조동일, 『동아시아 구비서사시의 양상과 변천』(서울:문학과 지성사, 1997).

曺玟煥, 『노장철학으로 동아시아 문화를 읽는다』(서울:한길사, 2002).

조셉 캠벨, 『천의 얼굴을 가진 영웅』(서울: 평단문화사, 1985), 이윤기 옮김.

조엘 도르(Joel Dor), 『라캉 세미나·에크리 독해(1)』(서울: 아난케, 2009), 홍준기·강응섭 옮김.

진형준, 『상상적인 것의 인간학』(서울: 문학과지성사, 1992).

질베르 뒤랑, 『상상력의 과학과 철학』(서울: 살림, 1997), 진형준 옮김.

車柱環, 『韓國의 道敎思想』(서울: 동화출판공사, 1986).

村岡典嗣, 『일본신도사』(서울: 예문서원, 1998), 박규태 옮김.

최남선,『불함문화론』(서울: 우리역사연구재단, 2008), 정재승·이주현 역주.

崔三龍,『韓國初期小說의 道仙思想』(서울: 형설출판사, 1987).

_____,『한국문학과 도교 사상』(서울: 새문사, 1990).

칼 구스타프 융, 리하르트 빌헬름,『황금꽃의 비밀』(서울: 문학동네, 2014), 이
유경 옮김.

프레드릭 모오트,『중국 문명의 철학적 기초』(서울:인간사랑, 2000), 권미숙
옮김.

한국도교사상연구회,『도교의 한국적 수용과 전이』(서울: 아세아문화사,
1994).

한영우,『다시 찾는 우리 역사』(서울: 경세원, 2012).

洪凡草,『凡甑山敎史』(범증산교연구원, 1988).

황선명,『민중종교운동사』(서울: 종로서적, 1981).

III. 연구 논문

姜生,「論道教的洞穴信仰」『文史哲』(2003), 第5期.

卿希泰,「試論《太上洞淵神呪經》的烏托邦思想及其年代問題」『宗教學研究論
集』(1984), 第25期.

_____,「道教文化在中華傳統文化中的地位及其現代價值」『湖南大學學報』
(2006), 第4期.

_____,「試論《太平經》關於天地人"三合相通"與"中和"的思想及其現實意義」『中
國道教』(2009), 第5期.

古苔光,「《列仙傳》的研究」『淡江學報』(1985), 第22期.

龔維英,「東夷二昊和原始性崇拜」『學術月刊』(1987), 第6期.

戈志強,「試論夏的起源與東夷的關係」『蘇州大學學報』(2002), 第2期.

郭健,「先性後命與先命後性─道教南北宗內丹學研究」『宗教學研究』(2002), 第

2期.

郭武,「論道教的長生神仙信仰」『宗敎學硏究』(1994), 第1期.

_____,「再論道敎成仙信仰的形成」『宗敎學硏究』(1997), 第35輯.

_____,「道敎與民間宗敎關係綜述」『江西社會科學』(2001), 第12期.

郭芳,「中國上古神話與民族文化精神」『管子學刊』(2000), 第1期.

_____,「從神仙傳記看早期道敎對神仙世界超越性問題的認識」『宗敎學硏究』
(2013), 第4期.

丘菊賢·楊東晨,「東夷的掘起及其三次大遷徒述評」『河南大學學報』(1988), 第
1期.

丘志熙,「論道敎與民間傳說的關係」『中國民間傳說論集』(1986).

佟柱臣,「中國新石器時代文化的多中心發展論和發展不平衡論」『文物』(1986),
第2期.

苟波,「試論道敎仙境說的特徵及意義」『宗敎學硏究』(2002), 第4期.

_____,「道敎神仙傳記與神仙觀念的多元化及演變」『四川大學學報』(2010), 第5
期.

吉宏忠,「道敎養生思想的基本結構」『中國道敎』(2003), 第1期.

金棟,「東漢道敎的救世學說與醫學」『世界宗敎硏究』(1989), 第1期.

羅二虎,「東漢畫像中所見的早期民間道敎」『文藝硏究』(2007), 第2期.

羅中樞,「論葛洪的修道思想和方法」『世界宗敎硏究』(2004), 第4期.

樂愛國,「《太平經》的生態思想初探」『宗敎學硏究』(2003), 第2期.

來永紅·李國亮,「道敎尚農思想管窺—以《太平經》為例」『淮海工學院學報』
(2012), 第10期.

譚世寶,「論媽祖信俗的性質及中國學術與宗敎的多元互化發展」『學術硏究』
(1995), 第5期.

杜勇,「蚩尤非東夷考」『天津師範大學學報』(2004), 第4期.

梅新林,「中國神話的仙話化及其對文學藝術的影響」『浙江社會科學』(1995), 第
1期.

苗威·劉子敏,「箕氏朝鮮研究」『東北史地』(2004), 第8期.

武世珍,「神話發展和演變中的幾個問題－與袁珂先生商榷」『民間文學論壇』
　　(1984), 第3期.

潘顯一,「南枯北枳, 道能為一 ──從《太平經》《抱樸子》看早期道教沒血思想的
　　變遷」『社會科學研究』(2001), 第5期.

逢振鎬,「東夷及其史前文化時論」『歷史研究』(1987), 第3期.

_____,「從圖像文字到甲骨文──史前東夷文字史略」『中原文物』(2002), 第2期.

傅斯年,「夷夏東西說」『中國上古史論文選集(上)』(臺北: 華世出版社, 1979).

常金倉,「《山海經》與戰國時期的造神運動」『中國社會科學』(2000), 第6期.

_____,「中國神話學的基本問題:神話的歷史化還是歷史的神話化?」『陝西師範
　　大學學報』(2000), 第3期.

臧家梧,「槃瓠傳說與瑤畲的圖騰制度」『中國神話學文論選萃(上)』(北京:中國廣
　　播電視出版社, 1994).

孫瑋·閆茂新,「古帝王堯, 舜, 禹東夷考」『臨沂師範學院學報』(2001), 第3期.

孫衛國,「傳說、歷史與認同: 檀君朝鮮與箕子朝鮮歷史之塑造與演變」『復旦學
　　報』(2008), 第5期.

孫作雲,「后羿傳說叢考」『中國上古史論文選集(上)』(臺北: 華世出版社, 1979).

楊萬娟,「韓國文化與中國楚文化淵源初探」『中南民族大學學報』(2005), 第1期.

楊義,「《山海經》的神話思維」『中山大學學報』(2003), 第3期.

梁宗華,「《太平經》的道教理論形態及其神學化」『東岳論叢』(2001), 第4期.

楊向奎,「論葛洪」『文史哲』(1961), 第7期.

楊曾文,「道教的創立和《太平經》」『世界宗教研究』(1980), 第2期.

余英時,「中國古代死後世界觀的演變」『中國哲學史研究』(1985), 제3기.

葉文憲,「新夷夏東西說」『中國史研究』(2002), 第3期.

葉舒憲,「《山海經》神話政治地理觀」『民族藝術』(1999), 第3期.

寧稼雨,「《山海經》與中國奇幻思維」『南開學報』(1994), 第3期.

吳康,「《山海經》: 中國神話的建構」『中國文學研究』(2007), 第7期.

王國維,「殷周制度論」『觀堂集林(10)』(臺北: 河洛出版社, 1975).

王奇偉,「東夷集團在中國上古時代的地位應予重新認識」『徐州師範大學學報』 (2008), 第2期.

王立,「道教與中國古代通俗小說中的天書」『東南大學學報』(2000), 第2期.

王明,「論《太平經》的成書時代和作者」『世界宗教研究』(1982), 第1期.

_____,「《太平經》和《抱朴子》在文化史上的價置」『文史知識』(1987), 第5期.

王瑤,「小說與方術」『中古文學史論』(臺北: 長安出版社, 1948).

王青,「從"圖像證史"到"圖像即史"─談中國神話的圖像學研究」『江海學刊』 (2013), 第1期.

熊德基,「《太平經》的作者和思想及其餘黃巾和天師道的關係」『歷史研究』(1962), 第4期.

袁珂,「仙話: 中國神話的一個分枝」『民間文藝季刊』(1988), 第3期.

衛崇文,「《山海經》與先秦神話研究」『陝西師範大學學報』(2001), 第1期.

劉季冬,「《山海經》文化精神的再認識─兼與劉再復先生商榷"原形文化"與"偽 形文化"」『學術界』(2013), 第1期.

劉克,「早期道教教義的傳播與漢畫像石葬俗的演變」『世界宗教研究』(2005), 第 3期.

劉琳,「論魏晉南北朝道教的變化與發展」『歷史研究』(1981), 第4期.

劉曉艷,「道教麻姑信仰與中華壽文化」『武漢理工大學學報』(2013), 第3期.

劉守華,「道教與中國民間故事傳說」『思想戰線』(1983), 第2期.

_____,「中國民間敘事文學的道教色彩」『中國道教』(1990), 第1期.

_____,「關于中國神話故事論集的討論」『民間文學論壇』(1991), 第4期.

劉祖國,「《〈周氏冥通記〉研究》(譯註篇)注釋拾補」『宗教學研究』(2012), 第2期.

_____,「《太平經》校點辨正」『古籍研究』(2013), 第1期.

劉仲宇,「道教對民間信仰的收容和改造」『宗教學研究』(2000), 第4期.

李健才,「公元前3－公元前2世紀古朝鮮西部邊界的探討」『社會科學戰線』(1998), 第5期.

李繼武,「道教戒律的論理道德思想」『人文雜誌』(2005), 第3期.

李德山,「東北古民族源於東夷論」『東北師大學報』(1995), 第4期.

李小光,「論道教神仙信仰的社會分層」『宗教學研究』(2002), 第3期.

李揚帆,「韓國對中韓歷史的選擇性敘述與中韓關係」『國際政治研究』(2009), 第1期.

李鋭,「疑古與的糾葛—從顧頡剛、傅斯年等對三代以前古史的態度看上古史重建」『清華大學學報』(2009), 第1期.

李龍海,「殷商時期東夷文化的變遷」『華夏考古』. 第2期. 2013.

李希運,「論六朝道教志怪小說的創作」『泰安師專學報』. 第4期. 1999.

林祥庚,「商非東夷說」『福建師範大學學報』(1985), 第3期.

林舟,「論道教神仙信仰的長生思想」『中國道教』(2003), 第6期..

張開焱,「瞽叟生舜, 混沌鑿死的深層結構與商人創世神話—商人創世神話研究之二」『中國文化研究』(2012), 第3期.

_____,「夒, 嚳, 夋, 舜的演變關係再檢討」『湖北文理學院學報』(2014), 第1期.

張錕,「東夷文化的考古學研究」(中國社會科學院 博士學位論文, 2010).

張光直,「中國創世神話之分析與故事研究」『民間研究所集刊』(1959).

_____,「中國古代史的世界舞臺」『歷史』(1988), 第10期.

_____,「濮陽三蹻與中國古代美術上的人獸母題」『中國青銅時代(II)』(臺北:聯經出版公社, 1990).

_____,「中國創世神話之分析與故事研究」『中國神話學文論選萃(上)』(北京:中國廣播電視出版社, 1994).

張國義,「王國維的治史通識—以《殷周制度論》為考察個案」『歷史教學問題』(1999), 第4期.

張福祥,「重讀王國維《殷周制度論》」『史學月刊』(2011), 第7期.

蔣艷萍・鄭方超,「《周氏冥通記》情感基調探析」『求索』(2004), 第4期.

張為民,「黃帝族源東夷說」『東方論壇』(2001), 第2期.

張維佳・苟波,「試析《三洞群仙錄》的神仙思想」『宗教學研究』(2011), 第3期.

張澤洪,「道敎齋醮儀式的文化意義」『中國文化硏究』(2002), 第2期.

張學海,「東土古國探索」『華夏考古』(1997), 第1期.

程德祺,「夏爲東夷說」『中央民族學院學報』(1979). 第4期.

鄭成宏,「檀君神話成事實—韓國修改歷史敎科書」『世界知識』(2007), 第11期.

程薔,「唐人傳奇與神話原型」『民間文學論壇』(1990), 第4期.

鄭土有,「仙話—神仙信仰的文學」『中外文學』(1990), 第12期.

丁煌,「漢末三國道敎發展與江南地緣關係初探」『歷史學報』(1987), 第3期.

趙建永,「湯用彤對《太平經》于早期道敎關係的硏究」『哲學硏究』(2004), 第8期.

趙景深,「論東夷族團的分化及皐陶族的南徙」『江漢考古』(1989), 第1期.

曹書杰, 汪楠,「民族學視野中的中國神話學硏究(1990~1949)」『浙江師範大學學
    報』(2011), 第3期.

趙沛霖,「中國神話的分類與《山海經》的文獻價値」『文藝硏究』(1997), 第1期.

趙紅梅,「從朝鮮半島到遼西—漢晉之際樂浪郡變遷」『學術交流』(2010), 第12期.

趙輝,「中國的史前基礎—再論以中原爲中心的歷史趨勢」『文物』(2006), 第8期.

朱繼平,「從商代東土的人文地理格局談東夷族群的流動與分化」『考古』(2008),
    第3期.

朱玲,「論《山海經》的敘述結構及其文化成因」『淸華大學學報』(2002), 第1期.

周書燦,「《殷周制度論》新論—學術史視野下的再考察」『淸華大學學報』(2012),
    第5期.

朱仙林・曹書杰,「孫作云與中國古代神話硏究」『中南大學學報』(2011), 第4期.

朱越利,「從山海經看道敎神學的遠源」『世界宗敎硏究』(1989), 第1期.

朱迪光,「中國神話的歷史化及其對中國敘事文的影響」『安慶師範學院學報』
    (2001), 第4期.

陳江風,「漢畫像神話與民俗學」『民間文學論壇』(1989), 第1期.

陳兵,「元代江南道敎」『世界宗敎硏究』(1986), 第2期.

陳夢家,「商代的神話與巫術」『燕京學報』(1936), 第20期.

陳耀庭,「民間傳說和宗敎(以道敎爲例)」『上海社會科學院學術季刊』(1989).

陳進國,「道教與道家的"理身理國"思想─先秦至唐的歷史考察」『宗教學研究』
　　(2000), 第2期.

陳蒲清,「箕子開發占朝鮮考」『求索』(2003), 第1期.

詹石窓,「道教符號芻議」『廈門大學學報』(2000), 第2期.

＿＿＿,「道教神仙信仰及其生命意識透析」『湖北大學學報』(2004), 第5期.

彭從禮,「麻城與麻姑」『中國道教』(1996), 第4期.

馮廣宏,「道教風水地理與真形圖」『文史雜誌』(2003), 第5期.

夏當英,「道教神仙信仰的俗世性特征」『安徽大學學報』(2007), 第6期.

夏德美,「葛洪與玄學」『管子學刊』(2006), 第3期.

許并生,「神話歷史化的原因及其對小說的影響」『明清小說研究』(2001), 第2期.

邢飛,「從《太平經》看道教災難思維模式」『中華文化論壇』(2011), 第2期.

洪修平,「隋唐儒佛道三教關係及其學術影響」『南京大學學報』(2003), 第6期.

高橋美由紀,「伊勢神道の形成と道家思想」『道教と日本』(東京: 雄山閣, 1997).

楠山春樹,「平田篤胤と道教」『道教と日本』(東京: 雄山閣, 1997).

大淵忍爾,「《抱朴子》における統一性の問題」『東方宗教』(1953), 第3號.

＿＿＿,「葛洪傳考」『岡山大學法文學部紀要』(1958), 第10號.

都珖淳,「韓國の道教」『道教(3): 道教の傳播』(東京: 平河出版社, 1983).

福井康順,「天師道と佛教の交涉のついて」『山崎先生退官紀念東洋史學論集』
　　(1967).

野崎充彥,「道教の朝鮮化につこて」『アジア遊學』(2000), 第16號.

熊谷 治,「《三國遺事》にみえる神仙思想」『朝鮮學報』(1987), 第125號.

伊藤清司,「中國古代の民間醫療; 山海經の研究」『史學』(1966), 第43卷 第4號.

栗山茂久,「身體觀與身體感: 道教圖解和中國醫學的目光」『道教と東アジア文
　　化』(京都: 國際日本文化研究センテ 學術會議發表論文集, 1999).

鐵井慶忌,「黃帝と蚩尤の闘争說話に ついて」『東方宗教』(1972), 第39號.

出村龍日,「中世神道と道教」『アジア諸地域と道教』(東京: 雄山閣, 2001).

Bell, Catherine, "Taoism & Ritual", *History of Religions*(1988), Vol.28. No.2.

Cahill, Suzanne E., "The Moon Stopping in the Void: Daoism and the Literati Ideal in Mirrors of the Tang Dynasty", *Cleveland Studies in the History of Art*(2005), Vol. 9.

Campany, Robert Ford, "Chinese Accounts of the Strange: A Study in the History or Religions" (The University of Chicago. Ph. D. Dissertation, 1988).

Douglass, Paul, "Reading the Wreckage: De-Encrypting Eliot's Aesthetics of Empires", *Twentieth-Century Literature*(Spring 1997), No.43.

Jettmar, Karl, "The Origins of Chinese Civilization: Soviet View", *The Origins of Chinese Civilization* (Berkeley and Los Angeles: Univ. of California Press,1983), Edited by David N. Keightley.

Karlgren, Bernard, "Legends & Cults in Ancient China", *The Museum of Far Eastern Antiquties*(1946), No.18.

Keightley, David N.. "Art, Ancestors, and the Origins of Writing in China", *Representations*(1996). No. 56.

Levy, Howard S., "Yellow Turban Religion and Rebellion at the End of Han", *Journal of the American Oriental Society*(1956), Vol. 76. No. 5.

Mair, Victor H., 「Southern Bottle-Gourd(hu-lu 葫蘆) Myths in China and Their Appropriation by Taoism」『中國神話與傳說學術研討會論文集(上)』(臺北: 漢學研究中心, 1996).

Major, John S., "Myth, Cosmology & the Origin of Chinese Science", *Journal of Chinese Philosophy*(1978), Vol.5. No.1.

Mc Creery, John Linwood, "The Symbolism of Popular Taoist Magic" (Cornell University. Ph.D. Dissertation, 1973).

Puett, M., "Forming Spirits for the Way: The Cosmology of the Xiang'er Commentary to the Laozi", *Journal of Chinese Religions*(2004). Vol.32.

No.1.

_____, "The Offering of Food and the Creation of Order: The Practice of Sacrifice in Early China", *Of Tripod and Palate: Food, Politics, and Religion in Traditional China*(New York: Palgrave MacMillan, 2005).

_____, "Humans, Spirits, and Sages in Chinese Late Antiquity: Ge Hong's Master Who Embraces Simplicity (Baopuzi)", *Extrême-Orient Extrême-Occident*(2007). Vol.29.

_____, "Ritual and the Subjunctive". *Ritual and its Consequences: An Essay on the Limits of Sincerity*(Oxford: Oxford University Press, 2008).

_____, "Becoming Laozi: Cultivating and Visualizing Spirits in Early Medieval China", *Asia Major*, Third series(2010), Vol.23. No.1.

_____, "Sages, the Past, and the Dead: Death in the Huainanzi", *Mortality in Traditional Chinese Thought*(Albany: State University of New York Press, 2011).

Seidel, Anna, "The Image of the Perfect Ruler in Early Taoist Messianism: Lao-Tzu & Li Hung", *History of Religions*(1969–1970), vol.9. No.2, 3.

_____, "Taoist Messianism", *Numen*(1984), Vol. XXXI. Fasc. 2.

Smith, Thomas E., "Ritual and the Shaping Narrative: The Legend of the Han Emperor Wu" (The University of Michigan. Ph. D. Dissertation, 1992).

Thompson, Laurence G., "Dream, Divination & Chinese Popular Religion", *Journal of Chinese Religion*(1988), No.16.

Wright, Arthur F., "A Historians' Reflections on the Taoist Tradition", *History of Religions*(1969–1970), Vol.9. No.2. 3.

Zhi, Chen, "A Study Of The Bird Cult Of The Shang People", *Monumenta Serica*(1999), Vol. 47.

_____, "From Exclusive Xia to Inclusive Zhu-Xia: The Conceptualisation of Chinese Identity in Early China", *Journal of the Royal Asiatic Society. Third Series*(2004), Vol, 14, No. 3.

강돈구, 「새로운 신화 만들기 : 재야사학에 대한 또 다른 이해」 『정신문화연구』(2000), 제78집.

_____, 「한국 종교교단의 '국학 운동'」 『宗教研究』(2013), 제70집.

강동우, 「한국 현대시에 나타난 노장사상적 특징」 『도교문화연구』(2003), 第18輯.

강민경, 「조선 중기 遊仙文學 연구」(한양대학교 국문과 박사학위 논문, 2004).

_____, 「도교적 상상력의 현대적 활용 가능성 고찰 : 마고할미를 중심으로」 『도교문화연구』(2008), 제28집.

권태효, 「호국여산신설화의 상반된 신격 인식 양상 연구」 『한국민속학』(1998), 제30집.

_____, 「여성거인설화의 자료 존재양상과 성격」 『탐라문화』(2010), 제37호.

金洛必, 「조선후기 民間道教의 윤리사상」 『道教文化研究』(1992), 제6집.

_____, 「불사 추구의 이론적 기초 : 초기 도교를 중심으로」 『東洋學』(1998), 제28집.

_____, 「한국도교 연구의 중요 쟁점」 『道教文化研究』(2000), 제14집.

김명하, 「한국 상고대 정치사상에서의 천인관계」 『동양정치사상사』(2002), 제1권.

김성환, 「한국 道觀의 철학사상사적 연구(2)」 『도교문화연구』(2003), 제19집.

김승혜, 「民間信仰과 道教와의 關係」 『韓國道教思想의 理解』(서울: 아세아문화사, 1990).

김윤수, 「신라시대 國仙의 사상적 성격」 『道教文化研究』(2006), 第25輯.

金芝鮮, 「《神異經》試論 및 譯註」(이화여자대학교 중문과 석사학위 논문, 1994).

金泰坤, 「韓國民俗과 道教」 『道教와 韓國文化』(한국정신문화연구원 발표논문 초고집, 1988).

김한식, 「우리 上古史와 관련된 中國文獻에 관한 小考」『교수논총』(2003), 제 34집.

김혜정, 「한국 마고의 전승 양상과 신적 성격」(고려대학교 박사학위 논문, 2013).

金洪喆, 「韓國 新宗敎에 나타난 道敎思想」『道敎思想의 韓國的 展開』(서울: 아세아문화사, 1989).

민영현, 「韓民族史와 韓國學의 역사철학적 과제」『고조선단군학』(2002), 제6 집.

_____, 「《한단고기(桓檀古記)》의 철학적 가치와 그 이해」『선도문화』(2010), 제9집.

박광용, 「『大倧敎 관련 문헌에 僞作 많다 - '揆園史話'와 '桓檀古記'의 성격에 대한 재검토」『역사비평』(1990), 제10호.

朴基龍, 「韓國仙道說話硏究」『國文學과 道敎』(서울: 태학사, 1998).

박병섭, 「단군과 기자 관련 사료를 통해 본《한단고기》의 역사성 검토」『韓國 宗敎史硏究』(2003), 제11집.

_____, 「《사기》《오제본기》와 그의 전거 사이의 비교분석: 천왕, 치우와 그의 신하 운사, 황제(1)」『선도문화』(2011), 제11집.

_____, 「蚩尤天王과 雲師 軒轅 사이의 관계(2)」『선도문화』(2012), 제12집.

박병섭 · 박병훈, 「단군조선과 삼조선설:《사기》,《조선상고문화사》,《한단고기》 를 근거로」『고조선단군학』(2007), 제17호.

박정진, 「단군신화에 대한 新해석3 : 곰은 사라지고 단군이 산신령이 된 까닭 은」『문학사학철학』(2009), 통권17호.

박종성, 「비교신화의 관점에서 본 설문대할망」『구비문학연구』(2010), 제31집.

서대석, 「창세시조신화의 의미와 변이」『구비문학』(1980), No. 4.

석상순, 「한국의 '麻姑' 전승」(국제뇌교육종합대학원대학교 박사학위 논문, 2012).

_____, 「구비설화를 통해 본 '마고'의 원형」『선도문화』(2013), 제14권.

손정희, 「智異山 山神에 관하여」『국어국문학지』(2000), 제37집.

宋恒龍, 「韓國 古代의 道敎思想」『道敎와 韓國思想』(서울: 범양사, 1987).

송호정, 「재야사학자들의 환상적인 고대사 인식과 그 문제점: 단군과 고조선
    사 인식을 중심으로」『청람사학』(2005), 제12집.

송화섭, 「韓國의 麻姑와 中國의 媽朝의 比較硏究」『동아시아고대학』(2012),
    제29집.

안동준, 「고구려계 신화와 도교」『白山學報』(2000), 제54호.

_____, 「북방계 신화의 神格由來와 도교신앙」『도교문화연구』(2004), 第21輯.

野崎充彦, 「《海東異蹟》攷」『韓國道敎의 現代的 照明』(서울: 아세아문화사,
    1992).

梁銀容, 「高麗時代의 道敎와 佛敎」『道敎와 韓國思想』(서울: 범양사, 1987).

우대석, 「《환단고기》위서론에 대한 비판적 고찰」『선도문화』(2010), 제9집.

牛林杰, 「동아삼국의 蚩尤전설에 대한 고찰」『한중인문학연구』(2010), 제29집.

柳炳德, 「韓國 精神史에 있어서 道敎의 特徵」『道敎와 韓國思想』(서울: 범양
    사, 1987).

윤명철, 「《桓檀古記》의 사회문화적 영향 검토」『고조선단군학』(2000), 제2호.

尹錫山, 「東學에 나타난 道敎的 要素」『道敎思想의 韓國的 展開』(서울:아세아
    문화사, 1989).

李康五, 「韓國 新興宗敎에서 보는 道敎와 不老長生」『道敎와 韓國思想』(서울:
    범양사, 1987).

이권, 「한국 선도와 중국 도교의 삼분사유」『道敎文化硏究』(2007), 제30집.

이근철, 「水昇火降에 관한 內丹的 硏究」『道敎文化硏究』(2007), 제30집.

_____, 「대종교 경전으로 본 《환단고기(桓檀古記)》진위 문제『선도문화』
    (2014), 제16집.

이나미, 「한국의 마고 여신에 관한 고찰: 한국 신화의 고태적 상징」『심성연
    구』(2009), 제24권.

이승호, 「한국 仙道文獻의 연구사 소고」『선도문화』(2009), 제6집.

_____, 「한국 선도사상에 관한 연구」(대전대학교 박사학위 논문, 2010).

李在軒, 「韓國新宗敎의 三敎合一類型에 관한 硏究」(한국정신문화연구원 석사
학위 논문, 1990).

李鍾殷・梁銀容・金洛必, 「高麗中期 道敎의 綜合的 硏究」『道敎思想의 韓國
的 展開』(서울: 아세아문화사, 1989).

이종은・정재서・정민, 「한국문학에 나타난 유토피아 의식 연구」『道敎의 韓
國的 變容』(서울: 아세아문화사, 1996).

임채우, 「선도사서 《규원사화》 해제: 위작설에 대한 쟁점을 중심으로」『선도
문화』(2009), 제6집.

_____, 「《규원사화》에 보이는 天祭의 형식: 유교 제천의례와의 비교를 통해
서」『동양철학』(2010), 제34집.

_____, 「《청학집》과 《규원사화》에 보이는 한국도교에 대한 고증 연구」『선도
문화』(2013), 제9집.

전호태, 「고분벽화로 본 고구려인의 신선신앙」『신라문화』(2000), 第17, 18合
輯.

정경희, 「《符都誌》에 나타난 韓國仙道의 '一・三論'」『선도문화』(2007), 제2집.

_____, 「《천부경》의 '삼원조화론': 《부도지》의 '天符' 개념을 중심으로」『국제
뇌교육종합대학원대학교 국학연구원 학술발표대회 논문집』(2007), 제7집.

鄭珉, 「16・7세기 遊仙詩의 資料槪觀과 出現動因」『韓國 道敎思想의 理解』(서
울: 아세아문화사, 1990).

_____, 「동아시아 '北斗-日月' 표상의 원형 연구」『비교민속학』(2011), 제46집.

정영훈, 「한국에서의 국수주의와 그 성격」『정신문화연구』(1987), 제33호.

_____, 「《揆園史話》에 나타난 民族意識」『정신문화연구』(1990), 제13집.

鄭在書, 「葛洪文學論 硏究-《抱朴子》內外篇의 統一性에 立脚하여」(서울대
중문과 석사학위 논문, 1981).

_____, 「《列仙傳》의 成立 및 《抱朴子》와의 內容 比較」『中國學報』(1981), 제22집.

_____, 「《太平經》의 성립 및 사상에 관한 시론」『이화여대 한국문화연구원

논총』(1991), 제59집.

＿＿＿＿,「《太平經》과 文學」『韓國道教의 現代的 照明』(서울: 아세아문화사, 1992).

＿＿＿＿,「韓國道教의 固有性」『韓國 傳統思想의 特性研究』(성남: 한국정신문화연구원, 1995).

＿＿＿＿,「高句麗 古墳壁畫의 神話, 道教的 題材에 대한 새로운 인식」『동양적인 것의 슬픔』(서울: 살림출판사, 1996).

＿＿＿＿,「《환단고기(桓檀古記)》의 신화, 도교적 상상력－전유(專有)의 민족서사」『중국어문학지』(2013), 제45집.

＿＿＿＿,「《周氏冥通記》試論－《道藏》의 문학상상력 연구1」『도교문화연구』(2013), 제39집.

＿＿＿＿,「《海東異蹟》의 신화, 도교적 상상력－중국 신선설화와의 대비적 고찰」『중국소설논총』(2014), 제42집.

조법종,「중국학계의 고조선연구 검토: 동북공정 전후시기 연구를 중심으로」『한국사학보』(2006), 제25호.

＿＿＿＿,「식민주의적 고조선사 인식의 비판과 과제」『한국고대사연구』(2011), 제61집.

조인성,「韓末 檀君關係史書의 再檢討:《神檀實記》·《檀奇古史》·《桓檀古記》를 中心으로」『국사관논총』(1989), 제3집.

＿＿＿＿,「《桓檀古記》의《檀君世紀》와《檀奇古史》,《揆園史話》」『단군학연구』(2000), 제2호.

조정옥,「근본생태주의의 눈으로 본 단군신화와 마고신화」『선도문화』(2007), 제2집.

조현설,「마고할미, 개양할미, 설문대할망」『민족문학사연구』(2009), 제41집.

崔三龍,「仙人說話로 본 韓國 固有의 仙家에 대한 研究」『道教와 韓國思想』(서울: 범양사, 1987).

崔惠英,「道教와 民衆倫理思想의 研究」(한국정신문화연구원 석사학위 논문,

1990).

韓永愚, 「17세기 反尊華的 道家史學의 성장」『韓國의 歷史認識(上)』(서울: 창
    작과비평사, 1984).

황혜숙, 「'한국적' 여성주의 사상을 영성으로 꽃피우기: 마고여신학」『여성이
    론』(2002), 제7호.

<中文提要>

東亞想象力與民族敘事:從神話到道教

鄭在書(梨花女大 中文系 教授)

　中國神話與其嫡系傳承的道教是東亞想象力的重要基礎。東亞諸國的文化在相當程度上共享著中國神話與道教的想象力。這是因為中國大陸從一開始就以開放的態度, 接受和融合周邊的諸文明, 并創造出新文明, 然後又把它傳播到周邊的關係。中國神話成為具有互文性的形態, 而道教從發生初期就具有相當多的周邊文化因素, 於是中國神話與道教本身具備著被相鄰國家積極接受的可能性。這本書在文明論的觀點, 考察中國神話的本質與道教之起源;并通過對作品的個案研究,從歷史的觀點探索其在中國和韓國是如何發生了變異。

　該書圍繞以下三個主要研究目的展開討論:

　第一, 以關於形成中國文明的多元論認識為前提, 通過積極運用紅山文化等在上古東北亞各國文化共存地區出土的最近考古資料, 確認中國與韓國古代文化起源的實體, 探索其實體在兩國的後代文化當中是如何延續下來的。

　第二, 從原始宗教薩滿教和周邊文化東夷系神話的關聯性上, 掌握并考察東亞想象力的主要源泉之一的道教是如何形成的, 并以開放的視角, 對一向被認為是中國"土生土長"的道教,將其與韓國古代文化之間聯系起來, 打開一個可以進行討論的平台。

第三, 在以上兩點論述的基礎上, 考察韓國道教傳說、在野歷史故事、自生的文化論等, 是如何受到中國神話與道教想象力的影響, 把握韓國道教的固有性、在野史學對於中國上古史的修正主義的認識, 探究對於周邊文化的認同和對中國文化的多樣解讀的可能性。

通過大量材料的分析與論證, 本書的最後結論是: 因薩滿教和東夷系神話的影響, 道教產生於中國多元文明的土壤中, 在這一過程中, 韓國上古文化與中國文明有著非常密切的關係。此後, 以中國神話和道教為中心的東亞想象力對中國和韓國的傳統文化產生了極大影響, 韓國的道教傳說雖然受到中國道教的影響, 但卻仍然保存上古的土著要素, 還通過政治的專有方式, 運用於王權的正當化。韓國在野歷史故事對中國神話的脫神聖化聲音, 是為鼓舞韓國民族認同而"重寫"歷史的產物, 但其內面卻包蘊著對於上古大陸的多元文化狀況的記憶, 而該記憶有助於對於中國文明的多樣的解讀。

近代初期, 中國為了對抗文明西方起源說, 主張多元論, 并強調了中國文明的固有性。但是, 對於東亞內部的文明和歷史, 中國傾向於保持向心的、內向的思維。如果我們不把東亞想象力的源泉即中國神話和道教僅僅視爲"土生土長"的產物, 若從周邊文化的觀點也打開一條路, 而選取開放的、多元的態度, 必定會使中國文化的解釋更為豐富、多彩, 進而成為互惠地認識各國文化的極好基礎。

在這種意義上來看, 此書對於中國文明的"新版單元論"表示關注, 認為道教的產生是來自於和周邊文化交涉的結果, 對於整合性的中國上古史提供不同的觀點, 其目的絕不在於解構中國文化, 而在於擴大解釋可能性而達到理想的文化生態境界。為達到此目的, 這本書也許可以說是具有參考價值的資料。

찾아보기

신화에서 도교로
동아시아 상상력과 민족 서사

펴낸날 초판 1쇄 2014년 6월 30일
            2쇄 2015년 7월 30일
지은이 정재서
펴낸이 김훈순
펴낸곳 이화여자대학교출판부
주소 서울특별시 서대문구 이화여대길 52(우120−750)
등록 1954년 7월 6일 제9−61호
전화 02) 3277−2965(편집), 02) 362−6076(마케팅)
팩스 02) 312−4312
전자우편 press@ewha.ac.kr
홈페이지 www.ewhapress.com
책임편집 민지영
디자인 정혜진
찍은곳 네오프린텍

ⓒ 정재서, 2014
ISBN 979−11−951981−5−3 93210

값 20,000원

이 도서의 국립중앙도서관 출판예정도서목록(CIP)은 서지정보유통지원시스템 홈페이지
(http://seoji.nl.go.kr)와 국가자료공동목록시스템(http://www.nl.go.kr/kolisnet)에서
이용하실 수 있습니다. (CIP제어번호 : CIP2014018447)